建制民族誌

使人們發聲的社會學

Institutional Ethnography: A Sociology for People

桃樂絲・史密斯（Dorothy E. Smith）－著

廖珮如－譯

巨流圖書公司印行

Originally published by Rowman & Littlefield Pub Inc.

Copyrighht © 2005 by ALTAMIRA PRESS.

Chinese Language edition published by agreement with the Rowman & Littlefield Publishing Group through the Chinese Connection Agency, a division of The Yao Enterprises, LLC.

Chinese Language Copyrighht © 2023 by ChuLiu Book Company.

All rights reseved.

國家圖書館出版品預行編目（CIP）資料

建制民族誌：使人們發聲的社會學 / 桃樂絲・史密斯
（Dorothy E. Smith）著；廖珮如 譯 .-- 初版 .-- 高雄市：
巨流圖書股份有限公司, 2023.2
　　面；　　公分
譯自：Institutional ethnography : a sociology for people
ISBN 978-957-732-687-4（平裝）

1.CST: 民族學　2.CST: 社會學　3.CST: 研究方法

535.031　　　　　　　　　　　　　　　　111021889

建制民族誌：使人們發聲的社會學

本書為「國家科學及技術委員會經典譯注計畫」成果

作　　　者　桃樂絲・史密斯 (Dorothy E. Smith)

譯　　　者　廖珮如

編　　　輯　沈志翰

封 面 設 計　毛湘萍

發 行 人　楊曉華

總 編 輯　蔡國彬

出 版 者　巨流圖書股份有限公司

　　　　　　802019 高雄市苓雅區五福一路 57 號 2 樓之 2

　　　　　　電話：07-2265267

　　　　　　傳真：07-2233073

　　　　　　e-mail: chuliu@liwen.com.tw

　　　　　　網址：http://www.liwen.com.tw

編 輯 部　100003 臺北市中正區重慶南路一段 57 號 10 樓之 12

　　　　　　電話：02-29222396

　　　　　　傳真：02-29220464

劃 撥 帳 號　01002323　巨流圖書股份有限公司

購 書 專 線　07-2265267 轉 236

法 律 顧 問　林廷隆律師

　　　　　　電話：02-29658212

ISBN / 978-957-732-687-4

初版一刷・2023 年 2 月

定價：500 元

推薦序
Dorothy E. Smith 的書寫三部曲

王增勇

國立政治大學社會工作研究所教授

這本書的出版正是時候，因為 Dorothy E. Smith 在 2022 年 6 月 3 日過世，這本書的中譯本正好紀念她為社會科學開創新局，提供弱勢者發聲的立足點。

每當 Dorothy E. Smith 提到這本書，常常笑稱這本書是她第一本用「書」的格式寫成的書，因為她之前的書都是短篇文章集結而成。Dorothy 一生著作等身，建制民族誌是她跟她的學生們多年來一起發展而成。這本書於 2005 年出版時，此時建制民族誌已逐漸形成社群並被學術界肯定，這代表著這本書是她第一次系統性書寫建制民族誌。此時的她已經不再焦慮外界對建制民族誌的不瞭解與敵意，讓她可以更直接與自信地說明她的思考。Dorothy 的學生 Marjorie DeVault 就對我說，「你不覺得她比以前寫的更直接嗎？」；從中，我看到 Dorothy 在書寫上的轉折，以前她總是要全副武裝、披槍上陣地跟主流社會學者打仗，因此每篇期刊文章裡往往因為預設反方的立場而鋪陳迂迴且用字艱澀，這也讓她的文章出了名地難懂。而這本書呈現了她在推動建制民族誌上初獲勝利的滿足與自信，因此，這本書在建制民族誌具有關鍵性的地位，是建制民族誌日臻成熟後的完整論述。

就在 Dorothy E. Smith 過世前一個月，她與她已逝的摯友 Alice Griffith

合著的 *Simply Institutional Ethnography* 正式出版，在新書發表會上，96 歲的 Dorothy 說「我們寫這本書是為了好玩！（for fun）」。這本書用非常平易近人的文字書寫，就像是媽媽在教小孩子般，這又是另一種寫書的境界——返璞歸真。

就在我讚嘆 Dorothy 高齡 96 歲還在出書之際，時常與她搭檔開設建制民族誌工作坊的 Susan Turner 告訴我，Dorothy 本來六月要回多倫多跟她討論一本新書建制民族誌與社會變革的構想，Susan 問我是否願意接手 Dorothy，跟她一起完成這本書。我從讚嘆變成驚訝，原來這位老太太還有新書在醞釀中⋯⋯。從勇敢挑戰男性社會學者的勇猛犀利，到社群成形且初有成果的平靜淡定，再到為了樂趣而書寫的單純，Dorothy E. Smith 的書寫歷程至此已成為傳奇。

翻譯 Dorothy 的書是我一直不敢嘗試的事，因為她的書寫中理論含量太高，我沒把握翻得好。當 2016 年我們申請科技部經典研讀班計畫，閱讀的就是這本書，外文系出身的珮如甫回國，充滿著新科博士的熱血，當下就決定要翻譯這本書。要謝謝她願意花時間讓這本書可以如此流暢易讀的中文面世，相信很多中文讀者可以藉由這本書進入 Dorothy E. Smith 窮盡一生所開創出的另類社會學。

導讀序
繪製權力地圖，分析治理關係

游美惠
國立高雄師範大學性別教育研究所教授

先前，我曾經為王增勇、梁莉芳（2020）編輯的專書《為何建制民族誌如此強大？：解碼日常生活的權力遊戲》寫過一篇推薦序，其中提到：我在高師大性別教育博士學位學程開授的必修課「性別研究方法論」，均會安排幾週課程和學生一起研討建制民族誌的文獻，我常跟學生說，即使不採用建制民族誌的研究取向來做研究，認識建制民族誌的理論內涵和方法論之主張，能讓自己分析社會現象的能力更為加強。這樣的看法，一直持續至今未曾改變。我深切明瞭，要看見與洞悉社會建制權力的運作，不是那麼簡單；但 Dorothy Smith 創立的建制民族誌就有這個威力，讓探究者可以將特定社會現象與生命經驗連結到社會建制、論述與意識形態的運作，而剖析其中的權力運作模式，繪製呈現出治理關係的知識地圖。

這一本經典著作《建制民族誌》經過廖珮如的精心翻譯，終於出版面世，令人雀躍，不僅讓有心深入了解建制民族誌的研究者有機會透過閱讀 Dorothy Smith 的原典中譯本更仔細鑽研其精闢的論見，同時也可以藉此構思更多有意義的研究問題進行探討。建制民族誌的魅力與威力在於：從日常生活中發現到斷裂經驗而興起研究的念頭，而後層層剖析個人在組織之中，如何從事各種勞動，完成既定的工作編派與任務，而無法逃脫於建制秩序。

在研究之中，一方面可以挖掘論述如何吞噬工作者的不同觀點、視野、特殊性與主體經驗，但另一方面又可以發現，即使在建制的強力治理之中仍能發掘出工作者個體的能動性展現。

我個人認為，或許可以用「掌握文本，洞悉權力；描繪建制，使人們發聲」，粗略描述出建制民族誌的精髓。Dorothy Smith 指出：文本編派了人們的意識，當人們閱讀或書寫文本時，會不自主地進入文本所設定的思維，建構了特定看待事情的方法，然後在建制之中照章行事，建制化的權力因此就更能發揮極大的作用，讓支配現況持續被維持著。不同於其他的質性研究取向將文本本身視為分析的實證材料，建制民族誌的探究者更關注文本如何連結個人的活動與建制，這是建制民族誌分析強調的重點，深具啟發性。

作為一個社會學者，我們常常都是從人們的困擾經驗出發來進行探究，我們強調研究要發揮「社會學的想像力」，要擺脫個人主義式的思考方式，將問題之定位從個人的困擾提升到公共議題的層次，讓人們的知識與理解超越他們的日常生活，進而才能帶來改變的可能。建制民族誌主張研究要從常民的日常生活斷裂經驗出發，看見與探究「工作」的細節（包含工作知識與工作流程），對協調人們行動的社會關係進行解碼，揭露不平等之所來由，進而找到改變現狀的關鍵，促成改變。這是非常具有激勵效果的！

女性主義研究者主張要透過研究來改變不平等的現狀，但要剖析性別關係透過體制多環節、多面貌而幽微治理的模式並不容易，臺灣在地女性主義知識的建構，建制民族誌的性別研究成果猶待開展，期許本書內涵的豐厚底蘊能被更多研究者賞識。希望讀者能透過讀書會、研究所課堂的討論等方式，挖掘深探 Dorothy Smith 在本書發展出的精闢見解，而後轉化成養分，讓研究有更精進的開展。

要能掌握建制民族誌的論點並將之應用在經驗研究上並不容易，其學習的入門門檻的確太高。過去幾年我在教學現場的觀察，初學者都感到很難掌

握建制民族誌所涉及的基本概念，學生普遍敬而遠之，要領略建制民族誌之奧妙，實在不容易。我知道本書的譯者廖珮如，可以把深奧的建制民族誌講得很好，而今她更花費許多心力，字斟句酌把《建制民族誌》這本書中譯完成，貢獻厥偉，希望能嘉惠學界更多的同好夥伴，也希望莘莘學子能受此中譯版書籍的啟發，生產出可觀的研究成果。

譯者序
獻給在建制內微小抵抗建制的人們

廖珮如

國立屏東科技大學通識教育中心副教授

　　初次接觸 Dorothy Smith 的理論思想是在念性別研究碩士班時，對 Dorothy Smith 的學術思想印象最深刻的部分是女性立足點（women's standpoint），那時對於建制民族誌沒有太大鑽研，主要擷取的是立足點理論與女性主義知識生產的方法。及至回臺任教後，因緣際會下倉促擔任了 Dorothy Smith 訪臺時一場工作坊的即席翻譯，這次工作坊開展我與臺灣建制民族誌社群的連結，也成為我從一位文學本科生進入臺灣社科學術場域的契機。很感謝中山大學唐文慧教授在我結束第一份專案教職後，詢問我願不願意試著翻譯這本書，也感謝政治大學王增勇教授後續組了建制民族誌的經典閱讀讀書會，讓我有機會與臺灣建制民族誌社群的學者前輩交流，對於後續的翻譯帶來明顯的助益。

　　對於十年前初入高等教育機構服務的我來說，學術翻譯是一項甜蜜的負荷。甜蜜的部分僅僅來自我對翻譯的熱愛，苦痛的部分則是學術翻譯在當前高教體系中，缺乏評鑑或升等上的學術價值。曠日費時地穿梭於文本字句之間，無法讓新進學人成為具有學術發表能力的「好學者」（aka 於頂級期刊發表的論文篇數），稍一不慎便可能成為新進學人限期升等的障礙。翻譯這本書的十年間，不免俗也循著學術規則申請科技部計畫補助。一邊微小抵抗

著新自由主義高教體系的建制治理，一邊仍擺脫不了發表論文、申請計畫好通過升等評鑑的建制規制框架。

我在翻譯過程中，透過建制民族誌的視角，看見自己身處的學術建制。在我進入職場時，高教的建制已相當強調發表 I 級期刊論文、論文的 IF、產學合作案金額等等客觀化數據。為了達成這樣的客觀化評量指標，臺灣學者需要花費較多心力從事研究，以英語進行發表。那麼，學術研究經費取之於臺灣社會，又如何反映人民生活的真實樣貌、將研究結果貢獻於社會？這是我在高教的建制中經歷的其中一層經驗斷裂（experiential disjunctures）。

還有一層斷裂來自於西方學術理論背後的哲學思想和宇宙觀，未必能全然套用於臺灣社會。來自北美第二波婦女運動的女性主義社會學家所撰寫的一本理論書籍，其思想緣起與文字蘊含的北美社會文化，自然難以在中文化過程中如實傳遞。Smith 深受馬克思影響（不是「馬克思主義」喔！），因而不厭其煩強調建制民族誌的研究提問和探問路徑，須源於人民的尋常生活之中，研究者不應完全沉浸於文本領域，考察與生產靜態的文本。翻譯所做的事情本身即是在文本領域反覆推敲原文語句，將之對應到中文語境，選擇能夠傳達原文意義的詞語。翻譯一本經典的理論書籍，不只是翻譯文字，也在於縫合文化與文化之間的隙縫。較為批判地來看學術經典的翻譯，我們該如何透過翻譯，將文化和語境的差異，呈現給讀者，才能符合 Smith 所倡議的女性主義精神呢？什麼樣的學術翻譯與知識轉譯，才能夠符合女性主義知識生產的方法，而不至於賦予授課教師過多的詮釋權力呢？或許將是我們需要努力一生的目標。

我試著在翻譯過程中，不要創造艱難、人們不常用的詞彙，盡可能讓詞彙和語句平凡尋常，這也來自於另一股支撐我完成翻譯的力量。這十年間，我以一個非助人工作本科的身分，有幸到社工實務場域跟社工一起工作，有機會接觸到在性別暴力防治體制中接受服務的個案。我時常對一起工作的工

作者講授建制民族誌的概念，透過理論的視角帶領工作者看見自己所處建制的權力地圖？工作者為何有那些感受？個案又為何會在接受服務的過程產生某些情緒？我看到建制民族誌對第一線工作者整理實務經驗時大有助益，促使我更加堅信這本翻譯書籍不是只為學術研究者所翻譯。

　　我期待第一線工作者在繁忙的工作之餘，能透過閱讀本書，理解第一線工作者即是他們日常工作的專家，他們不需對所謂的專家學者卑躬屈膝，他們可以為自己和自己的個案發聲。我期待這本書能為第一線辛勤工作的人們帶來一些貢獻，Dorothy Smith 的女性主義精神不僅僅是討論性別平等，Dorothy Smith 的女性主義精神賦權予所有在建制中工作、「被工作」的人們，Dorothy Smith 的女性主義精神肯認被客體化的主體經驗，聽見多元而真實的人們的聲音。

　　唯有改變信仰權威力量的結構，方能為自己與個案賦權。

　　獻給在建制內微小抵抗建制的人們，以及讓我學習到許多實務知識的工作者，謝謝你們。

目錄

前　言

〔本書原文註釋依原著置於各章後，文中的中括號註釋為譯者註釋〕

　　我在加州大學柏克萊校區當研究生時，我修習的主流社會學與我在婦女運動之中的發現，存在極深的對立，我經歷的對立與這些年來所辯證的這種對立之中，我致力於創造一門社會學，而我將透過本書闡明我在這些嘗試與努力中習得的功課。

　　為這門社會學奠下基礎的是婦女運動和意識覺醒的政治實作，我（和其他一起共事的人）已經發展出一門另類社會學，這門社會學不會受限於人群的特定類屬（category）。倘若這門社會學的目的，乃是從女性立足點出發，探究社會（the social），並試圖為女性闡明延伸至日常生活之外的「關係」（relations），以何種方式連結我們的日常生活經驗。那麼，這門學問必須對男性與女性皆有助益。這必須是一門**為**（for）常民而研究的社會學，[1] 與之相反的是我接受正規教育訓練的那種社會學，在主流社會學裡，人們是「研究對象」（objects），學者必須解釋研究對象的行為。本書將闡述建制民族誌作為一門社會學，怎麼把概念轉譯為「研究提問」（inquiry）[1] 的方法。

　　相較於從受理論宰制的論述結構內出發書寫社會學，我從人們的立足點出發書寫一門社會學，並不意味著我在書寫一門大眾社會學（popular

---

[1]　中文雖將 for 譯為「為了」或「為」，但須提醒中文讀者的是，中文語境中的「為了」在某些情境脈絡下帶有家父長式的意涵，而這並非史密斯的本意。研究者並非「為了」常民而做研究，反倒是讓常民能在研究中發聲，看見社會關係或治理關係如何圍繞自身位置進行編派，形成權力。

sociology）。這門社會學始於我們在日常生活中身處的場域，但是探索我們日常活動涉及、卻非完全呈現於我們眼前的的社會關係（social relations）與社會編派（social organization）。探索社會關係與社會編派的工作，有時需要進行技術性的研究，且該研究需在概念上置外於經驗的日常語言；與此同時，我們的經驗顯示，一旦研究者完成建制民族誌，他的研究便成為一種資源，能夠把研究轉化成人們的日常工作知識。因此，建制民族誌成為延伸人們自身知識的一種手段，而非研究者取代專家的知識。[2]

2　　　然而，我必須強調，如同本書所述，建制民族誌是一門**社會學**（sociology），而不只是一種方法論（建制民族誌往往被歸類到質性研究法的教科書和課程）。建制民族誌不是從理論（而非人們經驗）出發，執行社會學研究提問策略，好在理論支持下檢視人們世界的一種方法。我把建制民族誌描述成一種「研究探問的方法」，我也知道這遣詞用字是有那麼一點誤導之嫌。但我如此描述建制民族誌，因為建制民族誌一直都強調把研究視為**發現**（discovery），研究並非拿來測試假說之用，也不是用理論詮釋，作為分析經驗世界的工具。

　　　我很難用簡單幾句話，說明建制民族誌與主流社會學之間的歧異有多大。建制民族誌的淵源顯然來自馬克思，但絕非馬克思主義理論的後續發展，不過建制民族誌也在某種程度上與俗民方法論（Ethnomethodology）有些關連。建制民族誌與這兩個理論流派有些雷同之處，我們皆致力於在我們生活的世界裡、在我們存在的肉身之中，展開與進行調查研究。由於語言在建制民族誌中扮演關鍵角色，讓建制民族誌能以民族誌方式發現建制之間相互協作（coordinate）的方式。因此，建制民族誌援引緣起於米德（George

---

[2]　史密斯認為人們在他們的日常工作上是「專家」，故此處專家知識所指為「人們」所擁有的日常經驗知識。

Herbert Mead）作品的符號互動論（symbolic interaction）流派，並進一步聯結至俄羅斯語言學的思想流派，主要有巴赫汀（Mikhail Bakhtin）、魯利亞（A. R. Luria）與沃羅希洛夫（Valentin Volosinov）等人的思想。

　　如同我的經驗，受過社會學訓練的研究者，難以轉換到不同的典範，產製關於社會的知識，這不同的典範產製的知識不會物化（reified）社會（the social）、也不斷定社會作為一種置外於人們生活、凌駕人們生活的存在。建制民族誌的目標是產製一套知識，其本質是我們理解日常世界的尋常方式，進而延伸到我們未曾觸及之處，若無探險家[3]的興趣與製圖技巧也許無法抵達。因此，讀者必須明白本書有些部分艱澀難讀，與其說艱難之處是作者寫作風格的問題，毋寧說是為讀者敞開一道不同以往的門而導致的問題，這道門將帶領讀者認識一種不同的方法，思索社會並設想研究提問。這過程中涉及所謂的**典範轉移**（paradigm shift）（Kuhn 1970）。我花了二十五年左右的時間才成功進行典範轉移，而我卻要你們透過閱讀本書來進行這項工程。[2]

　　這是一項開放式的研究探問計畫，旨在找出人們每天怎麼在日常生活中的在地位置（local places），把我們的生活拼湊起來，並能在某種程度上建構一種「關係」的動態叢結（dynamic complex）（該叢結能跨地協作我們的活動）。這項研究探問計畫必須時時修訂更改，因為著眼於現狀意味著施行修正、發生意料之外的事情、強迫我們三思、乃至於找出更好的說法，來闡述我們的發現。我在書中書寫的是建制民族誌研究的成果，以及我們至今的發現。隨著研究推進，以及研究者用民族誌方法，檢視那些治理（rule）我們的關係中出現的新區域，這些研究成果都得接受改變、拓展、改進。

　　本書由四部分構成，第四部分包含一章結論。第一部分「為人們產製一

3

---

[3]　原文為 explorer，史密斯傾向於使用探險、挖掘、發現等比喻來說明建制民族誌的研究歷程。因此，此處的探險家指的便是研究者。

門社會學」，敘述本計劃的婦女運動的根基，並區隔出建制民族誌與其他顯然擁有相似政治承諾（political commitmments）的社會學流派。第二部分「社會的存有論（ontology）」，提供一套建制民族誌亟需的存有論，因為建制民族誌著眼的現象，以及賴以描繪、闡述和分析的現象，全都發生在常民生活的真實（actualities）中。然而，真實本身不會告知社會學家哪些現象與她／他的研究計畫有關。她／他的研究提問需要民族誌式的聚焦。這正是我書寫一套存有論期待能提供給讀者的解釋。第二部分有兩個章節：第一個章節概述社會的存有論，第二個章節含納語言的現象，融入第一個章節提及的存有論。若我們要具體闡述建制怎麼編派我們的日常生活，那麼關鍵便是導入語言的概念，以此做為人們主體性的協作者。

　　本書的第三部分「能透過民族誌探究的建制」，把存有論轉譯為一個通用框架，好讓建制民族誌成為一種實作。第三部分提及建制的文本基礎和關於建制論述（institutional discourse）的獨特運作方式。第三部分的第二個章節，處理產製建制民族誌的過程中，「經驗」（experience）帶來的困難，第三個章節則檢視繪製建制地圖研究計畫的相關人們的經驗面向。接下來的兩個章節（第 8 章與第 9 章）檢視文本（texts）的核心重要性，以及文本進入編派建制形式的行動時，研究者怎麼指認文本。

　　最後我在結論的章節，繪製我們在本書中旅行的足跡，提出些許可能性，進一步把建制民族誌探索延伸至更為廣大的治理關係（relations of ruling），並藉著憶起本研究提問方法的政治承諾初衷，評量在建制民族誌研究的集體研究計畫中，這些承諾至今怎麼實現，以及未來可能如何實現。

註釋

1 我推薦彼得・葛拉罕（Peter Graham 1998）、瑪莉・坎貝爾和法蘭斯・葛雷爾（Marie Campbell and Frances Gregor 2002）以及我自己（D. E. Smith 2001a）所撰寫的建制民族誌簡介。

2 喬治・史密斯和我曾稱之為「存有論轉移」（ontological shift）。我曾送他一件生日 T 恤，印著「我已完成存有論轉移」。他穿著這件衣服去上班。

第一部分
為人們產製一門社會學

第 1 章
女性立足點[1]
肉身認知（Embodied Knowing）與治理關係（ruling relations）之對比

　　我們現在很難想像婦運初始是多麼激進的經驗，因我們長期生活於婦女運動戮力對抗的男性至上體制（masculinist regime），且思想囿於此限。如同我們對抗該體制，視其為外敵，我們也與自心拉扯，我們必須對抗自身對世界的認知、思考與感受。即便是被動參與體制，我們都深陷其中。彼時未有成熟的論述，將口說流傳的日常經驗（everyday experience）轉譯為公共語言（public language），以作為婦女運動特有的政治語言。我們與其他女性交談時，習得我們曾有過的經驗，和我們感到陌生的經驗。我們開始列舉「壓迫」、「強暴」、「騷擾」、「性別歧視」、「暴力」和其他詞彙。這些詞彙的作用不只是為經驗命名，也使女性的共通經驗浮現政治性。

　　我們從自身經驗來暢談與思考女性的共通經驗時，我們察覺深刻入骨的疏離感和怒氣。長久以來，這些感受跑哪兒去了？我們與其他女性一同探索訴說這些經驗的方式，接著我們討論怎麼把經驗形成公共議題，向男人揭露女性的共通經驗，我們在這過程中體驗到巨大的轉變。最後，這過程也為我們自身帶來亮眼的轉變。暢談我們的共通經驗是種探索的手段，藉由彼此的共通經驗，我們開始檢視我們原先不了解或缺乏思考框架的事情。我在發展

---

[1]　亦可譯為「以女性經驗為出發點」（王增勇）。

8　一門另類社會學時，便是採取女性立足點，依循婦女運動早前的探險旅程所立下的範式。我不把女性立足點視為理所當然、拍板定案的知識形式，而將女性立足點視為經驗的根基，好讓研究者開啟探索的旅程。

　　婦女運動從自身經驗主動發聲、與人分享經驗，並且採取行動，組織眾人以改變創造那些經驗的體制，上述行動在女性主義思想中，轉化為一種女性主義立場論（feminist standpoint），或者對我來說是女性立足點（women's standpoint）的概念。然而，女性主義立場論的概念源自珊卓・哈定（Sandra Harding, 1988）集結女性主義者發展出來的社會科學思潮，特別是南希・哈索克（Nancy Hartsock）、希拉蕊・羅斯（Hilary Rose）和我，上述學者的共通點，便是在女性經驗中踩定立足點。哈定指出，女性主義經驗主義者（feminist empiricists）主張，女性知識同時具有特殊優勢和客觀性，這使得女性主義經驗主義者困於無解的悖論之中。哈定歸類為「女性主義立場論的學者」，則超脫女性主義經驗主義的層次。女性主義立場論的學者主張，人們對社會的認知，必然源於人的社會位置，女性則因身處受壓迫群體，使她們在認識論上更具優勢。一如黑格爾的主僕關係寓言，奴隸看得比主人更廣、更遠、更佳的原因，正是源於他們被邊緣化和受壓迫的奴隸狀態。但是，她對婦女運動運用女性經驗的方式保持批判，經驗成了婦女運動中的發聲權威，且經驗絕無虛假，這種發聲方式挑戰理性和客觀形式（rational and objectified forms of knowledge）的知識，以及隱身其後的陽剛主體（masculine subject）（123）。哈定進一步主張，女性主義立場論隱微地產製一個普世皆然的主體，進而為傳統哲學論述生產關於客觀真相的宣稱，此一轉向不知不覺回到我們宣稱已然超越的經驗主義路線上。

　　女性主義學者也挑戰女性立足點的宣言，或說是女性經驗擁有特殊權威的說法。女性立足點的說法忽略階級和種族的多樣性，也忽視性別的多種形態和調性。1960 年代和 1970 年代時，白人中產階級異性戀女性主導婦女運

動的萌芽階段，但很快（此處我將白人中產階級異性戀女性視為單一主體）
我們預設力挺女性的普世立場，就遭受挑戰而逐漸式微，勞工階級女性和女
同志開出第一槍，後續則由非裔北美女性、西班牙裔女性和原住民女性接
手，批評婦運預設的白人中產階級異性戀女性主體。隱藏於婦女運動中的階
級、性傾向和殖民主義等議題，逐漸浮上檯面。我們的預設也受到其他社會
中經驗不同於北美白人的女性，以及經驗甚少被提及的身心障礙女性和年長
女性的質疑，較年輕的女性也在婦運演進的歷程中對婦運提出批判，她們發
現女性主義前輩的議題疏離無感，或與她們的經驗無關。

　　女性立足點的說法受到理論上的挑戰，批評者宣稱女性立足點主張本質
主義（essentialism），因其排除那些交織著「女性」這類屬的壓迫和不平等
根源。這類批評者認定，「女性」（複數）或「女性」（單數）的類屬指認一
些共通且限定的特質。儘管理論化**女性**時，本質主義是項大問題，但本質主
義不能無限延伸到此一類屬的各種使用方式。婦女運動的實作使「女性」具
有政治意味，而非指稱（referentially）意味。婦運人士使用「女性」作為政
治概念，相互協作以對抗男性至上形式對女性帶來的壓迫，此類壓迫形式或
隱或顯帶有普世性。最重要的是，「女性」作為政治性的類屬，創造出女性
長久以來在公共領域消失或缺席的主體位置，這是女性在政治生活、智性生
活和文化生活中所缺失的位置。

　　在 1970 年代和 1980 年代婦運初萌芽時期，核心工作便是以女性之名，
在公共領域奪得主體位置（subject position），自此開創強而有力的新局。雖
說打頭陣的是一群白人中產階級女性，那些發現自己被前人排除的女性，在
公共論述誕生的嶄新主體位置中，另闢蹊徑。她們的主張對應婦運的不同位
置，聚焦的議題各異，她們的自身經驗則隨之具有正當性。婦女運動確實帶
有奇異的特質，婦運不斷分裂崩解，運動內部必須對抗種族歧視和白人文化
宰制，運動內部浮現爭執與怨懟，但這些異議都無傷婦運本身。隨著那些婦

9

運啟蒙時未參與的女性取得自身經驗的發聲位置，發生於北美和歐洲的抗爭，拓展婦運關注的議題，賦予婦運更多元的樣貌。

女性立足點與治理關係

　　立足點是個從口語中汲取的詞彙，哈定創新的發想和批判作品（1988）中，使用這個詞展開新的論述工作。哈定從以下三個面向來指出立足點的概念，知識主體（the subject of knowledge）的社會定位（social positioning）、知者（the knower）的社會定位與知識創造者（creator of knowledge）的社會定位。她後續的作品發展出一套認識論，其根基為殖民主義和帝國主義的社會政治經濟體制下，眾多的主體位置。我從哈定那裡擷取這個詞彙後（早先，我在書寫上會使用「觀點」〔perspective〕一詞；D. E. Smith 1974a），我的立足點版本則與她相去甚遠。我使用這個詞彙的概念，與南希‧哈索克（1998）提出的女性主義立論概念不同，她並未指認社會決定的位置，或在這社會（或政治經濟體）裡某個位置的類屬。[1] 較之下，我主張的女性（而非女性主義）立足點，可說是我原先稱之為「一門女性社會學」的核心，而這門社會學必需轉變成為「一門常民[2]社會學」。我說的立足點並未指認任一社會位置，或某一社會位置的類屬，例如特定社會中的性別、階級或種族。但是，立足點確實樹立一個主體位置，讓建制民族誌成為一種探問的方法，立足點成為一個開放給所有人的知者所處之位址。
　　建制民族誌作為一種探問的方法，得以取代既有的社會科學論述中客體

---

[2] 遇到 people 一詞時，我會視語境而定，譯成「人們」、「常民」或「工作者」。「常民」一詞多半用於史密斯理論化建制民族誌時，因此我在某種程度上（違反建制民族誌的宗旨）也將人們或人們的活動概念化，成為抽象的「常民」，藉此凸顯建制民族誌的論述建構。

化的知識主體（objectified subject of knowledge）。既有的社會科學論述服膺於我後來指稱的「治理關係」——透過文本媒介，特殊卻又日常的關係叢結（complex of relations），治理關係穿越時空限制，使人們產生連結且編派我們的日常生活——企業、政府官僚、學術和專業論述、大眾媒體，以及交錯其間連接這些建制的關係叢結，社會科學論述也成為它們的一部分。在 20 世紀晚期婦女運動萌芽初期，女性被排除在外，無法以能動者（agents）或主體的樣貌現身於上述的治理關係中。不論我們怎麼在治理關係中運轉工作，我們始終臣屬其下。為人母的女性，再製那使我們居於下位的性別化編派；我們是從事個案工作的後勤人員、店員、護理人員、社工，而非從事行政職的人。在高等教育學府中，我們人微言輕且位處邊陲（我在加拿大從事第一份教職的系所內，有兩位優秀的女性，她們從未取得專任教職）。

　　我將「立足點」構思為建制民族誌的主體位置，創造研究切入點來探索社會（the social），認識主體（the knowing subject）附屬於社會或政治經濟體的客體化形式知識（objectified forms of knowledge）。這是探問的方法，從人們日常生活（people's everyday lives）的真實（actualities）和經驗的真實出發，以探索個體經驗之外的社會性。這種探問方法的核心是人們日常生活中的立足點，它屬於一門在自身論述中創造主體位置的社會學，任何人皆可進入該主體位置。建制民族誌研究者在人們的經驗裡探尋社會，以期在人們的生活中，探索社會的存在和編派方式，研究者進而闡述或繪製超越日常生活在地場域的編派地圖。

用女性立足點檢視社會學

　　我發展一門社會學，不把知識與研究對象客體化，源於（相當程度上來自婦女運動）我探索身為女人的生命經驗。這趟探索的旅程，使我質疑過去

在大學部和研究所時，耗時甚長、刻苦學習的社會學基礎。早年，我是在加拿大西岸英屬哥倫比亞大學教書的社會學家，也是帶著兩名小男孩的單親家長。我感受到我的工作狀態相互矛盾：一邊是家中雜務的工作與母職；另一邊是我在學術界的工作、備課、教學、行政會議、寫論文等等。我的家務工作內容與我在學校教授的社會學毫無關聯，有部分原因當然是因為那種社會學對於我的處境一無所知。

　　我從婦女運動中習得從自身經驗出發思考的方式，由此開始為被埋沒的女性發聲。我開始探索從我身處的位址出發思考社會學的方式：在我的肉身之中、在我家與孩子共同生活的場域中、以及在那些與家務相關的照護、與隨之發展出的意識裡進行探索。關於我與我的孩子、鄰居、朋友、孩子的朋友、我們的兔子（出乎意料地兇猛且具破壞力，那隻長耳寵物在我那本米德的《心靈、自我與社會》留下齒痕與爪痕）、兩隻狗、和偶爾飼養的倉鼠之間的關係有許多細節。在居家模式下，我得留心持家、烹飪、孩童照護和許多居家環境的微小事務延伸出的諸多任務。我前往大學上班的途中，我當然沒有脫離我的身軀，但我的工作重點便不在於在地關係與環境的枝微末節，反倒是關注於我所閱讀和教授的社會學論述，或是大學系所需要進行的行政工作。身體當然必須待在大學裡才能順利完成工作，但是這具軀殼並非用來編派大學裡的工作，這些工作也與我的肉身軀殼毫無連結。

　　我難以整合居家的主體性與在大學的主體性，這兩個主體以獨樹一格的現象編派（phenomenal organization）方式分道揚鑣。這兩條不同的軌跡以不同方式編派我的記憶、專注力、理解力、和反應。替我其中一位孩子記住預約的牙醫門診，不屬於我的學術意識，因此若我無法謹慎地找個方法提醒自己，僅憑記憶力的話，那我很有可能忘記這件事。我的經驗揭露居家和學術工作之間迥異的經驗，這兩種經驗在社會中處於不同位置，而這些經驗將我置於社會的不同位置。居家經驗充斥細瑣之事，居家生活有孩子的身體、

臉孔、動作、他們的聲音、他們頭髮的味道、爭執、嬉鬧、每晚固定的閱讀
時間、早上把他們挖起床上學的壓力、煮食和備餐、每日生活大量不勝枚
舉、緊湊、占據心力的工作其實都難以定義。我在大學裡的工作則有著不同
的羅列編派方式；我據以思考和教學的社會學深埋文本之中，我從社會學眾
多文本連結到無限延伸的論述，進入一個只有極少數人才知道的網絡，有些
僅是已逝之人的姓名；有些人名是當代社會學的豪傑和大師；有些只是書本
或文章裡出現的名字；而其他名字則是研究所裡的教師、同事和同儕。學院
內行政工作的運作與大學行政體系環環相扣，彼時行政體系只依稀可見像是
系主任或校長的權力，或是註冊組之類的辦公處室，這些體系規範我們與學
生之間的工作。我進到系辦跟祕書們寒暄問好後，第一個動作是打開我的信
箱，接著進入文字行動（action in texts）的世界。

　　我知道在大學裡有種主體性的實作，將在地性和肉身性排除在外。我在
婦女運動中學到，從我是女人這一點出發，自此我開始以「居家」的主體性
作為立足點，留意大學和我在大學裡的工作。我開始發現許多以前從未見過
的事物。怪了，正當我走在那所大學的中廊時，那條走廊通向稍微隆起的湛
藍小島，更遠處則通向北方的雪山，我看見我的左邊有個大窟窿，過去這裡
曾有座建築物！在日常生活的模式下，你可以發現許多連接點，雖然你也許
無法了解這些連接點。在一個有孩子、狗和兔子的家中，我那本《心靈、自
我與社會》書背的損壞，顯然可以聯想到那隻在我書房裡閒晃的兔子。但
是，那個曾有座建築物矗立其上的大窟窿，卻無法讓人聯想到任何顯而易見
的能動者。我在大學裡實作的特定意識開始在我心中浮現，成為一種謎樣奇
怪的編派形式。若我追溯那座大窟窿的來源，我必得循線而上，進入一套
關係次序（order of relations），連結著行政流程和必須為大窟窿負責的承包
商；我會陷入一個由預算、行政決策、省級和聯邦政府經費交織而成的網絡
之中。我會因此陷入建制民族誌學者稱為「治理關係」的關係次序中。這些

13

治理關係區隔主體與她身處的特定環境，也區隔了她身為母親和家庭主婦的
生活與工作之間的關係。不論是透過金錢作為媒介的社會關係，或是在學術
或專業論述中被編派為客體性的社會關係，治理關係創造出主體位置，將其
提升至普世皆然的模式。治理關係欠缺實體形式的領域中，將這些關係具現
化的實作，讓我們能看見治理關係的樣貌。隨著我漸漸意識到治理關係在日
常生活中的樣貌和權力，我開始留意治理關係，而且跳脫地上的那個大窟窿
後，我也開始將我在大學的日常工作世界中實作的社會學，視為一套論述關
係（discursive relations）的編派方式，也將其視為治理關係的一環。

性別與治理關係的歷史軌跡

我檢視我身為女性的經驗時（彼時婦女運動的行動），我看見一套社會
關係的次序，存於經驗的日常世界，我們也能在經驗的日常世界裡觀察到這
套次序，但是我們卻無法在日常世界裡，完全探索這套社會關係的次序。客
體化的治理關係，協作眾多在地日常世界，使其能跨地運作或超越在地運
作。從性別和治理關係的歷史軌跡中，浮現出來的這種編派方式，正是我的
經驗和我反思此經驗的源起。

治理關係的概念（D. E. Smith 1987, 1999c）並非指稱一種宰制模式，
而是指涉一種嶄新、獨特的社會編派模式，於 19 世紀後半的歐洲和北美社
會漸漸取得優勢。治理關係是意識與編派的形式，治理關係的客體化乃因其
建構於具體人物與地點之外。

19 世紀與 20 世紀之交急遽產生的社會轉變，其實從更早之前便已展
開，隨著活字印刷術的出現，文字更廣為流傳，超越口語文字的在地性。以
在地方言印刷的聖經文本唾手可得，從此人們不需透過牧師作為媒介即可讀
經，不只改變歐洲基督宗教的本質，也改變歐洲基督宗教的編派方式。政令

14

宣導能以同樣形式複印與廣發；新聞媒體崛起；民意能付諸印行；小說崛起成為一種說故事的獨特文類（McKeon 1987）；政治和社會思潮形成意識形態的普同化（generalized）形式。意識和能動性的形式不再等同於個體，這些形式支撐且改變快速成長的資本主義作為一種生產模式。在 19 世紀前三分之二世紀時寫作的馬克思，將資本理論化為個人的私有財產，馬克思的「意識」（consciousness）概念也等於個人和個體所思所想（1973）。相較之下，治理關係將意識客體化：這些新的社會關係形式在馬克思的時代尚未發展完全；故此，他的思想中未融入下述的社會意識形式（forms of social consciousness）：（一）分化且專門化的特定社會關係；（二）無涉特定個體和社會關係的客體化社會意識形式。

　　蕾歐諾爾・大衛朵夫（Leonore Davidoff）與凱薩琳・霍爾（Catherine Hall）（1987）描繪 17 世紀和 18 世紀的英格蘭，中產階級的私領域漸顯孤立，孤絕於男性宰制的商場、政治圈和科學界之外。女人仍努力從事家務工作的繁瑣細節時，中產階級男人則活躍於商場，男人與去人性、跨地的市場動態接軌；他們也活躍於公共論述中，出現在英國與歐洲的俱樂部和咖啡店，與其他男人交談，也在北美的沙龍和公眾聚集的場所，暢談報章雜誌與書籍等主題（Habermas 1992; Ryan 1993）。中產階級的男性與女性之間產生一道極端的分野，劃分出行動的領域和意識的領域。新興的治理關係中獨有的離體意識模式（out-of-body modes of consicousness），需要將主體與能動性專業化。教育和意識形態形塑中產階級男性主體，旨在創造現代意識（modern consciousness）的特殊形式，好讓能動性能在取代或抑制在地肉身存在的模式中行動。[2]

　　瓊・蘭德斯（Joan Landes, 1996）認為，新興公共論述與啟蒙運動有關，也與資本主義崛起成為生活的普同經濟形式有關，新興公共論述將女性隔絕在外至為關鍵，好讓男人能夠維繫蘭德斯所言的「普世性偽裝」（the

15 masquerade of universality）。公共領域取決於一套排除女性的性別秩序。法國革命期間及其後，試圖在公共領域集結的女性，「冒著可能違反布爾喬亞公共領域基本原則的風險……〔她們〕冒險打亂關於自然、真相和民意的性別化秩序，這是一套將女性分派至私人、家務場所而非公共領域的性別秩序」（87-88）。男人面對男人時不會喚起一絲繁瑣家務的牽掛，但女人卻背負這些瑣務，成為女人的社會存在（social being）。因此，只與男性往來的男性便可否認「那偽裝的面具，透過那層偽裝，（男性）獨享的特權便能隱身於普世性的面紗之下，擺出高姿態」（Landes 1996, 98）。

社會編派的嶄新形式始於 19 世紀中期，於 20 世紀初期急遽加速變化的腳步，這種社會編派形式的快速擴張，乃因印刷術和其他科技再製文字與影像的能力（Beniger 1986; Yates 1989）。國家政府內的官僚制度發展，從韋伯（1978）[3] 的社會學文獻著作中已為人熟知，伴隨著商業企業在管理上的激進創新（Beniger 1986; Waring 1991; Yates 1989）。馬克思視為理所當然的私產持有者和資本主義企業之間的直接關連，被逐步取代，取而代之的是共同持股與共同控管的企業營運模式（Chandler 1977; Noble 1977; Roy 1997），此模式不僅區分所有權與控管權，使管理創新成為一種獨特的功能，同時也創造出通用汽車（General Motors）的阿弗雷德·斯隆（Alfred Sloan, 1964）所說的「客觀」組織（objective organization）（相對於「主觀」組織來說）。客觀組織在程序上提供不同部門績效，系統化的責信制度，以股市季報導向的財會系統呈現部門績效。決策者下決策的知識不再存放於個別經理人或企業主的頭腦裡；決策依據來自可供驗證的數據，而非基於臆測與非客觀基礎的計算所產生的報告形式。關係再也不是過去的樣貌，舉例來說，在杜邦公司（DuPont Company）裡，19 世紀後期杜邦創辦人的兒子與女婿跟他住同一間房子，他們各自經營不同廠區，每天寫信向創辦人報告當日交辦事項（Yates 1989）。家庭關係提供私人互信的重要性已遭取代，隨之而來在家族

企業裡創造一個利益社群的重要性也被取代，取而代之的是由文字規範和行政程序組成的體制，結合數據蒐集系統，以便客觀評鑑管理者的績效表現。

　　至少在北美可以看到治理關係的歷史軌跡，自 19 世紀晚期起，逐步蠶食具體的關係，於在地發展而出的社會編派形式，漸次改變男人與女人、男人與男人之間的關係。錢德勒（Chandler, 1977）在討論他「可見之手」（the visible hand）崛起的主要著作中，將焦點導向大規模企業已逐步併吞具有經濟功能的在地組織，以及這些組織在市場網絡中的協作能力。市場未受規範的流程，成為企業行政體系的核心。小型在地生意受困於一連串交易的交換體系而導致的財務與信貸問題，現在能夠透過企業管理和會計體系下的行政保護傘來施加規範。生產端的垂直整合，順利解決原物料供應端的不確定性。舉例來說，通用汽車（Sloan 1964）率先展開個別零件供應商的垂直整合過程，好讓漸增的生產量能，確保合作的供應來源；第二種併購方式則是合併占有不同市場區塊、有可能和通用汽車競爭的汽車製造商進行合併。類似的運作方式還有郵購零售商和百貨公司的擴張，占據且取代在地的批發商組織，此舉將在地批發商的功能併入一套單一行政體系內（Beniger 1986; Chandler 1977; Mills 1951, 25-26）。

　　托斯‧范伯倫（Thorstein Veblen, 1954）早期的觀察補足錢德勒不足之處，他發現鄉村小鎮的轉變，來自於他稱為「大企業」（Big Business）的版圖擴張。他形容鄉村小鎮為「零售交易站」，村民競相購買農產品，或販售生產工具給農夫（144）。大企業的到來改變這個現象。小型零售和批發商比不上新型、大規模形式的組織企業：

　　　　日益增加的運輸和通訊設備；日益壯大的企業體和多種企業結合的企業體，
　　　　介入批發交易，而包裝商、批發商、倉儲公司則處理農產品；越來越多需
　　　　求訴諸包裝商品、品牌和商標，全都將廣告放置在自由設計項目，任其在

17　　零售商眼前掠過；連鎖商店的經營手法和經銷商增加更多就業機會；在地銀行越來越依賴金融中心較大的信用建立系統。（154）

　　范伯倫如此說道，「鄉村小鎮不再像以前一樣」，在地人口聚居之處，一個人可以「對生意掌有部分控管權，不需對任何企業階序中『較高位』主管的人負責」（155；另請參見 Mills 1951）。

　　組織和控管權的逐步推進，用馬克思的話來說便是意識的客體化（objectification），這也掠奪人們以個體身分發展出來的關係編派方式。資本的持有權和控管權編派的方式產生改變，這也發生在其他建制區域（institutional areas），此類狀況也許相互影響、產生改變。城市的治理方式開始有所轉變，從舉薦任命的形式，更迭至官僚行政體系。公立學校的教育開始以學區的行政編制進行編派，教師則受大專院校訓練，成為專業教育工作者。普遍來說，專門技能的職業取得前所未有的重要地位，專技職業能確保四散的專業實作環境中，施行的訓練、認證和實作標準趨向一致水平（Collins 1979; Larson 1977; Noble 1977），這在北美社會是項重要的走向。[4]

　　傅柯（Michel Foucault, 1970）在他提出的論述概念中，指出治理關係的重要面向。傳統上在詮釋作品時，傾向於解讀作者的原意，傅柯則使用論述這個詞，窺探背離傳統思想史的思維模式。在傅柯的論述概念中，知識體系和知識產製過程，座落於特定個體之外。傅柯不追溯連續性和影響力，他將研究提問的重點直指論述事件（discursive events），意即正在發生或曾發生過的口說或書寫形式上有效的陳述（1972, 28），並將重點指向論述所代表的獨特權力形式。論述來自一套進行陳述前便已存在的次序（order），發言者或作者的本意，絕非純粹表達出來而已。作者能說的話或能寫的文字，端視限定論述的規範，言說或文字則於論述中構框而成。

　　傅柯關於論述的想法，取代傳統上以個體理解為主的知識基礎，他將

知識基礎定位於特定主體之外的一套次序，這套次序影響著主體，使其別無選擇。傅柯闡釋論述次序時（1972），他說到這套次序規範人們的主體性協作的方式，能說哪些話、必須拿掉哪些話、只是沒浮上檯面的是哪些話。論述已決定（我們不該誤讀為「造成」）人們能說出哪些話語，或能書寫哪些文字，以及他人聽到和理解的是哪些事情。如同女性在婦女運動中習得的教訓，有些女性經驗無法透過論述來發聲。

新的文本科技發展，造就急遽擴張的公共論述領域：先是拓展至既有的報紙產業上，隨後擴張到廣播和電視。這些科技大幅改變公共論述，我們普遍稱為「文化」的事物，也經歷物化的過程：龐大的文化產業應運而生。過去人們創作他們自己的故事和歌曲、繪製或雕刻他們自己的圖片、演出自己的戲劇；過去人們口耳相傳新消息，等待遠方的旅人捎來遠處的消息。如今我們觀看電視新聞、戲劇、遊戲節目、脫口秀等等，沒有一位觀眾製作這些節目，節目的來源則相當多元。

過去直接管理我們的人，是我們熟知（且也許討厭）的人，我們的父母也熟識這些人。現在治理我們的人則服務於企業、政府、專業場域和組織、大學、公立學校、醫院和診所等等。雖然說他們也是個體，但他們之所以能採取行動，乃基於他們生產也被再製的社會編派和社會關係。這些人活躍其中的社會關係和社會編派，同時也編派我們的生活，我們也參與其中的諸多面向。觀賞電視、閱讀報紙、到雜貨店採購、送孩子上學、為房屋借貸、走在城市的街上、開燈、為電腦充電，這些日常行為將我們融入一套我稱為**治理**的次序中，我們不只融入這套次序的社會關係中，還融入經濟體的社會關係中；我們外出購物時選購的商品，可能由住在遠方、素昧平生的人們所製造，諸如此類的事情。與我們進行這些交易的對象，都不是我們認識的特定個體，例如家族成員或鄰居。我們跟稅賦人員或超市員工是否有私下來往無妨；我們與這些人互動的基礎正是他們的職業。我們永遠不認識（除

了螢幕上的影像之外）那些在 CNN 或 CBC [5] 上報新聞的人也無所謂。社會編派與社會意識的各種客體化形式，構築而成一套專精化叢結（specialized complex），「知識、判斷和意志」的功能則內建其中，組織和協作常民的日常生活。

19　　　治理關係的版圖不斷擴張，目前近乎滲透進日常生活的各個面向，這現象為女性（尤其是中產階級女性）的處境帶來許多矛盾。隨著 19 世紀晚期以來，遠端編派的經濟關係、國家關係、和公共論述所擁有的權力、科技與視野與日俱增，逐漸加劇白人中產階級間的性別分野（gender divide）。中產階級的家務領域助長從遠端進行編派的權力、知識和公共參與機會，男性於此間既是主體，也是能動者。19 世紀晚期的性別關係，處於威廉·懷特（William H. Whyte）研究中（1956）所述的「組織男人」（organization man）的頂峰。貝蒂·弗利丹（Betty Friedan）最為人熟知、對市郊女性生活方式的批判（1963），也是這套性別秩序。

　　從 19 世紀到 20 世紀，印刷術和緊接而來的文本複製技術，提供閱讀群眾一種技術基礎，女性得以用作家和讀者的身分參與其中。儘管多數女性仍難以參與哈伯馬斯（Habermas, 1992）所說的公共領域，中產階級女性的意識卻已然改變，這肇因於由新興女性作家所書寫，並且以女性為主角的小說。同一套基礎科技，拓展中產階級白人男性混跡的範圍和享有的權力，也成就女性發展新形式的主體性。北美洲幅員漸廣的鐵路網絡，加速傳播新聞、文學、巡迴演講、地下新聞，為女性群體創造嶄新的社會編派基礎。例如，19 世紀晚期非裔社群裡，白人以私刑強化白人對黑奴的統治地位，非裔美籍女性使用流傳於非裔美籍社群裡的新聞媒體，觸及其他地區的人，動員反對私刑。普遍來說，19 世紀晚期的婦女運動主要奠基於讀書會、文宣品和其他來源，婦運組織因而不需完全仰賴地理形式的在地人脈。如同基督教婦女戒酒運動（Women's Christian Temperance Movement），巡迴組織人

力和講者增添婦運的羽翼。

　　女性（特別是中產階級女性）在所有層級上，插手新興的教育體系。她們成功進入大學窄門（起初僅錄取少數女性）；她們積極促成兒童發展中心作為大學必須提供的設施；她們參與創造一個母職論述，跨越種族與族群藩籬，動員北美中產階級女性，因她們努力確保孩子在公共教育體系的優勢（Dehli 1988; Griffith 1984; Griffith and D. E. Smith 1987; Griffith and D. E. Smith 2004; Rothman 1978; D. E. Smith 1997）。中產階級家庭的嶄新形式誕生，這種家庭形式讓丈夫／父親能提供妻子／母親奧援，讓她們能全心做個賢妻（不是什麼新聞），以專家產製的知識來協助孩子社會化，並在學校教育的過程中支持他們的孩子，確保孩童能承繼家長的階級地位。在第二次世界大戰後（此時期的經濟成長有時稱為福特主義），勞工階級家庭也開始有能力，透過公共教育體系讓孩子接受高等教育，以期他們有機會晉升專業職和管理職。儘管此前中產階級白人女性在高等教育，往往修習傳統上與家務相關的領域。二戰之後，中產階級白人女性漸漸集中修習人文領域。然而，不管在哪個社會階級或什麼樣的族群差異，女性依舊處於治理關係的邊緣位置，扮演從屬角色，缺乏能動性，生產可供男性使用的產物。

在歷史軌跡中定位出女性立足點

　　我和早年參與婦運（1960 至 1980 年代）的女性，生命經驗中並存著分化的社會關係，一邊是家務領域的主體性與知識，一邊是商場和政治圈的主體性。透過以印刷文字為主的媒介（同時也是治理關係的基礎），前三個世紀或更久以前流傳下來的性別分野漸漸崩解。妻子分內的工作與家庭主婦的工作意識所處的狀態，便是照顧男人的個人需求，讓男人能夠不分心，專心思考職場的實務。阿弗雷德・舒茲（Alfred Schutz, 1926b）指出，參與職場

領域的事物，必然造成人們忽略個人意識與日常生活的實務。正是這些意識阻礙女性，使她們無法脫離自身狀態，或是讓她們唯有變得較不女性化或是發瘋，才能脫離自身狀態。相對來說，男性參與資本主義、公共領域和治理關係的跨地域關係所需的自由，取決於家庭主婦庶務的功用。家庭主婦需要的意識模式，必須持續專注於繁雜、分秒必爭的需求，好讓整潔有序的家成為日常存在。如同舒茲（1926b）的描述，家庭主婦的這種意識模式不見容於科學理論的領域，我們可以看到，我的生命和其他像我一樣在家務工作與學術領域工作的女性，生命中並存著這兩種主體的模式和活動。

　　婦女運動讓我意識到，我參與學術生活中的「普世性偽裝」（Landes 1996）以及我、孩子和家中的日常生活，兩者之間存在一種斷裂，每天編派和重組我的主體性。我二十六歲進入大學成為大學部學生時，我漸漸主動隱身於那層偽裝之下。想想我當時真傻，我以為我進入的心靈領域中，性別不再是項限制。我難以描述我多麼深刻體會到，知識與想像帶給我的疏離感。一開始我發現我必須重新調整我作為知識主體的身分，以符合我身為女性在家帶小孩的那個陌生存在，當時我才開始意識到疏離感這件事。我發現即使在我工作時，我也沒有停止現身和活躍於日常生活之中。阿弗雷德・舒茲指出，理論意識領域（domain of the theoretical consciousness）未能看見在地細節和個人生命相關的瑣務，他構思的理論意識領域，座落於特定的在地環境中（圖書館、辦公室等等），主體於這些真空環境中，毋需留心細瑣雜務，隨文本（當然包括電子文本）而生的普世性，便能吞噬主體意識。探索這些必要的落點時，避不開我的肉身存在，我開始重塑我連接知識世界的方式，這意味著重塑我活躍其中的許多層面，意即我的知識養成過程中，習得的社會學、我所講授的社會學，以及偶爾書寫的社會學。

　　我著手解開那張困住我的智性網，一旦開始這過程便無法罷手。那時，我將之視為生產過程。生產時，劇烈、非自主性、不受控制的肌肉律動占據

你的身體；你可以隨之而動，但你無法控制肌肉動作。對我來說，這段深層的肌肉變化長達三年左右。我成功度過這過程的方法是試著敞開心胸面對它，在過了重大轉變時期後，我持續不斷親手解決問題。例如，從我的位置出發如何說出真相（不論那真相有何意義）而不害怕。此外，我必須避免去迎合或再製知識與我的女性身分之間的裂解狀態，女性是性別的存在與母親的存在，深植於這名女性的肉身存在之中、在日常生活中，以及在她應當探索的社會之中。

　　當我在女性日常生活的在地真實（local actualities），採取我現在稱為「女性立足點」的觀點，我意識到社會學論述複製我正在探索的治理關係輪廓。這不是性別歧視的問題；甚至無關社會學論述的理論假說，或是忽略女性和相關議題的關懷。社會學論述的論述實作，將知者創造為普世主體，脫離人們生活的在地真實，這才是問題。知者的定位如斯，人們便成為社會學研究和詮釋的**客體**（D. E. Smith 1987）；我們不是社會學論述的主體、知者。

　　因此，我的社會學實作，複製、強化我在職場生涯體驗到的主體裂解狀態（大學工作的我與家務工作的我）。我無從逃脫，我找不出方法讓身為女人的我，重組自己而毋須改變。我必須尋覓一套起點始於人們生活真實的社會學實作，好讓我能從人們的生活出發，探索社會，因為社會成型於人們的生活真實之中。

　　我自身的經驗座落於歷史軌跡中的獨特時刻，此時正是治理關係擴張和編派家戶的科技基礎改變的時刻，其中包括在採買食材前耗費的大量勞力（至少在西方工業化社會是如此）。我所使用的女性立足點概念，由以下兩者的交會處發展而成，一邊是母職、迫切的生計需求和家庭照護的在地肉身工作，一邊是參與社會學論述的跨地關係與大學建制體制等等的跨地工作。我察覺像我這類女人的生活正處於這兩個領域交會點的歷史特性。由此發現我們社會最根本的一項矛盾，一邊是文本媒介的治理形式（包括論述形式），

並且在治理關係的客體化模式中，以跨地或遠端的方式來編派這些治理形式；另一邊則是家戶獨特的環境和社會關係，仍保有傳統的特殊性。

論述和治理關係的客體化形式，排除女性以主體現身的可能，這是我建構女性立足點的處境位置。我們不需在女性立足點中，尋求女性有可能或不可能具有的共通點。男人說「我思故我在」；打從這些超越日常的嶄新治理形式崛起後，「我發生性行為、我生產、我照顧孩子、我灑掃庭除、我燒飯做菜、因此我什麼都不是」，成為女性沒說出口的話。至少一直持續到婦運開始拆除藩籬，讓我們看到社會編派形式拒絕女性的能動性參與其中。女人的現身凸顯肉身並非不朽的存在，啟蒙知識分子[6]身處的純粹世界因而出現矛盾和威脅，我們突破了啟蒙運動以來的身心二元對立，使得心靈認知到它具有軀殼、存在於肉身之中，無法離體。

婦運間接讓我們看到，具有正統普世性（formal universality）的主體（the subject），暗藏男性特質，此為客體化知識形式的根基。也許對我們來說顯而易見、一眼便可看穿的是，女人盤據主體位置後，便直接破壞普世性不可或缺、肉身遭揚棄的身心二元對立。問題不只是因為主體擁有軀殼。現象學（phenomenology）藉由懸置（bracketing）肉身化，試圖確保一個肉身化的普世性主體的精準度。然而，女人發聲的主張不是只想成為普世性主體的新成員；婦女運動的初衷便是拒斥肉身與心靈的對立。不論女性經驗多麼歧異、不論女性主義理論怎麼精煉與詮釋我們的經驗，從女性經驗發聲的處境位置，必需總是根植於女性的肉身存在。從女性立足點發聲，便能打破笛卡爾以降，內建於西方哲學、後來成為社會學一環的身心二分基本法則。我選擇用女性立足點來重新打造一門社會學，拒斥身心二元對立。

隨著女性主義思潮發展，學者開始構思能打破笛卡爾二元對立的身體理論，而我日常的生活編派中，時時再製笛卡爾的身心二元對立。例如，以伊莉莎白・葛蘿絲（Elizabeth Grosz, 1995）為例：

多年來，我參與的研究，試圖探討我們怎麼重新理解身體，將其視為社會文化建構的產物。我的研究興趣是嘗試修正和改變肉身性（corporeality）的傳統主張，問題化身心二元對立中，學者用來理解身體的方式（這二元對立包括身／心、內／外、經驗／社會脈絡、主體／客體、自我／他者、以及這些對立中隱含的男女對立）。我們可將肉身性視為主體性的物質狀態，肉身性在身心二元對立的地位中，劣於心靈，我們可以把肉身性一詞置於宰制詞彙（心靈）的核心。（103）

葛羅絲運用德希達（Derrida）的概念進行分析，亦即兩個詞彙之間的二元相互依存（binary interdependence），一個詞彙處於宰制地位，另一個詞彙則扮演補足或補充的角色。人們時常遺忘從屬詞彙，宰制詞彙卻不能沒有從屬詞彙。葛羅絲的宗旨是改變兩者之間的宰制從屬關係，好讓人們能將肉身視為心靈的「核心」。德希達的二元論和葛羅絲重構的宰制──從屬詞彙，表達了文本底下潛藏的社會關係。心靈不只在概念上處於宰制地位；在地環境裡，涉入治理關係的人也促成心靈的宰制地位。我這個世代的女人所承襲的性別化體制，也蘊藏這類社會關係。將焦點轉移到身體，以作為哲學家轉向的說法，仰賴人們於在地實作中，每日使其成型的深刻且基本的分野。

在日常世界的在地真實中，從女性立足點出發進行提問，並非橋接身心二元對立的策略，而是瓦解對立的策略。肉身化的知者於女性經驗中誕生，她是自身經驗的專家。我這麼說的意思只是要指出，提及女性知曉的日常世界運作方式時，她是位專家。例如，處理家務的方式、B 線公車的站牌位於何處、她能在哪間超市同時買到有機蔬菜和少乳糖的牛奶，以及日復一日的活動中，無從列舉的事項和她賴以維生的在地條件等。不過，提到編派形式時，便是不同情況。例如，蔬菜有機認證的過程，讓超市或客運公司成為日常生活一部分的社會編派；或是地方政府責任的社會編派形式，像是地方政

24

府必須負責街道狀況、人行道狀況、廢棄物處理標準等等。這些在地可見且有效的社會編派形式，若深入探討其連結而成的關係叢結，便可探察經濟體的社會關係。

　　這是我們在北美當代社會生活的日常現實（realities）。有些我們不認識也不可能會認識的人在他處工作，他們的日常活動與我們的日常活動相互協作。不論是我們下班後到巷口雜貨店買洗衣精、我們打開電視收看最新的災難現場，或是我們選本社會學理論的書，讓我們連結到不知何時何地、由誰所做的那些研究。社會關係會跨時空協作異時異地的日常活動，但多數時候很難在常民經驗的日常世界中見其蹤跡。從女性立足點出發的社會學，將這項現實形塑為問題意識（a problematic），使其成為研究與探索的研究計畫。

　　從女性立足點出發的探問研究，始於人們生活的在地真實。某種程度上，這項探問研究翻轉身體與心靈的傳統關係。傳統上，心靈能夠檢視、探索、反映身體的樣貌。身體並非一項能夠被凝視，或甚至是理論化的客體。我們應將身體視為存放意識、心靈、思想、主體性和能動性的場址，並將身體視為具體的人之在地活動。當我們把心靈拉回肉身之中，心靈與論述的現象（意識形態、信仰、概念、理論、想法等等），才會被視為真實的人們處於具體的在地位址、於具體時間點上從事的活動。我們不再理所當然，將這些現象視為存放於人們腦袋裡的東西。我們能觀察到心靈與論述的現象，在語言中以口說和／或文字的方式浮現。論述本身即存在於人們的活動；論述即是關於人們生活的真實；論述能編派人與人之間的關係；儘管論述提到人們的行動、立足於人們的行動之中、從常民行動之中發聲，但論述並未窮盡人們行動的所有細節。

註釋

1　哈索克的重點在於賦予歷史唯物主義新的框架，好讓女性經驗與旨趣能完全含括其中。對她來說，特別重要的一點是充分認知到權力的形式，亦即婦運命名為「父權」的權力形式。構成女性邊緣地位的方式，圍繞著與再生產相關的工作，以及與直接生產生活（subsistence）相關的工作，女性因而在一般的生產模式裡，被賦予特殊的地位。對哈索克來說，採納女性主義立足點，為歷史唯物主義引介一個被馬克思及其追隨者所漠視的面向。她的女性主義立足點藍圖裡，具有特定的政治意味。我想，她的概念會被批評為本質主義者，但是，如果我們思考的面向不局限於北美、不限於白人中產階級專業化的北美社會，我們很難不承認哈索克正描繪全球各地女性的真實處境。在加拿大一份最新的人口普查數據顯示，儘管過去 30 年來女性參與勞動市場的比例大增，「與男性相比，女性依然更有可能每週多花 30 小時煮飯和打掃」（Andersen 2003, A7），而且女性比男性更積極參與孩童照護，特別是幼童的照顧工作。

2　盧梭在《愛彌兒》（*Emile*, 1966) 一書中規劃一套教育體系，旨在創造公民社會中獨立自主的男性主體。男性主體的另一半，則是受同等教育但無法自主的女性；她的角色就是處理陽剛主體剩餘的肉身需求；她絕不能為自己現身，或是以自己的身分出現於公民社會的區域（此乃愛彌兒專屬的地區）。

3　韋伯的確是少數幾個將組織理論化的社會學家，且發現官僚體制內文本和文件的重要性。

4　哈洛德・柏金（Harold Perkin 1989）研究英格蘭自 1880 年至今「專業社會」（professional society）的歷史，我認為他的研究指出一個對應的現象，那正是我在北美的脈絡下稱之為「治理關係」的現象。然而，他的研究選用社會階級作為主要框架，較為著重在研究一個專業階級（professional class）的崛起，也因此他並未著墨於治理關係的不同面向（客體化編派和意識）。

5　CBC 為「加拿大廣播公司」的簡寫，是加拿大國營的全國性廣播與電視服務。

6　此處我指的是瑪麗・道格拉斯（Mary Douglas）著名的作品《潔淨與危險》（*Purity and Danger*, 1966）。

26

第2章
認識社會（the social）
另類構想

知識是一種社會編派的形式（D. E. Smith 1990a）；知識特有的文本形式承載並複製社會關係。社會科學領域視為理所當然的知識形式，自始便模仿自然科學領域的知識形式，位於我們的在地真實（local actualities）之外，以宰制和權威的關係凌駕於我們之上。寇德（Lorraine Code 1995）形容知識的社會編派時，她寫道：

> 堅定的專業信念和日常定見認為，知識僅是知識；這是屬於誰的知識、誰創造知識、誰了解這些知識，都不重要。事實（果真是事實的話）將會深入人心。知識和「純粹意見」的區別，淵源已久。維繫兩者的分野，來自於人們賦予知識一個地位（因此具有普同性和普世性的思維方式），藉此讓知識能超越具體知者的獨到經驗。（13）

這位哲學家確實未將知識視為社會編派的形式，但寇德的主張隱含知識的社會編派，她闡明那些超越知者經驗的客體化再現（objectified representations），有獨特的社會語法（social grammar）。本書的第 6 章和第

9 章中，我檢視這類客體化再現，視其為文本現實（textual realities）。一般來說，文本現實是建制存在和治理關係的關鍵。[1] 本章重點在於治理關係的建制核心（institutional foci）將常民束縛其中，編派我們的生活，皆由建制構築的現實媒介建制核心，而建制現實中編派關係的方式則如寇德所述。治理關係模式的再現形式，歷經客體化的過程。讀者、觀眾或聽眾在文本建構的現實（the real）裡，進入的主體位置，與他們的在地真實毫不相關。不管觀眾、聽眾或讀者，處於他／她的身體何處，文本建構的再現形式，將她／他定位為主體（這文本可以是手寫、紙本、電視上或螢幕裡的文本）。她／他置身事外，不存在於文本再現的事件、地點、人群、故事或事件裡。治理關係的文本世界觀看世界的方式，並非以讀者身處的日常生活作為立足點，文本真實甚至取代她／他曾參與其中的經驗。

重組客體性（Objectivity）的社會關係

前面引述寇德（1995）的段落裡，她描述客體化過程施展的權力，取代身而為人所知、所信和所經歷的一切。寇德當然是在批判實證主義。但是，社會學所規劃與實作的再現形式，不需沿襲實證主義傳統，便承繼相同的客體化次序。早年，我力搏社會學領域的歷程，讓我最訝異的是從社會學論述進行研究探問的方式，允許研究者或理論學家，把常民（people）建構為探究或再現的客體。身為婦運的一分子，我跟當時一起工作的女性主義社會學家，想善用我們身為社會學家的技能，使其與婦女呼求改變的組織行動產生關聯。我在系上擔任論文指導教授時，我反覆發現女性主義學生想研究婦女運動，她們採用「社會運動」的論述概念作為研究框架。將婦女運動視為一項社會運動，便已將之轉化為具社會學意涵的客體。將婦運套上社會運動的框架，使我們也成為這個客體的一部分。我們成為概念上的局外人。這樣看

來，研究者進行社會學的研究主題，必將常民和常民活動轉化為研究客體。這無關研究者是否意圖將研究對象轉化為客體。一旦研究者決心採用社會學框架，那麼研究者便無法**從婦女運動內部**展開研究探問和探索行動。

　　社會學並非從常民的立足點出發，進行學科知識建構，探索建制關係和建制編派，更別說用社會學來探索試圖為社會帶來改變的社運人士。社會學論述把進行研究的社會學家置於普世主體的位置，阿基米德原點（Archimedean point）[1] 學說讓普世主體的位置臻於完善，這個主體位置處於世界之外，能客觀掌握世界，此一客觀性成為社會學需企及的崇高境界。有一次在一場會議中，我讓女性主義社會學家與社區的工會婦女碰面，我想透過這次會議商討我們和她們並肩作戰的方法。那時我才清楚明白，主流社會學理論和研究方法暗藏的權力位置；這場失敗的會議接近尾聲時，工會婦女告訴我們，她們在與社會學家一起工作的經驗中學到，自己只是社會學研究的客體。我開始想，社會學不知有其他方式來進行研究。即使研究者執行的研究計畫與社運人士的政治傾向一致，社會學似乎仍苦無掙脫此問題之道。[2]

　　我們稱為「建制民族誌」的這門社會學，**目標是重組社會知識內含的社會關係**，常民能夠藉此汲取生活的在地真實中，日常知識所延伸的知識。這是種針對社會進行研究探問的方法，擴大從在地場址可見區域的視角，繪製出在地場址與其他在地場址之間的關係地圖。如同地圖一樣，這門學問旨在繪製細節清晰的關係地圖。藉由標示出常民經驗（people's experience）的在地場址，顯現我們怎麼連結到更廣大的社會治理關係、經濟關係和這些社會關係的交會處。就像繪製地圖一樣，這套研究探問的某些操作上必須具備

29

[1]　阿基米德原點是研究者身處的制高點，觀察者在這位置上能夠客觀且全面研究被觀察對象。

技術性，這門學問的產物必須如一張繪製良好的地圖一樣，讓身處其中的常民，能於日常中取得和使用地圖。

建制民族誌是什麼？列舉幾項對比

為了描述採用建制民族誌做研究可能是什麼模樣，我將先以讓·安永（Jean Anyon, 1997）的研究作比較，她的研究遵循較傳統保守的社會學步驟。接著，我將比較邁可·布若威（Michael Burawoy）及其同事採用的延伸個案研究方法（extended case study）（Burawoy, Blum, et al. 2000; Burawoy, Burton, et al. 1991），他們的研究方法與建制民族誌有某些共通之處。

我得先強調，我無意批判安永在紐澤西的紐華克區所做的「貧民窟教育系統」研究（1997）。我單純是藉由比較她進行研究的方法，突顯建制民族誌的特色。安永在 1990 年代初期的教育改革期間，曾參與一所 K-8 學校[2]的教職員工發展計畫約莫兩年，政府隨後便廢止這項教育改革，其後一年安永則在同區域的其他學校進行研究（xvii）。她的研究開端，描述這些都會區學校的狀況與背景，以及她在田野期間影響甚鉅的改革政策。她說明她用兩年進行研究的學校，所處的學區社區貧窮狀況，相較於郊區的學區，該學區面對的正是都市普遍存在的貧窮問題。接著，她描述學校、學校教室、學童、教師、行政人員和他們的互動。

安永的書有很大篇幅是歷史研究，紀錄紐華克和美國的教育體制，和始於 1860 年代的教育改革，結尾為最近在 1997 年告終的教育改革。接著，安永將焦點轉向她花大把時間進行參與觀察研究的那間學校，藉此檢視她追溯的政經發展歷史脈絡，怎麼「造就她在瑪西完全中學遇到的景況」（156）。

30

---

[2] K-8 學校是美國一種從幼稚園連貫至中學的學校型態。

從歷史觀點，她簡略分為下列四點來解釋學校的處境：

1. 「整個城市和鄰近社區人口的社會階級和種族地位，與該城市投注於教育的資源，以及該學區教育學齡人口的成功程度，密不可分」（155）。

2. 「20 世紀紐華克區的學校，其樣貌和資產，與該城市的經濟轉型高度相關，當然也包括聯邦政府和州政府的政策、地方與全國的集體決策過程」（155-156）。

3. 「在〔18〕60 年代和 70 年代，選區重新分配前後，都會區遇到的政治孤立，導致將近一世紀的稅賦與其他財金政策皆對城市不利，進而影響都會區域的學校」（156）。

4. 「部分因素是學校缺乏充足的資金來源（例如，缺少低階工作職缺，缺乏在州議會和聯邦議會裡的政治代表），近百年來，該城市的學校困在貪污腐敗和占少數族裔的白人贊助者（以及更近期，非裔美籍人士）所構成的在地網絡中」，與鄰近郊區相比，這些情況導致該區的教職員缺乏專業（156）。

該書接著討論政治和經濟上，著手改變的諸多可能性。

　　安永採用的研究策略是典型的社會學研究方法。這份研究從社會學和政治經濟學論述的框架，詮釋日常和在地事件。研究的概念架構取代常民、常民活動（people's activities）、社會關係和常民活動的社會編派，「社會文化差異」、「社會階級」和「種族地位」等類屬（categories）成為研究主體。社會辭彙（lexicon）具有客體化的特性，讀者因而被定位於常民的日常工作生活之外，這些常民包括學校行政人員、老師、學生和家長。研究者採用民族誌匆匆一瞥，佐證或闡述預先存在的社會學類屬。例如，有一場會議裡有兩名白人志工出席，他們是退休的行政主管，發揮所長到學校來從事志工

31

工作，他們在會議裡遇見由非裔美籍家長會長帶領的一群家長。「家長與改革者間那道永遠無法跨越的社會鴻溝，在我看來似乎在這場會議，破壞彼此的溝通和聯合規劃校務的可能性。」（Anyon 1997, 21）研究者使用該會議失敗的警訊（以及學校和社區的其他層面，例如該社區居民獨特的非裔美籍方言），描繪社會文化差異的問題。使用民族誌觀察的描寫，或是節錄訪談對象的訪談內容，作為研究佐證，闡述研究者的理論類屬，皆為社會學獨特的模式，以此來選擇性擷取那些可能（從社會學論述的角度觀之）不受控制的常民日常生活真實。

　　建制民族誌研究則以截然不同的方式推進研究的方向。建制民族誌研究的起點，始於參與建制流程（institutional process）的某些人，他們生活的真實之中，接著著眼於這些生活真實怎麼鑲嵌於社會關係（治理關係與經濟關係）之中。例如，建制民族誌研究會始於家長會成員的經驗和他們所關心的事務，而家長會的領導人正好是該鄰近社區的領袖。由此立足點出發，建制民族誌研究會著手闡述家長的處境，以及他們（在學校的場域裡身為孩子的家長）和他們的孩子在學校和社區裡的經驗。上述只是研究的起點。上述的常民經驗會開始為建制民族誌界定研究者未來的研究方向。上述常民經驗幫建制民族誌研究者，聚焦其所稱的「問題意識」（Campbell and Gregor 2002）。建制民族誌會從家長的視角，探索他們直面的建制體制；家長的視角和經驗將會編派民族誌學者的探察方向。研究者會檢視與孩童、家長的學校經驗相關的社會關係，如學校教育、行政體系、學校董事會、行政體系的改革、地方政府財政等，尤其是和家長會（學校和學校董事會，家長會代表學生和家長）經驗有關的社會關係。家長會成員早已熟稔校務和行政體系運作，而建制民族誌研究旨在以家長會成員的知識為基礎，拓展這項知識。

　　我無法在這裡粗略辯證這份研究產製的知識，對家長會成員來說有何用處，或與他們的經驗有關。但經驗告訴我們，建制民族誌產製的這種知識

類型，讓社運人士或其他參與其中的人，清楚看到他們滲入、直面的那套次序。正因為這是民族誌研究，研究者得已描述和分析這套次序組合拼湊的方式。對那些經常被迫於黑暗中摸索掙扎的人來說，瞭解事情運作、拼湊的方式是無價之寶。舉例來說，在建制變革尚未拍板定案、仍有轉圜餘地時，若人們能了解協作建制流程運作的概念和類屬，以及改變這些概念、類屬帶來的意涵，將對人們有所助益。建制民族誌產製的知識，在能夠具體修正錯誤的範圍內，指認出建制實作（institutional practices）的瑕疵，從而撐出自建制流程內部產生變革的可能性（Pence 2001）。上述情況是建制民族誌獲取知識之外的附加好處，建制民族誌透過探問（inquiry）的方法來獲取知識，目標是挖掘我們的經驗之外，日常世界中社會關係拼湊的方式。

　　建制民族誌研究得先在建制次序（institutional order）中定位出立足點，引導研究者探究那套建制次序。建制民族誌始於一些真實、貼近人們的議題、關懷或是問題，而這些關懷深藏於人們與建制次序的關係之中。研究者與人們談話之後，詳述人們的關懷，由此制定研究探問的方向。在一份探究母職工作與學校教育之關連的研究中，艾莉森・格理菲斯（Alison Griffith）和我（Griffith and D. E. Smith 2004）從我們單親家長的經驗出發（我們在這議題上有過多次討論）。我們下定決心去搞懂，為什麼我們和孩子就讀的學校之間會出現種種問題，這些問題肇因於該校的教育工作者，將我們視為不稱職的家長，而將孩子視為實際上或可能表現不佳的孩子。在我們決定執行這項研究之前的二至三年間，我們與孩子就讀的學校互動的關係，我們共通的感受，有自信、抱怨、淒慘和罪惡感。我和艾莉森散步穿越多倫多峽谷的途中，彼此分享母職工作的故事、孩子努力學業的故事、害怕干預學校教育的恐懼、我們把老師逼得太緊的故事、我們太放任老師的故事。我們的探索任務開闢蹊徑，指向學校教育的社會關係和編派方式，與女性怎麼完成母職工作有關。

33

　　散步過程中，我們也建立起關於母職與學校教育的共同研究計畫框架。艾莉森已經為更具系統性和社會學反思的研究，打下良好基礎。她研究關於單親家庭的意識形態，以及教育心理學家、教育行政人員和教師等人，運用單親家庭的意識形態時的不同方式（Griffith 1984）。現在我們認為，只要學校持續關心所謂的「標準北美家庭型態」（D. E. Smith 1999c）（亦即在北美社會中，標準的家庭型態需有一名父親／丈夫謀求生計，養活家中的妻子／母親和就學中的孩子），我們就能發掘更多事情，闡述這種家庭型態的特殊之處。欲了解其特殊之處，我們只需跟小學孩童的母親，討論她們為孩子教育所做的相關工作。面對學校體系時，我們的自身經驗一直都被歸類於「問題」家庭的類屬，我們想要更了解「正常」家庭，因其被視為我們這種「問題」家庭型態欲追求的理想型態。

　　我們決定依照以下程序進行研究，我們先從女性日常生活的建制脈絡（institutional context）中，找出具體的立足點，接著找出女性日常生活與建制相關連的方式，以及女性涉入建制脈絡的方式。我們決定要密集訪談一小群國小學童的母親，好在日常的母職工作中建立立足點。在我們和這些母親訪談的基礎上，我們能從校方行政與學校董事會，展開探索的旅程。建制次序不會提供「自始便存在的」研究焦點。建制次序是一套關係叢結，而非一種絕對的統一形式。因此，不管社會學家可能帶著什麼樣的政治興趣，找出具體的建制立足點，能夠編派社會學凝視的方向，提供一套與研究場域相關的框架。

　　我們跟我們鎖定的婦女交談，討論她們為孩子學校教育所做的相關工作。我們的問題源於我們做的「訪談」，為我們透過這些訪談架構這項研究的深度和細節。我們透過與婦女的交談了解到，母親每天怎麼完成和學校教育相關的工作、其範圍與多樣性。與我們交談的婦女當中，有些孩子就讀的學校，在低收入社區，有些孩子則在中產階級專業人士居多的社區中就學。

以補足學校教育工作的專門工作來說，這些婦女的經驗各不相同，她們能夠投入這份工作的時間也不一樣。有些婦女擁有全職工作，有些婦女就是擁有較少時間，能參與對孩子學校有所貢獻的教育工作。

　　我們在這主題上的探索不限於研究取得的訪談資料。我們意外發現我們的研究假設，深深鑲嵌於所謂的「母職論述」中，如同我在前一章節所說，20 世紀初期北美的教育專業人士和學者建立一套「母職論述」，一群白人中產階級婦女推行社會運動宣傳這套母職論述，因為她們關心全新的公共教育體系怎麼重新編派母職實踐（Rothman 1978）。這套母職論述促使婦女為孩童的健康和社會化過程負起責任，晚近母親更得負責在家的課後教育工作，確保孩子在學校的學業能表現出眾（Arnup 1994）。對中產階級來說，孩子在校的卓越表現日益重要，維繫中產階級社會地位的方式，便是透過學校教育確保孩子取得專業工作、政府部門職位和管理職（Collins 1979）。這套母職論述持續更新、修正，有時教育知識圈的知識分子也會徹底改寫這套論述，不管怎樣這套母職論述一直扮演關鍵的規範角色，協作母親在家的工作與教師在學校的工作（Griffith and D. E. Smith 2004）。

　　我們在這些領域的文獻發現，絕大多數來自於女性主義歷史研究的成熟發展。我們漸漸看到中產階級家庭的模範——「標準北美家庭型態」（D. E. Smith 1999c）——是中產階級社會編派的一小部分。我們逐漸認知到，與學校教育工作相關的母職工作，扮演的角色再製社會不平等，使其成為公立教育體系運作的普遍特色。

　　在此便凸顯建制民族誌，不同於安永針對貧民窟學校教育的那類政治經濟學研究。建制民族誌從日常世界的在地真實出發，研究關懷的焦點和研究的視角，與建制流程中具有明確定位的常民相同。研究者由此視角出發，對建制流程展開民族誌探索。研究者需以民族誌研究方式探索哪些主題，將隨著研究推進的過程揭曉。從研究探問的初始階段開始，隨著研究揭露更多鑲

35　嵌於日常生活在地編派的社會關係，而浮現進一步研究的路線。接下來，研究者進行調查的每一步，將從人們身上了解更多人們的日常工作（不只是給薪聘用的那種工作，請另參見第7章），怎麼維繫建制流程，而建制流程即是研究調查的重點。原則上，研究者實際進行建制民族誌時必然受限，但是用民族誌取徑，從常民身上取得資訊，了解他們做這些事情的方法，則貫穿整個研究過程。於是乎，研究初始階段，建制民族誌研究者或許難以精確指出這項研究的所有變數，這有時會導致研究瓶頸。因為研究者必須面對大學裡的倫理審查程序和研究經費的補助單位，研究者必須清楚闡明「研究對象」是誰，以及他們會問哪些研究問題。[3] 話雖如此，建制民族誌的研究方向絕非隨研究者所喜。研究進程的每一步都建立在先前的發現之上，並能拓展至建制體制中更廣的維度。繪製社會關係的地圖必須含括研究起始的位址，由此出發拓展地圖的廣度，好讓編派與形塑該位址的廣大社會關係，得以漸次清晰。

　　建制民族誌的研究策略，某種程度上與邁可・布洛威（Michael Burawoy）和他同事所推薦的「延伸個案方法」有異曲同工之妙（Burawoy, Blum, et al. 2000; Burawoy, Burton, et al. 1991）。但這也是建制民族誌與該研究取徑差異最大之處。從我的描述中可以看到，建制民族誌可說是企圖「揭露一個微觀社會學的鉅觀基礎」（Burawoy, Burton, et al. 1991, 282），而且不只從微觀層次延伸至鉅觀層次，還「從在地場址延伸至跨地場址，從流程延伸至力量（forces）」（Burawoy, Blum, et al. 2000, 29）。

　　　〔延伸個案方法〕採用社會處境作為實證檢視的起點，運用既存的共通概念和與國家、經濟、法規秩序等相關的法則，了解更廣大的結構如何形塑微觀的處境。（Burawoy, Burton, et al. 1991, 282）

若我們仔細檢視延伸個案方法與建制民族誌，便會發現兩者的差異甚鉅，其
中一項關鍵差異是，隨著研究過程推進，延伸個案方法的存有論從微觀層次
轉移至鉅觀層次、從「生活世界」（life world）轉移至「系統」（the system）
面向。儘管在「微觀」層次上，延伸個案方法是民族誌研究，因其採用參與
觀察法。但是，鉅觀層面上延伸個案方法仍以理論進行操作，參與觀察法詳
細檢視生活與工作，而其研究分析則採「詮釋學」方法。一旦探究的焦點
從常民的生活世界轉移至「系統世界的屬性」（the properties of the system
world），理論就開始主導個案延伸方法的研究，研究也開始成為一種「科
學」（Burawoy, Burton, et al. 1991, 284）探索，探究力量（forces）怎麼在
全球層次上起作用（Burawoy, Blum, et al. 2000, 28）。指出系統屬性的理論，
因導入民族誌研究方法，得以精煉、改善；民族誌仍由理論構框。

36

> 科學家以觀察者的身分，站在他們研究的生活世界之外，他們能取得關於
> 系統世界屬性的獨到見解，此一系統世界將人們工具性的行動所帶來的預
> 期和非預期後果，融入相對自主運作的建制之中。（Burawoy, Burton, et al.
> 1991, 284）

延伸個案方法結合兩種研究形式，使用民族誌研究法進行特定個案研究，結
合理論闡述客觀力量於全球層次上的運作，在每個案例中闡明「人們抵抗、
閃避和協商全球宰制（global domination）的方式」（Burawoy, Blum, et al.
2000, 28）。

　　建制民族誌的計畫則是結合探問和探索。建制民族誌不使用一套預先存
在的詮釋套路，像是從**全球宰制**和**抵抗**等概念衍伸出來的套路。建制民族誌
矢志尋覓常民的日常活動與更廣的社會關係之間，以什麼方式產生連結，以
及社會關係協作常民日常活動的方式。常民在任一具體的在地場址中，無法

覺察這類社會關係，而建制民族誌也試圖找出常民涉入社會關係的方式。建制民族誌研究者未預設這些社會關係的好壞；建制民族誌也在社會編派的層次運作，建制民族誌有意導入另一種編派知識的形式，而不像主流社會學那樣抹滅主體的存在，忽視主體是生活場址中的知者身分。隨著研究探問的程度漸深，建制民族誌涵蓋的範圍將衝撞傳統的界線，像是微觀與鉅觀的分野、社會學與政治經濟學的分野，衝撞界線的同時仍不忘其民族誌特性。艾莉森‧格里菲斯與安‧馬尼康（1988）和我自己所做的一連串研究，從與孩童學校教育相關的婦女在地工作（如母親或老師）出發，進而將研究焦點轉移至公立學校教育的建制體制，逐步了解在他們日常生活的枝微末節處，怎麼產製建制的標準化和普遍化特性。在這些研究中，更宏觀的階級關係並非外在的決定因素，研究者反而將之視為一種社會關係，協作婦女在家的時間、工作和教師、行政人員在公立學校的教育工作。如果丈夫賺得夠多，得以支持婦女全心投入孩子的教育工作，而她住的社區裡多數婦女也是相似的境遇。那麼，這些婦女對學校教育工作的貢獻能推動校方運作，其程度將遠超出缺乏這類婦女貢獻於孩子教育的學校。在不同的社會經濟環境下，學校教育工作得到家長對親職工作付出的程度，截然不同。

　　艾莉森和我透過研究發現，學校為什麼將我們單親的狀態視為不健全的家庭。我們這類型的家庭沒有足夠資源，讓婦女挪出時間從事（從學校觀點來說）應當在家中完成的無償教育工作。我們發現中產階級家長從事的教育工作，協助他們在孩子身上複製家長的受薪地位。家長在家進行的教育工作顯示，公立教育體系進行跨世代階級編派的方式。無法仰賴家長來提供大量無償教育工作的學校教師，就得花較多課堂時間，補救學童在家中無法完成的課業；因此，這些缺乏資源的學校，課程教學進度便無法跟上那些大量仰賴在家完成背景教育工作的學校（Manicom 1988）。婦女在家完成的課前、課後教育工作，對中產階級社區裡的學校教學能力貢獻良多，讓學校能維持

極高的學校教育品質，而不需增聘教職員。艾莉森和我因單親家長身分，而被學校視為無力做出這些教育貢獻。

　　建制民族誌並非在民族誌的發現中套上理論連結，接合研究發現與理論之間不明確的關聯。我們必須在常民各項日常活動的交集點，探尋連結在地場址的研究發現與更廣大的社會關係。這項民族誌研究能延伸到多廣的範圍，相當大程度上取決於那些與研究問題意識相關的事物，因為問題意識是從民族誌研究者和／或社運人士關心的議題中發想出來，而且研究過程也慢慢浮現出問題意識，當然民族誌研究能擴展到什麼程度，有時也視一些偶發情況（如研究經費）而定。

　　建制民族誌與延伸個案方法核心的差異，在社會編派層次上，建制民族誌持開放態度以民族誌研究方法進行探索，而布洛威則將社會編派層次視為「系統」。在地進行的真實活動之間的連結，以跨地的方式進行協作，跨地協作的過程編派在地實作。能夠超越在地可見的層次進行民族誌研究，關鍵在於透過參與者的工作知識來通向工作編派（work organization）（D. E. Smith 2003a；另請參見第 7 章），以及透過創新的方法，整合文本的協作功能與民族誌實作（D. E. Smith 2001a；另請參見第 8 章和第 9 章）。上述方法能讓研究者在跨地協作的真實運作下，發現跨地協作常民工作的社會編派形式。

　　因此，建制民族誌並不著墨於常民「抵抗」的場址，或常民閃避「宰制」的方式。因為這將使得「科學家」從獨立於常民「生活世界」之外的立場，進行研究詮釋。採取前述立場將推翻這項從常民立足點出發書寫的社會學計畫，從常民立足點出發的研究，旨在為我們開啟一扇窗，了解我們的日常生活涉入社會關係的方式、日常便鑲嵌於社會關係之中，而我們無法在日常生活中窺見社會關係的運作。民族誌可能始於探索直接涉入建制環境（institutional setting）的常民經驗，但是常民不是研究探索的客體。構成建制民族誌研究目標的是那些與常民經驗相關的建制面向，而不是常民本身。

38

研究者自身的經驗也許能界定她／他的立足點，或是由研究者與他人對話時習得的知識，界定研究的立足點。[4] 不管研究者如何界定立足點，唯有常民經驗能形塑研究的問題意識。這是研究探問的第一步，踏出第一步後，研究者將深入穿梭於建制關係之中，因為常民的日常生活鑲嵌於建制關係中。[5] 建制民族誌研究不存在一個預設的理論終點；沒錯，建制民族誌完全沒有理論終點。對布洛威來說，浮現在「國家、經濟體、法規秩序等等」「較廣結構」層次（Burawoy, Burton, et al. 1991, 282）上的「系統」維度，在建制民族誌裡則透過民族誌方法來探索，而非透過理論來進行分析。

經驗與民族誌問題意識

我挪用阿圖塞（Louis Althusser 1971, 32）的**問題意識**（problematic）[3] 一詞，標示出較具體的疑問，或問題更廣的研究場域內形成的論述編派。研究者處理這個場域出現的疑問和問題，但這些問題不會窮盡研究者進行研究探問的方向。問題意識這個概念讓研究者能清楚分辨以下兩者的差異，一方面在當代社會中，日常世界的真實屬性從未獨立運作，而是以諸多方式連結到遠端的關係叢結裡；另一方面，將編派日常真實的形式形塑為研究探問的問題意識，研究者能從常民生活中在地真實的常民經驗，循線探查存在於生活中的社會關係和編派常民生活的社會關係，畢竟常民頂多能窺見社會關係的部分樣貌，而非全貌。

建制民族誌共通的問題意識將日常世界視為有待研究者探索的舞台，浮現於該舞台上的社會關係有許多支線，讓研究者得以探索該舞台外的社會關係。但是，把日常世界當作問題意識的舞台，並不是指那些促使研究者著手

39

---

[3]　也譯為「問題架構」、「問題設定」。

進行研究的問題或議題。建制民族誌的問題意識指涉一項轉譯過程，亦即將社會關係的真實屬性，或我們／人們日常活動的社會編派，轉譯為民族誌研究的主題。問題意識所界定的這一步便是轉譯，研究始於常民生活事物中的日常活動和日常語言，問題意識轉譯日常，進入社會學論述的領域，這項轉譯工程的目的是為了檢視這些日常事物，怎麼串聯成一張更大、在日常生活中無法直接觀察的網絡。

　　蘇珊・透納（Susan Turner 2001, 2003）從 1986 年開始研究地方政府土地利用規劃的社會編派方式，彼時她在信箱裡看到一張開會通知書，會議主題是介紹鄰近區域一座峽谷的開發案。那座峽谷長久以來都是一片自然的荒地，當地居民也習以為常。那時他們動員反對該項開發案。透納成為組織這場反對運動的領導人物，逐漸熟稔地方政府的行政流程和開發案的決策過程。我們在這例子裡可以看到，她所處的日常世界正面臨我們都不陌生的轉變歷程。外來的干預力量，一夕之間打亂井然有序、人們熟悉的世界，外來的干預並不符合日常規律生活的邏輯，也非在地平素生活的一環（在英屬哥倫比亞大學地板上的那座窟窿幫助我覺醒，我才明白從日常生活經驗出發做社會學的意義是什麼，這便屬於一種外來干預力量；參見第 1 章）。有些隱而未顯的社會關係，串連在地居民的境遇、活動和他處外人的活動，也可能執行居民多數時間無法察覺的行動。彼時，蘇珊是一名社會學研究生，她進行研究的領域後來被指認為建制民族誌。她善用學生所參與的學術論述，將她身為社運人士的日常經驗轉譯成民族誌研究，以期挖掘她涉入其中的社會關係和社會編派。反對開發案的現場，搖身一變成為蘇珊研究中的**問題意識**。她發現地方政府土地利用規劃的決策過程中，文本序列（sequence of texts）和文本媒介的工作，此一過程對居民的意見置若罔聞（Turner 2001）。

　　從日常世界形塑問題意識（D. E. Smith 1987），作為研究探問的起點，不意味著從常民的問題出發進行研究。常民親身經驗的問題和關心的議題，

40

通常會激起研究者的研究動機，但這些問題無法界定研究推進的方向。喬治‧史密斯（George Smith）的研究（1988, 1990, 1995, 1998）動機來自他關心男同志遭遇的騷擾類型；透納的研究緣起於她在地方發展的脈絡下，投身環境保護運動的經驗。出於這些關懷與經驗所建立的問題意識，意味著研究者得發展出一套研究探問計畫，超越自身關懷與經驗。也許自身關懷會影響研究計畫的走向，但研究者的經驗不能局限其提問，或因而採納先入為主的想法。這意味著建制民族誌創造一項探索的計畫。探索或許得始於跟相關人士談話，從這些人身上得知的訊息，有時比他們認為他們所知自身參與建制流程的方式要來得多。研究者與相關人士談話後，開始推展研究計畫，研究建制流程的種種面向，其中包含研究者關心的議題面向，**以及人們談論生活中發生的事情時，建制流程的面向怎麼浮現**。用建制民族誌研究發展一套問題意識，意味著研究者需轉譯常民活動的真實，將隱藏於日常世界的編派形式轉譯為論述再現的形式，建制民族誌的研究探問，仰賴研究者進行這項形式的轉譯。

　　社會關係與社會編派的叢結，將日常世界連接到毫不相干且顯然隨意出現的干預力量，相關例子可見男同志在三溫暖裡享受性愛時，遭到警方臨檢的經驗（G. W. Smith 1988），或是住在峽谷發展計畫區附近，居民的都市開發經驗（Turner 2003），或是努力習慣嶄新管理形式的護理人員（Campbell 1984; Rankin 1998, 2001, 2003）。這類外在干預力量並非時刻發生在生活之中；這類干預力量讓日常生活中習以為常的事情變得清晰可見，意即日常生活的社會編派，充斥著日常生活領域的遠端關係連結。建制民族誌的論述將隱藏於日常生活中的事物構築成研究問題意識，這論述的終點是要解釋隱晦的社會關係和社會編派。

　　社會關係協作常民活動與他人在遠處的活動，也將常民活動串連到經濟和治理的社會關係，社會關係會以戲劇化的方式現身，就像干預透納住家附

近那座峽谷，使其美景遭到毀壞的社會關係，那般具有戲劇性。當艾莉森‧格理菲斯與我漫步在一座並非透納居住的城市的峽谷中，我們熱切關注單親家長的這項事實，怎麼形塑我們孩子的學校教育經驗，那時我們幾乎不懂學校的運作方式，更別提為什麼我們的單親身分讓我們成為校方眼中失功能的家長。我們相互分享的經驗，創造出我們共同的關懷意識。如前所述，我們對議題的關懷，後來發展成一系列研究的問題意識，探究小學學童的親職工作，怎麼連結到小學的日常運作，造成社會不平等。這一系列研究有艾莉森獨立完成的研究（Griffith 1984, 1986, 1995），有些是艾莉森跟我合作完成的研究（Griffith and D. E. Smith 1987, 1990a, 1990b, 2005），還有項由安‧馬尼康（1988）完成的研究。

　　民族誌問題意識指認出一種實實在在、相互貫通的關係，在當下的時空與其他未知的時空之間相互滲透的關係，也指認出曾存在過、但在日常生活中不見蹤影、陌生的權力形式。問題意識是一塊等待研究者開闢的疆土，而不是早有答案作結的問題。研究者開疆闢土的過程，會開闢新路，探查與問題意識有關的建制叢結（institutional complex）。研究者開啟建制叢結的同時，便涉及建制民族誌更廣泛的探索，探查建制的運作和當代西方社會的治理關係。

　　以日常世界為問題意識（D. E. Smith 1987），得以定位研究者進行研究探問的起點，這種作法使常民的真實經驗成為民族誌的基石。這種方式為研究探問的過程建立一個主體的位置，這位置持續開放，直到填滿研究探問起點的那些人的主體性為止：研究探問由此位置開展；研究者與常民一起探索他們的經驗，諸如在他們身上發生哪些事和他們的活動，探索上述經驗怎麼連結到常民親身經驗以外的世界。接著，研究方向轉而探討遠端的環境，進一步探索社會編派怎麼治理在地環境。在建制脈絡下，這意味著探索與常民曾發生或正在發生的經驗相關的建制次序（institutional order）和社會編派。

41

我必須在此強調兩件事：

1.　問題意識並非從單一個體的具體經驗中形塑出來的論述；問題意識或許
　　始於單一個體的經驗，但是隨著問題意識轉向，探討促成該經驗的社會
　　關係，問題意識也必然檢視與那人無關的社會關係。我們不如這樣說，
　　這些社會關係屬於某個關係叢結的一部分，社會關係的觸及範圍超越個
　　體正在從事的活動，協作她／他正在做的事情，與他人正在進行和她／
　　他相關的事情，他人的活動不始於、也不止於該個體的經驗。

2.　一般學者經常認為質性研究能帶來的啟發有限，質性研究做出的宣稱，
　　相當受限於民族誌的特定研究場域。然而，這項批判忽視當代社會真實
　　的景況，那就是跨地域或遠端的社會關係，早已滲透在地環境，這些遠
　　端關係因其普同性而橫跨特定場域。當前對質性研究漸增的興趣，有可
　　能是受研究**中**隱形的可推論性（generalizability）所影響，因為研究的再
　　現正是根源於真實**之中**。建制民族誌明確指出當代社會中建制的特性：
　　建制本身就是社會編派的形式，以普同化和均一化的形式橫跨眾多在地
　　環境。儘管這些社會編派形式，的確以不同方式連結在地場域的具體細
　　節，社會編派形式已普同化和漸趨普同化的特色，都將出現於任何民族
　　誌研究中──的確，即使是在一份始於個人經驗的研究裡，建制的普同
　　性特點必然出現於研究中，且必然在研究中明白指出這一點。

　　進行建制民族誌研究，不可或缺的是上述的基本政治關懷。對民族誌
研究來說，除了研究的可行性之外，並不存在「自然的」界線。因此，「控
制」民族誌研究自然地擴展到鄰近場域，主要考量便是研究者和與她／他一
起工作的人，對該主題的政治傾向與關懷。這種政治關懷規範研究者需聚焦
的民族誌場域。社會學的想像奠基於客觀性時，客觀性反過來必須依靠社會

42

學家對她／他的研究成果漠不關心，建制民族誌的政治性關懷被視為污染研究成果的偏見形式。但是，建制民族誌不是一種實驗性的研究取徑；如果建制民族誌的關懷，是立足點被用來作為研究起始點的人。那麼，建制民族誌就必須貼近真實，如實呈現社會關係運作的樣貌。政治關懷強化研究者的責任，讓研究走上正確方向。他人採取行動的決定，可能會引用她／他的研究成果；因此，倘若她／他或其他人，將要仰賴研究結論來採取行動，或進行組織工作，研究結論必須力臻完美。民族誌研究者的研究結論，旨在拓展那些涉入研究的人的知識，包含那些身處類似建制體制內的人。

　　一旦研究者採納建制民族誌的問題意識，研究視角的偏狹或單一性都不再是問題，原先的缺點成為研究探問的重要維度。任何單一個體的故事，必然指向他人的存在與活動，而他人的活動深陷於協作這些活動的社會關係，這些人也參與那些社會關係。協作常民活動的社會關係，都隱藏在他們經驗的枝微末節裡。每個人對她／他的世界都瞭若指掌，與專家無異，他們深諳日常世界運作的樣貌。但是，他們涉入其中的社會關係，連結、協作她／他的工作（就像我們習得將家務工作視為工作一樣的意思）和那些遠處不可見的他人活動。建制民族誌研究者的研究，旨在從不同場址發現不同類型的工作，以及協作這些工作的方式怎麼創造出研究問題意識欲探查的建制流程。

43

結論

　　本章指出客體性是社會編派知識的獨特形式，此一知識形式禁止或取代主體現身，而「知識」（這個名詞化的詞彙本身就暗示取代主體的傾向，參見第 5 章）建構的方式，則凌駕個體的主體與主體性，進而藐視主體經驗、興趣和視角差異等性質。建制民族誌作為研究項目，主張要形成另類的知識形式，來建立關於社會的知識。此一另類的知識形式，將常民日常實作的

世界裡相關的知識，有系統性地延展到社會關係和建制次序之中，我們也涉入此類社會關係中。我在本章，藉由區別建制民族誌與以下兩種研究取徑，進一步定義建制民族誌的研究取徑。第一種研究取徑採取民族誌研究方法，組裝田野資料後，融入社會學概念和理論之中，以形成社會關懷，該研究取徑卻不解釋人們面對的問題，背後的社會編派形式（安永在 1997 年針對貧民窟教育制度的研究），第二種研究取徑，在研究進入組織的鉅觀層次時，捨棄民族誌分析，選擇理論分析——布洛威和他同事的延伸個案方法（Burawoy, Burton, et al. 1991; Burawoy, Blum, et al. 2000）。建制民族誌的職志，在於將研究駐紮於日常經驗和日常知識的世界裡，研究者使用民族誌方法，探索鑲嵌於日常世界的問題意識，拓展民族誌的量能，使其不受限於我們日常經驗導向的知識，讓我們和眾多他人共同參與的社會關係內外，皆能成為研究者觀察的對象。

44　　　協作常民活動的建制形式帶來的常民經驗和常民身處其中的經驗，乃是建制民族誌的起點。研究的發展方向視研究者而定、視她／他的興趣與技巧而定、視研究者能付出多少時間而定，視該研究計畫的經費來源而定。有些民族誌研究專注探討活躍於建制流程中的常民經驗。其他人則進一步將其研究探查的方向，指向建制的規制面向（regulating dimensions），探索人們於具體在地場景將執行建制規制作為工作，並闡釋建制的協作形式有何特殊之處。隨著建制民族誌研究逐漸茁壯，建制民族誌慢慢能從特定研究，觸及到社會的維度，其根據則來自研究本身以及其他建制民族誌的研究發現。

　　建制民族誌研究始於在地常民經驗，由此延伸，探索治理關係怎麼仰賴常民的日常活動，但又能決定常民活動。建制民族誌進行研究的方法，與常民一起建立日常活動的工作知識，成為研究過程中合作生產的知識。建制民族誌還分析探究文本（the texts），因為文本是產製建制體制中，可推論性、普同性和客體性的關鍵。建制民族誌以民族誌方式闡釋體制的客體化狀態

（objectification），而非預設體制的客體化。建制民族誌研究者發展出來的研究技藝，提供一種可能性，特別是讓文本成為民族誌的研究焦點（參見第 5 章、第 8 章和第 9 章），檢視文本協作在地行動與他人在異時異地進行的行動。這種研究技巧讓研究的觸角能夠超脫社會學所理解的民族誌視角，進而將研究導向財團、政府和國際組織中，特有的權力關係和能動性的社會編派形式（D. E. Smith 1999c, 2001a）。

註釋

1　另請參見我的書《權力的概念實作》（*Conceptual Practices of Power*）（D. E. Smith 1990a），該書更進一步將文本現實視作社會編派來處理。

2　我們可以對照萊斯利・札拉辛格（Leslie Salzinger, 1991）的經驗來比較。她研究美國灣區（Bay Area）移民家務工作者合作社，採用的取徑為「延伸個案方法」（Burawoy, Burton, et al. 1991），她在研究結尾的後記中問到，「這份民族誌是為了哪些人而做？」她這麼寫道，「我著手這份研究計畫時，決心要讓這份研究不只能幫助其他研究者，也要對那些在具體政治框架下工作的運動分子有所助益。我有很長一段時間太過專注於那個框架，以至於我的眼界非常狹隘。我的期待一再落空後，我才能夠看見自主的（和政治性的）認同真實浮現於我眼前。然而，在我把研究分析拋諸腦後時，一些嶄新的議題又浮現出來。現在我慢慢明白這流程，本就不完全符合我原先設定的政治理念，這世上不再有可見的社群或機構，能夠使用我蒐集的資訊」（159-60）。札拉辛格指出，「尋找也許想要這塊拼圖〔意指她的研究發現〕的人……是一項嶄新且持續不斷進行的任務」（160）。

3　在這方面上，大學的倫理審查程序遠不及研究補助單位來得先進。研究計畫的經費資助者，更能察覺創新的社會學研究策略。

4　不少建制民族誌研究都是從研究者的自身經驗出發，建立研究提問的問題意識。就像我先前的描述，我跟艾莉森（Griffith and D. E. Smith 2004）的出發點是我們身為單親家長的關懷，我們關心孩子的學校教育，以及我們與孩子學校之間

45

的關係。我們的經驗成為我們的研究問題意識。吉羅德·德蒙地尼（Gerald de Montigny）關於社會「工作」（1995a）的研究來自他自身的經驗，他以成長於勞工階級社區的男性身分，遇上社工的專業意識形態時，他的經驗與他跟社區之間的盟友關係產生重大衝突。他的民族誌探索意識形態、社會關係和社工實作的編派。羅薩納·吳（Roxana Ng）關於社區組織和國家的研究（1986）緣起於她的經驗，身為移居加拿大的移民，她在一個志工組織裡工作，矢志協助移民女性尋找工作，也為這些女性倡議。卡米尼·葛拉漢（Kamini Graham, 1999）也是一名移居至加拿大的移民，他採取的立足點來自那些在美國訓練課程中的移民女性，藉此發掘組織方式的改變，這種改變使得提供訓練課程的志工組織，緊緊綁在國家和聯邦政府交錯的政策之中。珍娜·藍金（Janet Rankin 1998, 2001, 2003）在溫哥華島（Vancouver Island）擔任護理講師，她與院內護理人員一起探索，醫院和英屬哥倫比亞省健康照護制度的改組過程中，護理人員的親身經歷。吉蓮·沃克（Gillian Walker, 1990）來自婦女運動的社運經驗，與後來政府採用「家庭暴力」的概念有關，她的經驗書寫的民族誌，記錄以下歷程：政府採用家庭暴力的概念，取代婦運定義的受暴婦女概念。我們將會看到，有更多建制民族誌研究源自民族誌研究者的親身經驗。

5　我推薦瑪莉·坎貝爾（Marie Campbell）和法蘭斯·葛雷格（Frances Gregor）撰寫的入門書（2002, 46-50），在這本動手做民族誌的入門書中，她們提及為建制民族誌研究計畫界定研究問題意識的方式。

第二部分
社會（the social）的存有論

第3章
為建制民族誌構思一套存有論

　　本章和下一章將處理我構思一門社會學的方法，好讓建制民族誌拓展常民身為日常世界實作者所擁有的尋常知識，連結到日常世界之外的權力與社會關係。倘若這門社會學須將日常世界視為其問題意識，那麼，這研究取徑必然是一種從常民經驗出發、與常民經驗共存的技法。然而，此一取徑絕不止於精良的社會學民族誌所設定的目標與實踐，因為這些社會學的民族誌研究，止步於觀察者於單一在地位址上的直接經驗。建制民族誌的民族誌調查發展出的探問，必須探索跨地的社會關係，因為常民的在地活動涉及跨地關係，跨地關係也編派在地活動。如我在前一章所述，布若威和他同事的延伸個案方法（1991）與建制民族誌相比，建制民族誌的民族誌探究超越常民日常經驗的在地環境，主張唯有採取此一路徑，方能探尋那些協作橫跨不同地理環境延伸而出的社會關係。我已強調且必須再次重申的是，採用建制民族誌的民族誌研究者探索與描繪的世界，正是完成民族誌探究的同一個世界。

　　建制民族誌拒絕由理論主導其探問和探索社會關係的研究項目。我使用**主流社會學**（main-stream sociology）這個非常模糊的詞彙，指認那些我視為社會學論述次序的普遍實作。[1] 我知道這個概稱的詞彙，包含多種社會學實作。我很確定多元的社會學實作中必有例外，尤其是在社會學優秀的民族誌研究中，必能找到例外，但是我指出的那些社會學實作相當普遍，幾乎界定社會學的研究取徑。這類社會學研究實作，確實阻礙建制民族誌提出的社會學探問取徑。[2]

　　普遍來說，主流社會學充斥理論概念的情況，相當驚人。[3]社會學似乎無法在沒有理論支撐的基礎下進行研究；研究者的發現若沒有理論支撐，就不被認可為社會學。傑佛里・亞歷山大（Jeffrey Alexander, 1989）認為，在確切的事實（顯然無可挽救地）缺席的情況下，（21）社會學家之間的溝通繫於古典理論（27）。當然，建制民族誌若缺乏理論根基，也無以為繼；我在本章和下一章所書寫的就是理論。我不會因此而不敢在這兩章裡引述社會學先賢的理論思想，像是馬克思、米德和巴赫汀（Bakhtin）的學說，和賈芬可（Garfinkel）理論的某些面向，對我來說也是重要的知識來源，於構思建制民族誌時貢獻良多。但是，主流社會學進行任何研究或探究時，都緊扣概念框架；這類理論框架決定了研究者該關注的事實，主宰且驅使研究者對社會世界的材料選擇與現象詮釋，從而建立維奇・巴赫汀（Mikhail Bakhtin, 1981）所說的「獨白」（monologic），壓制且取代社會（the social）最關鍵的對話性（dialogic）[1]（D. E. Smith 1999b）。此外，主流社會學理論建立的知者，其論述位置不處於常民經驗的日常世界。

　　為建制民族誌書寫一套存有論，在某種程度上意味著書寫一套抵抗主流社會學特性的論述。我構思建制民族誌作為一套另類社會學，而非一套研究方法。我發現，隨著建制民族誌開始廣為人知，主流社會學文獻引用建制民族誌時，建制民族誌經常出現在質性研究方法的文本中，或是研究方法文本相關的一部分。我向來稱建制民族誌為一種探問社會的方法，我的命名似乎支持人們將建制民族誌置於社會學文獻中的質性研究法裡。但是，我形容建制民族誌是一種探問的方法，乃因理論概念的框架不會預先局限建制民族誌的研究發現，從而限制研究者應當詮釋研究資料的方向；更確切來說，建制民族誌研究的核心就是探索與發現。儘管我們難以避免帶有先入為主的想

---

[1]　巴赫汀強調「表述」的「對話性」。

法，我們在擷取和分析數據時，不免會導入理論概念，但是建制民族誌研究
揭露研究者親身參與的真實（the actualitie）所蘊含的諸多概念，將之帶到
建制民族誌的學科領域。當然，真實最終會消失。但是，研究者的工作正
是維繫她／他與真實之間的互動，查驗真實領域中的概念是否符合她／他所
學或正在學習的事情。努力學習她／他所經驗的真實，學習主動涉身其中的
人所說或所寫的紀錄，是建制民族誌研究的核心。我們也許可以把研究想成
是一種對話，用詮釋學的話來說（Gadamer 1975），研究者的改變會從對話
中發生。如前一章所言，艾莉森・格理菲斯和我（Griffith and D. E. Smith　51
2005）正好有這種經驗，我們在研究過程中，發現我們後來命名為「母職論
述」（mothering discourse）的現象時，身為研究者的我們已有所改變。母職
論述主導我們對自身和研究的想法，建立起一個模型描繪母親在孩童學校教
育所承擔的責任，我們將此模型內建於我們的研究設計與實作中。當時早已
蒐集所有資料，但是，我們仍能盡我們所能，修正我們的分析和詮釋。

　　建制民族誌的整體目標具有雙重角色，其一是為常民繪製稱為治
理關係的「地圖」，特別是描繪出常民以各種形式身涉其中的建制叢結
（institutional complexes）。研究者繪製的地圖能拓展常民對他們日常世界的
知識，不再局限於學習常民日常活動時的知識。研究者的問題意識定位於常
民的日常經驗，由此著手進行的研究便具備上述研究目標。建制民族誌研究
就像地下街的地圖，「你在這裡！」的字樣搭配箭頭指向特定的點，建制民
族誌的構想便是讓常民定位他們經驗之所在，連結到他們可能想去的地方。

　　其二是，建立出探討建制的知識和方法，以及更廣泛地探討當代西方社
會裡，關於治理關係的知識和方法。最初，建制民族誌並不指望在差異頗大
的建制環境中進行的研究，能夠為建制民族誌研究者帶來什麼交集，我們一
開始並沒有期待研究者從這些交集點或共通處，學到舉世皆然的建制流程和
建制組成的方式。這是一個慢慢拼湊起來的學習過程，但這過程確實擴大目

前可能的視野。我們也發現個別的案例研究，不只是個案研究，我們發現進
入治理關係的領域，意味著針對具體案例之外通用的建制流程和治理關係進
行民族誌探索。這的確也是建制運作方式的一個面向。

社會（the social）的存有論

　　關於日常世界的問題意識樹立建制民族誌大致的方向；一個具體研究
項目的問題意識左右該研究的焦點與方向；但仍未處理研究者該檢視哪些事
物、該到哪裡檢視等問題。在人們生活和活動的社會中進行探問與探索是
驅動建制民族誌的力量。但這是什麼意思？矛盾的是，在我避開一整套理論
後，我轉向討論一套稱為「存有論」的理論，存有論是關於現實（reality）
的理論。本章和下一章將書寫一套關於社會何以為真的理論，就是我所說關
於社會的存有論。本章將逐步剖析這套存有論，作為民族誌研究者的準則，
了解可以觀察和記錄的現象有哪些並且形成分析資料。這詞彙（社會的存有
論）看來深奧玄妙，我耗費一番心力閱讀和理解哲學泰斗如黑格爾或海德格
等人的作品，他們關心關於存有（being）、存在（existence）、現實（reality）
是什麼等，最廣泛也最艱難的問題。我在本章書寫的存有論相當簡略。我需
要一套理論，闡述為什麼社會以某種方式存在，幫助我們看清我們或許能觀
察、傾聽、記錄和分析的事物。我重申我並不關心知識論（epistemological）
的議題，像是俗民方法論（ethnomethodology）（在它發展初期）。[4]

　　像是我們如何認識社會、客觀性，或建制民族誌的研究發現與「現實」
之間的關係等問題，無關乎不打算超越指代性質（indexicality）的這項研究
探問計畫，此處的指代性質，乃指從真實中精煉出研究發現，再從研究發現
指向真實。建制民族誌的研究發現，應該立足於研究者進行研究調查的世界
中，且與之相關。建制民族誌的研究發現與分析就像地圖，置身於研究發現

所處的真實之中。除卻這層真實，其研究發現就不合邏輯，而建制民族誌的研究發現，得拓展日常世界的在地實作者擁有的專家知識，而非取代常民的知識。研究者解釋具體環境的社會時，當然也需注意正確性、精確性和分析的充足性等議題。然而，這套存有論作為社會存有的理論，目的在提供一套準則，指引研究者找尋存在於真實時空、實際不斷進行的社會流程（social processes）裡，建制民族誌研究探問的切入點。這套存有論確實宣稱能提供一個概念框架，以篩選研究關注的真實，如此一來，建制民族誌才能以發現真實、從中學習的方式推進研究。讓我們回到地圖的比喻，建制民族誌的存有論提出製圖原則，好讓製圖者知道哪些能夠放入這個以建制形式繪製的社會地圖。

　　構思一套建制民族誌的存有論時，我們直面一項問題，主流社會學論述中神秘消失的人們，以及社會學論述實作理當讓研究者忠於真實，但研究者卻與真實相當疏離。如此看來，建制民族誌的構想必須確保人們仍是建制民族誌研究發現中的主體、知者或潛在知者。主流社會學的理論編派方式，用理論概念詮釋人們實際上在做的事情和說的話，知者因而身處於社會學詮釋之外，人們在社會學詮釋中再現為客體。一旦社會學將行動者和他們的行動理論化，兩者都被抽離出持續不斷演變的歷史流程（historical process），脫離人們正在做的事情、人們正在使其成形的事情，社會學家因而將行動者與他們的行為，重新置放於完全受社會學控制的論述之下。

53

「行動」（action）並非一連串「動作」（acts）的總和；構成「動作」的只是某個論述片刻，其關注的是行動者親身經歷的過程。討論「行動」時也不能忽視肉身，肉身作為與周遭世界的媒介，並形成行動者自我（an acting self）的連貫性。行動者自我的階層化模型（stratification model），包括將反身監控（reflexive monitoring）、理性化的行動（rationalisation of action）

和行動的動機等視為一組流程的一部分。理性化的行動意指將「目的性」（intentionality）視為流程，如同其他兩個面向都是人類言行的慣性特色。（Giddens 1984, 3-4）

想當然爾，將「行動」和「動作」理論化（甭提將「肉身」連結到行動和動作的概念），正好展現紀登斯（Giddens）提出的理論中，亟欲拆解的概念與真實之間的分離狀態。

　　紀登斯顯然是一名謹慎的理論操作者，他不打算止步於一些顯而易見的問題，例如讓「動作」出自任何現實情境，或做出無視行動者「親身經歷」的草率行為。我將視線移開紀登斯的書本時，我正坐在英屬哥倫比亞省維多利亞市的公車上，抬頭看見人行道上一位老人家在走路。為了將這位老人家塞進紀登斯的理論框架，我必須忽視我自身的存在——據傑佛里‧亞歷山大（1995）的說法，這是社會學理論的重要特色。我得指認這位老人家身為「行動者」，與他在人行道行走的「行動」有何意涵。行動者不再是真實的人（意即一名老婦坐在公車上閱讀社會學理論時，抬頭看見一名老男人走在人行道上），行動者成為這齣名為理論的戲劇中寫定的角色。「我」變成「她」時便不再坐在巴士上，而是坐在一個（稱不上舒適的）亞基米德原點上。「她」是一名在做社會學這個動作時悄無聲息的社會學家，這正是婦女運動教導我必須避免的疏離感（alienation）。紀登斯的理論概念將那名老人家在人行道上走路（看著公車經過？），再次建構成為行動（action），反身監督自己正在做的事情、將這行動理性化、且具備步行的動機。這行動在概念上轉移至社會學論述後，便取代我經驗中的真實和那名老人家在人行道上行走的真實，我們永遠無法得知他所經驗的行動是什麼樣態；神奇的是，社會學

家也一併消失了，那名老人家則成爲一項理論類屬（theoretical category）[2]
的表達形式或例證。社會學論述挪用老人家的行走經驗時，也標誌她／我在
文本中的缺席。客觀性（objectivity）現身爲一種社會學論述風格，而非由
研究方法論積累而成的產物。[5]

真實常民的真實活動

　　有別於主流社會學的選項：馬克思和恩格斯（1976）批判德意志意識
形態思想家（German ideologists）時指出，社會科學需紮根於真實個人的
活動以及與此有關的物質狀態。他們爲社會科學寫下一套存有論。歷史和
社會只存在於常民活動之中，且存在於常民活動演變而成的不同「合作」
（cooperation）形式中。他們批判德意志意識形態思想家的意識形態論證，
因此類論證方式以概念取代真實。他們的批判不單是對抗將歷史變遷視爲思
想聚合體的唯心論聲浪，他們的批判是針對這套論證的方法，該方法將社會
和歷史視爲概念，就好像概念即是能動者一樣。[6]

　　我認爲這正是主流社會學的問題。主流社會學以概念取代或替代（不
管是用什麼隱微的方法）其所緣起的真實：社會學選擇性地再現真實（the
actual），使真實與概念（the conceptual）相符；概念則主導社會學如何詮釋
經研究者選擇性再現的真實。[7]關於社會體系（social system）和社會結構
（social structure）的概念，皆爲理論上的建構，因此主流社會學賦予這些理
論建構決定性的角色，以此詮釋人類行爲，且建構這些理論毋需參酌真實經
驗。我在進行博士論文研究時，有次我坐在州立精神病院的咖啡廳，我在那

---

[2]　因稍後的章節出現 institutional category（建制類屬）一詞，譯者於本書中統一將
　　 category 譯爲類屬。

裡進行田野訪談，並自問「但是社會結構**在哪裡**？我要怎麼找到它？」我想我會記得在咖啡廳的那一刻，是因為那一刻懸在我的心頭許多年。像是紀登斯（1994）所主張的社會結構作為「規則」（rules），他只是把一個抽象名詞轉譯成另一個抽象名詞，同樣缺乏確切的參考依據。社會只在理論堆砌之下成為現實（reality），無法在常民生活和行為的在地真實中找到社會。像卡爾·漢培爾（Carl Hempel, 1966）之流的知識論者所持的實證主義，在社會學建立為人接納的理論宣言，理論所建構的假說能夠歸納或測試人類在群體中的行為，或人類的集體行為。此一模式避而不談社會學家能從觀察這些人的活動中學習到什麼，或是在人類生活的方式中發現社會。主流社會學中，社會結構這類概念，其作用為將人們和他們的行為歸責於社會結構，但主流社會學卻沒認真質疑這些概念以何種方式存在。

　　建制民族誌與主流社會學論述形成強烈對比，因為主流社會學論述永遠與常民生活的在地真實保持概念上的距離。對照社會學書寫與自然科學書寫會發現，社會學書寫獨樹一格的慣例，即為查爾斯·貝澤曼（Charles Bazerman, 1988）所說，意義的「不可限定性」（underdetermination）。參與社會學論述的社會學家，對於社會學詞彙指涉的具體對象並無一致共識。修伯特·布萊列克（Hubert Blalock, 1969）在一項他的研究中，把社會學理論翻譯成為正規的數學概念，這項研究指出的問題是社會學理論的不可限定性。他認為「口語理論」（verbal theories）太模稜兩可、糾結複雜、且包含太多變項；這些詞彙必須徹底重整，才能放到數學理論的框架下進行審視與測試（27）。傑佛里·亞歷山大（1989）認為社會學的核心是「沒有清楚、不惹爭議的參考依據，來指稱那些構成社會科學的所有元素」（21），以及「社會科學的狀態，相當不可能一致同意經驗主義知識的確切本質，更不用說一致同意其解釋的涵蓋律（explanatory covering law）」（19）。意義的不可限定性與建制民族誌的宗旨大相逕庭；建制民族誌的概念實作（conceptual practices），旨在從常民的真實活動中**闡釋**（explicate）社會現象，一旦進一步的研究發現，指出先前採用的詮釋有問題或不足時，研究者便需修正或拋棄這些概念實作。

　　社會學內建的實作方式建構出的實體（entities），其所屬的世界具備以下獨特性質：

1. 社會學的字詞（words）：社會學名詞某種程度上源於描述行動的動詞，動詞轉化成為名詞形式（nominal forms）的過程中，主體／能動者便消聲匿跡。舉例來說，**組織**（organisation）、**建制**（institution）、**意義**（meaning）、**次序**（order）、**衝突**（conflict）和**權力**（power），這些字詞在社會學的語句中扮演能動者的角色。

2. 社會學的詞彙（terms）：社會學書寫中，像是**角色**（role）、**規則**（rule）、**常規**（norme）等詞彙，往往獨立存在於社會的不同層面之外，但這些詞彙又是取自於社會的不同層面，社會學家使用這些詞彙的方式，像是這些詞彙就在真實世界裡一樣。

3. 社會學的概念（concepts）：社會學中有許多概念擷取自社會學家的書寫，但早已脫離原先使用這些詞彙的脈絡，這些去脈絡化的詞彙便名列社會學實體的清單之中。例如，19 世紀晚期、20 世紀初期韋伯的作品出現**官僚**（bureaucracy）這概念後，該詞彙便進入社會學概念之列，社會學家使用這概念時，就像查爾斯·佩羅的《複雜組織》（*Complex Organizations*, 1986）一書，就彷彿自韋伯的時代以降，大規模的組織治理方式未曾改變一樣。

4. 最後，社會學大量仰賴像是社會結構（social structure）這類的比喻（社會結構一詞暗藏建築的隱喻），且有千百種細微的定義方式。或是像**文化資本**（cultural capital）這類的比喻，皮耶·布迪厄（Pierre Bourdieu,

56

1973）以此闡述教育或其他在社會上視為較優越的文化近用，為個人所創造的優勢和機會。

　　這類獨樹一格的社會學手法構成「稠雜的存有論」（blob-ontology）；意即，每個概念總會有一個對應的現象或東西與之呼應。一旦我們留心閱讀便會驚訝地發現，這些概念所指涉的現象中，常民與其活動完全消失無蹤。能動性轉移到社會學概念建構出來、欠缺明確指涉對象的實體之中，那個特定指稱物的空缺，或填補明確定義的意義的空缺，全交由讀者來填補。[8]

　　儘管建制民族誌確實致力發展民族誌志業，而非探究和理論化歷史流程，但是建制民族誌從馬克思那裏習得理論和概念實作（conceptual practices）。馬克思在《德意志意識形態》（*The German Ideology*）一書中為社會科學寫下的存有論原則，他後來轉移到關於生產的資本主義模式的運作理論，他並未捨棄這些原則。[9]當然，這並不是說馬克思不具理論基礎，而是說相當重要的一點是，我們必須辨識出馬克思理論獨有的特色，也就是馬克思使用概念來表達真實的社會關係（D. E. Smith 2004）。概念根基於常民活動的真實之中，因為社會關係編派常民活動，社會關係與常民活動相輔相成的形式是特定發展階段的生產模式特色。馬克思謹慎地提出理論，描繪常民活動和常民關係身處的歷史真實之間的輪廓。[10]將「經濟體」的成型視為一種獨特的現象，便區隔出兩種獨特的抽象關係。在其中一種抽象關係中，人們拿金錢交換商品，另一種抽象關係則在無涉個人意圖的情況下，形成經濟體的動力。請注意，這些關係的「抽象」特質並非一開始就具備概念性質；我們反而可以說，關係會變得抽象是因為在真實世界裡，事物的具體細節與其對人們的用處，因金錢與商品的交換關係而消失。

　　諸如資本此類的概念說明了獨特的關係序列（relational sequences），金錢先被用來交換以製造商品，生產出的商品所需的交換金額，則遠高於原先用來生產商品的金錢。這些社會關係也展現在一種正在浮現的關係上，一邊

是一群擁有資產的布爾喬亞階級，另一邊則是廣大的人們，他們無法生產自己的物品，而必須仰賴僱傭關係領取薪水，拿原物料生產商品，而生產商品時使用的廠房和技術皆屬於資本家，人們生產的商品將進入前述的資本序列。以一個具體的歷史根基作為支撐理論和抽象社會關係的關懷，正是馬克思理論的特色，卻全然不是社會學的特點。

建制民族誌的企圖不是拾起馬克思的研究宏圖；畢竟建制民族誌還是投身於民族誌之列。然而，建制民族誌認真看待馬克思謹慎處理的社會科學概念與理論的存有論根基。對馬克思而言，政治經濟的概念不該被視為社會科學的贈禮。這些概念解釋了從歷史之中浮現的社會關係，研究的客體應當是這些社會關係（D. E. Smith 2004）。因此，理論或概念的功能是闡釋實際運作的社會關係，而非將現實擋在理論的門外，或將理論硬套在真實之上。建制民族誌的民族誌實作推進研究探問的方向，旨在導入社會的真實。建制民族誌創造一種本質上具有對話性（dialogic）的關係，讓概念與真實的社會關係之間保持對話關係。建制民族誌的關係編派，使得解釋真實的社會關係時，所使用的概念經得起檢驗。當然，我們無法保證能揭露和阻絕研究者先入為主的觀念，或是挖掘社會關係中概念所隱藏的根基，但至少我們致力於探究真實性而非概念性。建制民族誌研究者向真實學習，意味著研究者處理真實時，不受限於既有知識中思考與表達的方式。

將社會理解為協作（coordinate）常民活動的方式

常民活動的真實性不足以確切成為建制民族誌的現象學客體。我們是可以循線探索常民實作、他們的工作、他們的所有活動、各式各樣的活動。但是，這麼做仍欠缺社會學視角。立基於常民活動的民族誌，將會個體化行動和行動者，這是個持續困擾社會學思想的問題。

58

　　建制民族誌也受個體化主體的問題所擾，因為建制民族誌試圖將觸角延伸到常民日常生活的在地細節之外，從而深入編派這些活動的社會關係領域。進行研究探問的存有論根基，若僅來自於個體的行動，就會阻礙研究者深入探索建制關係和更廣泛的治理關係。就像我先前所說，多數時候關於社會或社會怎麼存在的存有論議題，並未出現於社會學中。社會以何種方式存在的問題，或許會消失於物化（reification）社會的過程裡。對葛奧格・齊美爾（Georg Simmel, 1950）來說，儘管社會本就是個體存在的基礎，「社會發展出自己的載體和工具，當個體遇到這些載體和工具的宣言與命令時，個體就像遇到陌生人一樣」（58）。埃米爾・涂爾幹（Emile Durkheim, 1966）立下社會學這門科學的基礎章法，他斷言「社會事實」（social facts）存在於個體之外。社會事實是「獨樹一格的事實類屬；由個體外部的行動、思考和感受等方式所組成，且得以強力控制個體」（3）。安東尼・紀登斯（Anthony Giddens, 1984）修正前人的概念，讓個體的能動性得以插手創造社會結構，紀登斯稱之為「結構化」（structuration），在個體行動與社會結構相互作用的過程中，結構形塑個體行動，個體行動也影響結構。他的理論或許很吸睛，但這理論仍保有原初的社會學實作，意即將社會想像為某種存於個體外部的實體。紀登斯相當適度謹慎地避免將任何現象斷然歸因於規則，「再製社會體系的過程涉及這些規則」（185）。話雖如此，紀登斯又陷入稠雜的存有論。也許是依循喬姆斯基（Chomksy）衍生語法（generative grammar）模型的關係（這是個能理論化，卻從來無法具體觀察的模型），社會結構的概念仍停留在方便研究者理論化的層次，這使得當年我在州立精神病院的咖啡廳裡，提出社會結構在哪裡的疑問，看似無關緊要，甚至是個很蠢的問題。

　　拒絕在一個外部化的社會或社會體系裡物化社會時，理論家轉向個別化的主體探尋社會。舉例來說，韋伯（1978）從個體的意識中淬鍊社會：

在特定範圍內，行動具有社會性質。藉著採取行動的個體（或一群個體）賦予主觀意義，個體的行動得考量他人的行為，從而決定行動的軌跡。(88)

現象學社會學也同樣為其棻根於一套關於意識的理論所苦，此一哲學根基深植於個體化過程，現象學社會學用多種方式，努力克服此一問題（Gurwitsch 1964; Schutz 1962a）。晚近皮耶・布迪厄所提的習癖（habitus）（1990），將社會的再製過程安放於個體的學習與經驗之中：

> 〔習癖〕依循歷史所積累的基模（scheme）產製個體和集體的實作。習癖確保過往經驗能積極現身，過往經驗以感知、思想和行動的基模形式，存放於每個有機體內，過往經驗往往在時間推移下能保證實作的「正確性」與連貫性。相較之下，個體的過去經驗比所有的正式規則和明確的常規要來得可靠。(54)

個體化主體的預設深深鑲嵌於社會學中。從帕森斯的常規和價值概念、紀登斯的結構概念、舒茲的互為主體性（intersubjectivity）概念之中，我們確實看見這些概念的構想，皆為克服個體化主體的哲學根基創造出的問題。

建制民族誌需要的一套解方，既不能消弭個別主體、他們的活動和經驗，也不能採納替代方案，而將社會物化為系統或結構或兩者的精巧結合。建制民族誌將社會視為研究焦點，意味著研究需聚焦在**協作**（coordinate）常民活動或常民實作的方式。人們就在那裡；身處於他們的肉身之中；他們積極活動；他們在做的事情會共同協作他人的活動。這正是建制民族誌根基的四大支柱。研究者不該將協作視為獨立存在的現象，彷彿與人們的活動無關；也不該將「協作」物化為「社會結構」或是「規則」；不該將協作視為行動自身的一種特殊形式。建制民族誌將社會作為社會學探問的焦點，社會

特指與他人活動協作而成的常民活動。「社會」在此脈絡下的涵義即是如此。社會並非一個特殊的現象，而是探索和闡釋常民做了什麼事情的面向。[11] 建制民族誌的研究焦點從來不在個體身上，但個體絕不會消聲匿跡；她／他無疑是至為關鍵的存在。[12] 只是研究者需要留意她／他的活動與他人活動的相互關聯（relational）。[3]

　　一套將社會視為協作常民活動的存有論創造一種可能性，讓探索社會不同層次或不同面向的社會學理論之間，具有存有論上的連貫性。多數社會學能夠扣連到這個概念。例如，米德（George Herbert Mead）（1962）檢視且構思那些在人際互動的過程中，協作常民活動的象徵模式（symbolic modes），確實闡述符號本身作為協作常民行動的確切形式（稍後在第 4 章將有更多解釋）。[13] 我們能將俗民方法論的對話分析（conversational analysis），理解為探討常民日常對話相互協作的方式。我記得多年前在波士頓一場俗民方法論的會議上播放的一部影片。[14] 如果我沒記錯的話，那影片上演一連串簡單的連續動作：診所的櫃檯接待人員起身，前去與一名坐在椅子上等待的女人說話。這一系列動作以默劇慢動作方式呈現。你能看見兩人的肢體動作怎麼配合對方，一人前進、另一人察覺且傾身向前。這一系列動作就像舞蹈動作，下意識地相互配合。

　　至於協作人們活動的不同層次，則是馬克思提及的經濟與交換關係概念。相較於許多摘錄馬克思原始書寫的理論，馬克思的原初理論，相當謹慎地提出一種轉換歷程，從真實的人轉換至不同的社會關係，人們在那些關係裡不再與彼此直接面對面。諸如「商品」和「商品拜物教」等的概念，扮演關鍵的理論角色。馬克思提出的概念，皆為相互關聯的詞彙。詞彙之間的相

---

[3]　史密斯在本章強調個體在某一在地場域的活動，必然與他人於他處的活動產生關聯，故而特別強調相互關聯（relational）。

互關聯，將馬克思提出的概念，編織成超凡連貫的抽象概念叢結，構成《資本論》所闡釋的理論。

　　建制民族誌難以將社會的概念普同化，作為研究協作真實常民活動的焦點。因此，建制民族誌只從細微處著手，從常民正在做的事出發進行研究，或是由常民告訴我們，他們和其他人在做些什麼事，藉此找出協作常民活動的形式怎麼「產製」建制流程（institutional processes）實際運作的樣貌。

歧異與社會

　　斷然採用模式（pattern）或結構來闡釋社會的社會理論，需要行動者共享那些產製理論的常規（norms）或規則。一旦研究者的焦點從物化社會的過程，轉移至常民活動持續進行的協作過程，我們可以明顯看到社會流程（social processes）本身積累了歧異的視角、關懷焦點的差異與經驗差異。舉個頗為稀鬆平常的例子來說，有兩個人試著把餐桌抬上狹窄的樓梯，好將桌子搬進二樓的公寓裡頭。兩人所站位置的差異互相連動；兩人經歷的過程不同；上方那人能看見下一步該怎麼做，試圖想出在樓梯頂端轉彎的方式，好進入公寓；站在樓梯下方的女人無法看見上方的情況，但她相當熟悉這種情況——她曾做過這種事情；她是位專家。這座樓梯、它的寬度、轉角、桌子大小、形狀和重量等等，都是搬運工人工作中常見的情況。他們兩人來回交談，上方的男人提供資訊——「桌子卡在角落了」——下方的女人建議搬移桌子的方式，「把桌子稍微抬高，向上傾斜。」兩人透過語言協作他們的動作，但同時協作這兩人的，還有他們搬移桌子時的活動——每個動作都會改變重量分配和他們手上桌子的角度，以及桌子和樓梯間排列的方式；每個動作也改變兩人在相對狹小的空間裡面，移動身體的方式。兩人的共通處是這份工作、這座樓梯、這張桌子。但是這些共同點也使他們的經驗分歧，歧異

61

點來自能夠成功完成這項工作所需的分歧視野和行動；這使得站在下方的女人語帶不耐，因為她確信站在上方的男人，沒把她的建議聽進去。他們的經驗也會延伸到未來，我們可能視此一流程為對話式的流程，他們在這次的搬遷過程，學習與對方、與特定場景、與搬移一個奇怪形狀的家具相關的經驗，他們習得的經驗，將以對話形式融入下一刻的兩人關係，也將融入下次他們搬移傢俱的過程。

　　社會協作歧異並且積累歧異。建制民族誌理所當然地將每個人視為獨特的個體；每個人都有她／他自己的一段生平和經驗；每個人的社會位置都迥異於他人；每個人看事情的角度不同、感受事情的方式不同、擁有不同需求與慾望、不同興趣。但是從這角度來看，建制民族誌研究者關心的重點，並非人們是什麼模樣：她／他的目的並非從理論體系的角度解釋常民活動，而讓理論體系指派適切的理論價值來詮釋常民活動。我們可以這麼說，建制民族誌研究者關注的焦點是學習常民經驗，她／他關心的是追溯社會關係和社會編派，怎麼織入常民的日常生活和常民活動之中，就算在任何人的在地經驗裡，都無法偵察到這些社會關係和社會編派編織而成的網絡。

　　努力將桌子抬上階梯的那兩人，具備歧異的視角和旨趣，體現社會在各層次上的社會編派典範。社會在協作常民活動時，建立且產製視角與旨趣上的歧異。雖然大型組織和建制的宗旨，在定義上可能具有共通性，組織和建制積累歧異，且確實仰賴這些歧異。馬克思理論化抽象的資本社會關係，而他清楚言明，其理論乃根基於布爾喬亞階級與無產階級之間的種種差異，布爾喬亞階級刻意扶植這些差異，並或隱或顯地宣揚差異。在顯然忽視視野差異的交換關係底下，潛伏著工人階級和布爾喬亞階級的關係，這層關係建立在馬克思稱為「所謂的原始積累」（so-called primitive accumulation）的歷史進程中（Marx 1976）。西歐帝國主義的建制，乃藉由人民與歐洲人不同的生理特徵差異，從而劃分出從屬階級的人民。歷史進程將這種從屬關係，轉譯

62

成後殖民社會的種族歧視（racism）。

社會關係和社會編派在鉅觀或微觀的層面上，產出經驗和視角上的歧異。我們參與一段仍持續進行、關於社會關係的歷史任務，這些社會關係在我們的日常生活中編派種族歧視。我們認識彼此的方式則從一段過去中浮現、也奠基於這段過去之上，這段過去逐漸在當下成型，並且引導我們到未來。有所歧異的經驗以極為日常的樣態現身，不管是在鉅觀層次上產生歧異，或是在諸如人們將桌子抬上樓梯這種編派的微觀秩序上產生歧異。婦女運動向社會學提出深層的知識論問題，這道疑問來自男性與女性在歷史上的性別分工。在歐洲和北美國家，歷史上的性別分工將女性分派到家戶領域，排除女性參與由男性主宰的知識、科學和理性領域（參見第 1 章）。在西方社會中，我們稱之為啟蒙運動的歷程，內建性別化的視角與經驗。後現代主義理論將西方社會歧異的視角與旨趣正規化成為理論，這些是歷史上由帝國主義建制和性別建制所創造的分歧。常民活動的社會協作因而創造個體之間的經驗歧異，且在差異之中抹滅社會協作獨特的在地特性，其中既有預先存在的歧異，也有後續產出的歧異。

既然建制民族誌一開始就拒絕這樣一位具有普同性的知者，建制民族誌並不宣稱普世性（universality）。建制民族誌並不試圖產製一個單一、統一的再現（representation），來取代分歧的視野與經驗。先前我曾提過，巴赫汀稱這種統一的語言為「獨白」（monologic），邁可・賈丁納（Michael Gardiner, 1992）寫到，

> 對巴赫汀來說，獨白描述的是一種狀態，意識形態價值體系、象徵實踐、建構語言存續現實的創造性衝動，全都附屬於一套單一、同一意識或視角的霸權之下。無法包含在此一超然意識下的事物，則成為無關、多餘的事物。（26）

63 　　回到抬桌子上樓的兩人為例，企圖產出這兩人的一致說法，可能得試著從歧異的故事中，產出一套單一、客觀的說法，也或許是意義。相較之下，探索常民活動的協作方式，能夠讓研究者學習到，相同過程中存在經驗與視角的差異，並且尋找此一過程中的行動（包括交談）怎麼相互調合。民族誌研究者並非在眾多不同的報導人中，尋求一致的觀點，而是在協作他們工作的關係中，尋求不同的說詞交會與互補之處。視角與經驗的差異是建制環境中的核心，研究者可藉此挖掘常民怎麼主動產製協作的建制形式（institutional forms of coordinating）。

　　建制民族誌研究旨在於善用歧異，一方面是人們涉入社會關係的方式不同，另一方面是他人活動與協作常民活動的方式，編派常民所做之事與其經驗所致的差異。艾倫‧彭斯（Ellen Pence, 2001）調查明尼蘇達州杜魯斯市處理家庭暴力案件的司法流程的編派方式，研究緣自於她身為社運人士的經驗，她身處的團體為那些伴侶被判家庭暴力罪的婦女，提供支持服務並進行倡議。這群倡議人士從婦女身上，直接學習到人身安全和戒護她們遠離伴侶等等的問題，司法流程並未肯認這些問題，有時司法流程確實使這些問題惡化。彭斯研究這套司法流程的編派流程，始於 911 報案電話、出動警方巡邏車、撰寫警方報告、以及讓案件進入司法程序到確定判刑。這項研究採取的研究方法是參與觀察，透過訪談和文本分析來進行研究。警方與彭斯討論他們的工作，論及這些報告建構的方式；她跟警探、保釋官、檢察官等人交談，她在這過程中，學習到這些人怎麼進行他們的工作等等細節。每個人都說出不同的故事，每個人具備這流程的不同知識。

　　建制民族誌描述的正是組裝這些工作流程的方式。民族誌研究者的詮釋，不會取代歧異的觀點，其他研究方法則會以民族誌研究者的詮釋來取代觀點差異，例如（一）在查瑪茲和米切爾（Charmaz and Mitchell 2001）所描述的紮根理論（grounded theory）取徑中，進行研究的過程會歸納得

出一套理論，以此作為詮釋數據時修正和評判的依據；（二）在漢默斯里和
阿特金森（Hammersley and Atkinson 1995）推薦的幾個研究取徑中，根據
這些研究取徑的標準，民族誌的研究設計必須始於一個問題或一項特定焦
點，或是具有明確目標來產製關於特定現象的描寫與解釋；（三）或是，帶
著發展理論的目標（Hammersley and Atkinson 1995, 25）。在彭斯的研究中
（2001），樹立廣泛相關性的整體研究導向，來自於婦女人身安全的擔憂與經
驗，她們因伴侶的關係而參與整個司法流程。這個研究導向並未取代司法流
程中，於不同位置工作的人所擁有的經驗知識（experiential knowledge）。該
研究產出的報告，仰賴研究者去組裝整個司法流程，且不更動那些使這流程
成形的人所知的方式。研究詮釋不會削弱或壓制工作者的經驗知識。精確來
說，參與其中的其他工作者所補充的敘述，為工作者的經驗知識創造一個能
安放之處（第 7 章將有更詳盡的解釋）。

肯認社會為持續發生的現象

　　不同於建制民族誌將常民活動的協作，視為一個持續發生且活躍的過
程，主流社會學採取次序（order）和模式等主張做為分析工具，而且普遍
做法是將社會物化為特殊的狀態或決定性的因素。托卡・帕森斯（Talcott
Parsons）在《社會行動的結構》（1937）一書中主張，社會學理論的核心問
題應當是次序的問題。在他看來，從眾多個體有目的動作（purposive acts）
的互動中，無法推論出社會次序，這使得原先由霍布斯（Hobbes）概念化
的「次序」，成為他謹慎推導的分析中的一項問題，霍布斯的分析暗示著一
個沒有規範的社會和所有人相互間的戰爭。但是，帕森斯並未依循霍布斯的
腳步，在單一個體凌駕所有人的政治宰制脈絡下去尋求解方，帕森斯主張社
會的存在本身，仰賴共通的常規與價值，凌駕內建失控特性的有目的動作。

紀登斯循相同脈絡將社會結構（前面提及的概念）概念化，社會結構「作
為規則和資源……於再製社會體系的過程中反覆不斷地牽連其中」，再製社
會體系的過程中，結構「被理解為指涉社會的建制特性」（1984, 185）。他
謹慎寫到，「再製社會體系的過程涉及」這類規則（185）。有趣的是，赫伯
特・布魯默（Herbert Blumer, 1969）應該受到當時主流思潮的影響，他重構
米德所提的運行的社會（social in motion），使其成為一套理論，將共享詮釋
（shared interpretations）視為一種團體生活模式之所以存在的狀態。

　　自帕森斯以降，社會學解決關於社會的紀律（orderliness）問題，便是
以導入理論實體為手段，像是常規、共享詮釋、角色或規則等詞彙，都再製
先前提過的意義的不可限定（Bazerman 1988）。[15] 社會學理論中構成社會根
基的是模式或紀律，這些都是常規或規則等等的產物，然而研究者僅能從觀
察到的模式或秩序中，推論出常規或規則，而無從於社會中找起。主流社會
學將秩序、結構或模式視為規則或常規的產物時，主流社會學硬要本質上該
處於運行動態的事物一致同步。[16]

　　巴赫汀（1981, 1986）提出迥異的模型，拒絕將結構理論化為獨立或決
定性的因素，以此詮釋具體場合下的常民活動與常民活動相互協作的方式。
巴赫汀當然是在書寫一套文學理論。他採用索緒爾（de Saussure）關於**語言**
（langue）和**言語**（parole）的區別，兩者的區別在於語言指涉語言作為一套
符號系統，以及言語指涉語言作為人們實際口說的言語。索緒爾的理論裡，
語言和言語是兩項各自獨立的研究重點。符號的意義與特性取決於符號系
統；語言則被理論化為結構或體系。言語能從語言所積聚的符號系統裡獨立
出來，作為一種獨特的現象來進行研究。巴赫汀提出的方案不同之處在於將
語言和表述（utterance）（言語或書寫）之間的關係，視為對話關係。語言
是一個持續發生、發展中的叢結，人們透過表述來實現內心的意向；於此同
時，每一次的表述都再製及拓展語言的意涵。

65

表述本身不具原創性；表述便是一個答案。每一次的表述總是在回應先前的另一次表述，因此每次表述總是大幅或些微，有條件地受限於先前的表述。（Holquist 1990, 60）

在歷史流程的連續性之中，結構消失了。每一個表述的時刻緣於過去，也受限於過往，然而於此同時也將此歷史連續性導向未來。

　　與其尋覓難以辨認的社會結構，作為積聚行動的特定「模式」（patterns），我們也許能採用像巴赫汀那樣的模型。對話是藉由語言進行協作的形式。將社會從社會結構轉移到更具包容性的協作概念上，我們便能將社會視為一段不間斷的歷史流程，而人們的活動於此一流程中發生，回應他人的活動；人們正在進行的事回應持續發生的事，也取決於不間斷進行中的事情；每一步的行動都得調和他人的行動，每一步都加速導向未來。舉例來說，開車這件事便有許多紀律，僅屬於在地的歷史流程。如果你來自北美，而你在澳洲或英國旅行（反之亦然），你必得遵循一條交通規則，你必須開在道路上你不熟悉的那一側。這條交通規則並不存在於抽象概念的空間，好讓人將其視為決定性的行動。這條規則由立法所規範，且能在指導手冊之類的物質形式中找到這條規則。就算你知道在澳洲（或英國）有條規則是必須駕駛於道路的左側，你會發現遵循這條規則之外，右駕牽涉更多行動。舉例來說，駕駛於交通壅塞的道路會比在空曠道路來得容易。交通壅塞的情況下，你必須與其他車相互協作；某種程度來說，那些車引導你駕駛的方向。在空曠道路駕駛時，你沒有其他車的引導，因此你很容易就發現自己自然地開到道路上錯誤的一側。「規則」也許會在此發揮作用，加上些許運氣，你會提醒自己，你必須視自己身處何地來決定應該駕駛於左側或右側。

　　協作自己駕駛的車輛與他人駕駛的車輛時，也許會在某個時刻涉及交通規則，但多數時候，協作的行動屬於在車陣中駕駛的這個持續進行的在地歷

66

史流程。不同時間點、不同地區的車流量和道路順暢程度皆有差異，駕駛之間不間斷的協作，一直是在地的歷史發展。與其說是這過程中浮現出體系、模式或是結構，倒不如說這是個取決於歷史的流程。我在這裡所指的「歷史」並非意指過去；我的意思是一位駕駛發展的駕車模式，由她／他和其他人在駕駛時協作而成，且會被導引至她／他將參與的未來之中。因此，這過程若僵固、客觀且凝於時光之中，將毫無意義。我們可以說，就像在巴赫汀的模型中一樣，每個下一步都「以對話方式」，參與一段未下定論的過去。

　　但是，規則當然**存在**；當然**有**規範。然而，規則和規範不可切分成不間斷的歷史流程中的獨立變項；它們是這流程的其中一環。建制民族誌依循俗民方法論研究者勞倫斯・威德（Lawrence Wieder 1974）的模型和建議，他一開始研究囚犯潛規則（convict code）便假設這套潛規則形塑受刑人的社會生活。但是，進行民族誌研究的過程中，他不再將囚犯潛規則視為治理受刑人行為的外在秩序，而是將這套潛則視為囚犯之間、囚犯與獄卒之間的對話。威德觀察到「規則」即是人們的在地實作。我孫子和我動身穿越馬路之際，一名年輕駕駛闖過停止號誌；我大聲吼叫：「那是停止號誌！」這當然是無效的宣言，但我在傳達一條規則。我從停止號誌本身和那條橫跨半條街的白色粗線，「讀到」這條規則。在那時刻前的的某個時刻，我讀到交通規範。我抗議的權利來自那條規則；我的年紀讓我能自由大喊──我不再在乎別人怎麼想。未能停車的駕駛協作我吶喊的動作。我希望她能聽見我的吶喊，下次這麼做之前，能好好想想。我希望她能看見我看到的東西，亦即一條規則說明，「寫著『停止』標誌的地方，必須停車確認有沒有人車穿越」。但是，在都市駕車無法簡化為一套關於規則的知識。儘管警方執法能控制難以捉摸的駕駛行為，卻無法規定人們如何穿梭於川流不息的車潮。類似這類受法律支配的執法過程，其在地實作乃彭斯（Pence 2001；請參見第 9 章）在她進行家暴案件處理流程的民族誌中，描述的一系列司法動作中的一環。

法律在每個階段皆對該做的事情有所要求，而這些步驟的效力，仰賴執法過程的一致性。但是，法律的執行效力並不存在於抽象的理論空間；它們融入工作者在地的工作之中，以及於在地層次協作工作者的工作，使其成為一串行動序列（a sequence of action）。

　　一旦從社會中分離或個別化主體，便會客體化（objectify）這個受歷史調配的不間斷流程。社會結構這個概念將外於個別主體、而主體活躍其中的那些活動視為真實。俗民方法論將次序理解為一套循序漸進的實作，參與者藉此賦予次序意義及責信度，儘管俗民方法論並未將次序物化，這個方法論將社會切割成塊，以便研究者審視和分析。俗民方法論的分析得以擁有內在時序，然此時序使社會的碎片脫離過去和未來，也脫離那個不間斷的社會流程，然而社會的原貌必然鑲嵌於此一流程中。俗民方法論（以及更具體來說是對話分析）從對話脈絡中分離出一段談話，以便檢驗與分析，這種作法區隔對話與形成該對話的脈絡，將其脈絡驅逐至這些研究方法未及之境。當然，社會的原貌並不存在這種區隔，因此理論辯爭也持續關心那些像是性別等等屬於社會結構的特質，能以什麼形式納入對話分析中（Schegloff 1987, 1991; Wilson 1991; Zimmerman and Boden 1991）。這些辯爭點出的問題是，這種研究方法從不間斷的流程中移除對話[17]，以作為研究客體，然而對話的原貌屬於不間斷流程的一部分。[18]

　　建制民族誌藉著採納巴赫汀關於不間斷歷史流程的對話概念，每個流程交替的時刻、常民活動的時刻、我們使用語言的時刻、以及我們工作的時刻都嵌在當下此刻，建制民族誌以此避免抽取出常民日常生活和活動的細節，來建構概念上排除這些細節的抽象概念。社會結構消融於持續受歷史調配而相互關聯的常民活動中。研究者能察覺到存在當下的過去（past-in-the-present）所帶來的限制，而不致將其物化為結構或秩序。建制民族誌關注在這個歷史調配的流程中，常民的真實活動與他人的活動進行協作的方式。

68

就這層意義來說，建制民族誌必須在建制的運作狀態中，探索建制（the institutional）；建制特有的模式，能普同化協作過程，這類模式於具體位址、明確時間的常民在地活動中成形。

建制、語言和文本

我已指出我們將建制視為存在於治理關係中的功能叢結（functional complexes）。此處所指的「功能叢結」僅是那些能被觀察到的社會編派與論述的叢結，聚焦在教育、科學、法律、健康照護、政府部門、企業獲利等功能。在建制民族誌裡，功能叢結不會成為探究的客體。相較之下，因為建制民族誌的立足點來自於以某種方式涉入功能叢結的常民，研究者難以窺探功能叢結的全景。研究者探究的面向確實可能觸及不同功能叢結交錯或匯集之處，或是更為多樣的治理關係交集之處。就建制民族誌的特點而言，任何這類的探索都不符合傳統上對任一特定實體的界定。建制類屬（institutional categories）無法框限社會真實；現實世界中，社會關係在編派常民的日常參與時扮演要角，但社會關係無法符合建制的形式再現。研究者事前不曉得她／他的研究會導向何方。最原始的問題意識引導研究推進的方向，因為研究者在她／他的研究初始，在一起工作的人們的經驗中浮現問題意識。

把生活真實（lived actuality）的經驗當作立足點來探索治理關係、建制叢結，能夠引領研究者進入語言編派的世界，而該世界的根基是不同科技次序的文本（參見第 1 章）。馬克思與恩格斯在《德意志意識形態》一書中定調的存有論，無法含納治理關係帶領研究者去探索的現象。儘管馬克思與恩格斯堅持必須在個體之中指認出意識，且必須視意識為個體所屬，他們卻未能提供方法給我們，好理解或分析自他們的著作完成後湧現的社會關係－協作的形式。19 世紀時，意識、思想、想法、知識、理性等等都能等同於人

們腦中所思所想之物。今日我們熟悉的這些後續發展，卻是當時難以概念化的景況。馬恩理論主張的根基，是由個人所擁有的資本主義企業所形成的建制，進而形構馬恩理論中，在資本主義生產模式下扞格不入的兩個階級。他們所未見或在他們的思想裡無法指認的現象，正是資本主義企業從個人擁有的形式轉換成財團形式。韋伯（Max Weber）的社會學觀察便能至少在政府體制的脈絡下指出這項變化。他相當仰賴「理性」（rationality）這個觀念，藉此概念化他在書寫時社會萌生的重大改變。

　　治理關係的觀念則肯認編派社會的形式，出現重大轉變，「意識」、「心靈」、「理性」、「組織」等等被重新建構為客體化形式（objectified forms），而從特定個體中分離出來。隨著研究探問的方向，從常民經驗轉移至治理關係，研究者深入之境，正是此一客體化形式的社會編派。我未曾將經驗轉移至治理關係的探問，視為唯心論的復歸，用想法、信仰等等來取替「物質力量」（material forces）。建制民族誌聚焦於意識、思想、文化等現象，在常民工作的跨地編派中怎麼經歷客體化的過程，並成為常民參與工作的客體化產物。這些現象是常民活動；是真實的；是物質的；處於持續進行的動態。因此，語言是編派形式的核心，且建制民族誌存有論必須納入語言，如此一來，建制民族誌和多種透過語言完成的事物，才能像其他在地實作一樣融入民族誌研究中。下一章節將延續發展這個主題。

結論

　　本章已經為建制民族誌的構思書寫一套存有論，以此說明建制民族誌的探究中，社會存在的方式。這套存有論的構思從常民活動的真實出發，特別著重於將社會視為常民活動的協作。這項構思一方面奠基於建制民族誌研究者先前的理論研究，另一方面（也許更為重要的是）則奠基於建制民族誌研

70

究的成果怎麼發展及修正概念。這套構思也來自於我自己的研究和他人的研究，一開始出於教學的目的，因而讓我們本能地認為有必要解釋這套概念構思的緣起。探問的重要性遠高於理論，從而將理論或概念置於附屬地位，以此解釋人們持續進行的活動之間協作的方式。我透過指出和解釋建制民族誌與主流社會學之間的差異，來點出社會的幾個重要面向，以作為建制民族誌探問的客體。

1. 第一步也是最重要的一步，建制民族誌的存有論基礎，建立在確切物質條件下的真實常民活動。

2. 如果我們滿足於此，那社會仍遙不可及。因此在這裡納入常民活動如何相互協作的想法。界定建制民族誌焦點的社會，著重於探索確切物質條件下，真實常民、真實活動以何種方式相互協作。

3. 從真實常民出發意味著你從獨一無二的個體出發，每個人皆有她／他自己的視角。在協作常民活動的流程中，便會創造出歧異的視角與經驗。因此，社會本身即產出歧異的視角、經驗、興趣和竅門。

4. 常民活動以及不同個體之間如何協作這些活動，屬於一個總是處於動態的世界。過去發生的事情，決定每個行動的瞬間，而現在的行動也重塑既定事實，並通往未來。

5. 最後一點是一項承諾。建制民族誌導入語言的現象，以研究對民族誌實作有特殊重要性的社會，這種民族誌實作從在地世界延伸到建制形式，而建制形式當中的立足點，則為建制民族誌研究標誌出發點（問題意識）。

　　建制民族誌視為理所當然的事物如下：常民活動會發生、的確存在真實、研究者可能會對真實產生共識，或同樣重要的是，指認出不同意該真實

的想法。因此，在下列基礎上，建制民族誌探問能更推進，研究者能夠修正 71
各方誤解、在不使用比喻的情況下措辭精確、以及至少在建制民族誌研究
者之間，能夠成就一套持續發展的知識，關於從常民立足點探索建制體制
（institutional regimes）的方式。這項研究必得探索建制關係（institutional
relations）組裝的方式，這樣一來，我們才能合理地談論和書寫建制關係運
作的方式，我們也才能和其他人、其他社會學家和那些在研究中涉入建制體
制的人，分享我們的研究發現。建制民族誌的這種探問方式，產出一套民族
誌，且應當經得起兩種人的檢驗，其一是社會學家的檢驗，其二是日常生活
涉及建制流程（institutional processes）、活躍於該流程中的常民。

註釋

1 論述次序（the order of discourse）的概念由傅柯（Michel Fourcault 1981）提出。
   這概念指涉控制和限定論述的程序。
2 我認為值得一提的例外有查爾斯·古德溫（Charles Goodwin）和瑪虬禮·哈尼
   斯·古德溫（Majorie Harness Goodwin）所做的民族誌研究；俗民方法論（尤其
   是對話分析）是另一項例外。
3 在其他科學領域生產知識（或至少可說是研究發現）之際，社會學似乎「積聚」
   理論──參見強納森·透納（Jonathan Turner）的「理論積聚的評估」（1989）。
4 舉例來說，請參見巴頓（Button, 1991）的許多文章。
5 文體（stylistics）定義「語言學結構的特殊用法，創造真實世界的擬真、模型或
   扭曲」（Bradford 1997, xii）。
6 由《德意志意識形態》一書中成型的批判，進而帶到對政治經濟學家的批判，
   因他們處理政治經濟概念的方式，彷如這些概念即是現實本身（Smith 2004）。
7 若想了解馬克思意識形態批判應用於社會學時的完整闡述，請見我《權力的概
   念實作：女性主義知識社會學》（*The Conceptual Practices of Power: A Feminist
   Sociology of Knowledge*）一書中的這個章節〈社會學的意識形態實作〉（The

Ideological Practice of Sociology）（D. E. Smith 1990a）。

8　賈芬可（1967）在他批判標準社會學實作時點出的問題。

9　較為近世的馬克思理論演化版本，無法像馬克思一樣嚴肅看待這項與社會關係的連結，例如路易‧阿圖塞（Louis Althusser 1960, 1970, 1971）的結構主義，或是讓‧法蘭索‧李歐塔（Jean Francois Lyotard 1984）在《後現代狀態》（*The Postmodern Condition*）一書中，捨棄、拒絕的教條形式。

10　這正是阿圖塞想要摒棄的馬克思想的一個面向；參見阿圖塞的《閱讀資本》（*Reading Capital*）（1970）。

11　在這裡必須點出一件重要的事情，將協作常民活動的方式作為構思社會的焦點，不意味著排除暴力形式的宰制。男人使用肢體暴力來宣示他們對伴侶的宰制；警方使用肢體暴力來維持街道秩序與執法，這是他們工作的一部分和警方工作編派的一部分；家長對孩童使用的肢體權力即便是良善使用（雖然常常不是這種情況），也是協作活動的一種媒介。上述活動和其他模式的宰制，協作被宰制者的活動和宰制者內心的渴望。

12　大家可能認為以**活動理論**（activity theory）為人所知的理論，與建制民族誌擁有相同的性質。活動理論的存有論宣言，緣起於馬克思、恩格斯在《德意志意識形態》的第一部分所述的存有論宣言。其發展的基礎是列夫‧維果茨基的心理學思想，維果茨基在蘇維埃聯邦創立相當獨特的心理學流派，將社會環境納入關於心理（psyche）的概念之中，而更值得一提的是，該流派將社會環境納入心理學發展的理論化過程。直到近期，該流派被重新創造為一門社會學，較顯著的是在列昂季耶夫（A. N. Leont'ev 1978, 1981）的著作中，和更晚近的是易爾喬‧恩格斯特魯姆（Yrjö Engeström 1987; Engeström, Miettinen, et al. 1999）的作品中。若要連結建制民族誌和活動理論作為一門社會的理論，便會遇上一道問題，活動理論深受其心理學淵源的影響。舉例來說，列昂季耶夫（1981）將勞力分工視為集體的一種特性——這說法的概念邏輯與主流社會學裡陰魂不散的個人—社會二元對立，並無太大差異。恩格斯特魯姆的社會學轉移有些許不同，但是也許更加排斥建制民族誌從個人推論到系統的作法。活動系統乃從個人活動中，根據特定形式規則所構築，其結果能用來分析實際工作編派。儘管該理論模型建構在實際工作編派的民族誌知識，該理論連結的形式模型（formal models），阻卻建制民族誌矢志針對常民活動展開的提問和探索，以及探討這些活動在特定制度環境下，實際上怎麼進行協作。

13　米德的方法乃將理論成型的過程，奠基於謹慎觀察人類和動物之間的互動，這個方法少見地與建制民族誌有同樣性質。

14 就我記憶所及，這是阿爾・羅畢拉爾德（Al Robillard）所做。

15 賈芬可探查次序（1967）便是一項特殊的例外。

16 在常規和社會行動的模式之間的關係，多被視為理所當然的關係，俗民方法論創造此二者之間的分離：「俗民方法論的一項基本洞見便是，成員使用方法論實作來生產、理解、並且合理詮釋他們在地情境的特色時，他們便能找到社會次序的原始位址。照這方法來做，他們便能將這些情境建構成為一個實際活動的真實世界環境。」（Zimmerman and Boden 1991, 6）

17 我們能夠透過科技手段，分離一段對話與發生該對話的不間斷流程。對話分析的錄音技術和機械化轉錄程序，展現相當極端的剪輯方式，巧妙設計一個隔絕於時間之外的對話序列，以此選擇一段對話來錄音和產製資料，區隔出語言之中發生的事物和其他仰賴於共同存在的溝通維度。

18 亞歷珊卓・杜蘭提（Alessandro Duranti）和查爾斯・古德溫（Charles Goodwon）（1992）提出這個問題，這是研究語言作為一種互動現象的普遍問題：「我們認為，焦點事件的形象與背景關係（figure-ground relationship）與其脈絡之間，根本的不對稱關係對我們如何研究這些現象帶來巨大的影響。首先，顯著性的差異，伴隨著在結構清晰度所對應的差異。其帶來的影響便是，焦點事件與其明顯清晰組成的結構，成為分析時的主要焦點，而其他方法用來分析或描述脈絡的多元背景，卻得不到相同程度的關注。因此，語言學家將語言的片段結構，作為與對話的生產和編派有關的關鍵焦點現象。這導致的一項結果，便是研究著墨之處的巨大差異，一邊是在形式語言學領域中，出乎想像的大量作品在研究語言結構，另一邊則是相當少數的研究，明確著墨於脈絡的編派過程。」（10）

73

第 4 章
協作主體性之用的語言

　　前一章發想關於社會的存有論，觸及思想、想法、概念、心智、理論等領域。一般來說，如果賦予上述領域任何存有論的地位，都預設應將其劃入不同於常民活動的存有論範圍。思想、想法等領域可能怎麼影響和決定常民所做之事則成為問題，但是思想本身未被視為有行動力的形式或是行動的形式。笛卡爾奠下身心二分的哲學傳統基石，思想、心靈的領域與常民活動（更為驚人的是心靈與社會）之間的分隔，永遠存在於身心二元對立中。值得關注的例外有米德、沃羅・希洛夫（V. I. Volosinov），以及自列夫・維果茨基（Lev Vygotsky）至亞歷山大・魯利亞（Alexander R. Luria）一脈相承的心理學理論流派，意識和主體性的詞庫，未給我們任何社會的意涵；意識和主體性的再現仿若存在於時空之外，其再現的方式也彷如其未涉入協作人們的日常活動。學界探討語言現象的流派，恪守相同的邊界，語言與心智、語言與認知、語言與思想全是帶著先入為主的偏見；社會不過是後見之明。僅有少數學者——韓禮德（M. A. K. Halliday）是其一——將社會視為探究語言的重要環節。[1] 以下是梅喬麗・古德溫（Marjorie Goodwin）對起源於索緒爾（1966）的主要流派所持的批判意見：

　　談話的特色是其發生於互動過程之中，但語言學研究卻依循索緒爾建立的語言／言說（langue / parole）分界，系統性排除談話的互動過程。索緒爾

尋求將語言定義為一個「自給自足的整體」時，他在共通的文法系統裡，指出語言的社會性質……而不是在說者和聽者的互動裡尋找答案（確實從他的觀點來看，言說並非一項社會行為而是個人行為）。對索緒爾來說，以這種方式定義語言的社會性質，最大的好處是語言學家不需關心諸如社會互動之類的現象：「語言不像言說，我們能夠單獨研究語言。」（Goodwin 1990, 2）

一般社會學劃分以下兩者：一邊是行動，另一邊則是想法、思想、概念、意義等等。為了廢止這種二分法，後者必須脫離那些使它們凌駕於行動之上的超驗性（transcendence）。其中一種做法便是堅持想法等等也是人們的活動，思想是實際的時間和特定的在地場景下，由具體的人們展演的行動。因此，必須將想法等等視為語言之中的現象，特別是因為人們的想法、概念、理論、信念等等，在語言之中才得以成為持續協作人們活動的一環。因此，一套不會再製身心二元對立的語言觀點，才能讓心智現象進入行動層次。如同我在前一章所點出的那樣，將語言現象和語言中發生的現象，導入社會的視野之內，意味著變換研究焦點，從存在於心理（psyche）或語言之中作為現象的事物本身，轉移到人們持續進行的活動中。本章節討論這個問題的方式有二：首先，我將援引沃羅希洛夫、米德和魯利亞的思想，他們的理論發展出一套關於語言的觀點，將語言視為人們意識或主體性的協作者（coordinator）；其次，本章將在沃羅希洛夫稱之為「人際疆域」（interindividual territory）的基礎上，提出以下兩者之間的些許差異，一是經驗，另一則是文本。

重構具有社會性的語言

　　第一步是將語言（談話和文本）概念化，成為人們活動或實作中發生的事情，以及將語言概念化為人們意識／主體性的主要協作者。語言在某種程度上，相當卓越地作為一種媒介，在主體性或意識的層次上協作人們的活動。語言協作個體主體性的觀念，以及我們在之後的章節會看到，論述作為協作語言的規制者（regulator），這些觀念讓我們避免在使用概念時，將人們腦中活躍的想法、概念、點子、思想等等埋藏起來。我不是說人們不會思考、沒有想法、無法概念化等等。我著重於哪些東西進入社會，因此我著重於（一）尋找民族誌上實際可行的方法，方便研究者在人們在地活動（在此是在語言）中尋得概念、想法等等，以及（二）如同我在前一章節的定義，將上述現象導入社會之中，唯有如此，才得以在社會之中指認這些現象，將其視為具體真實時空中的常民活動。因而，不管是不是在語言中，得以將其視為連結或協作他人活動的常民活動。

　　為了探索語言作為主體意識協作者的方式，我將挪用沃羅希洛夫（1973）的概念，他將語言視為創造**人際疆域**的東西。沃羅希洛夫與米德的理論有許多雷同之處，稍後將會稍微提起米德的**表意符號**（significant symbol）。沃羅希洛夫將言詞（word）視為一項「雙面行動」（two-sided act），這項行動是「說者與聽者之間互動關係下的產物」（86）。[2] 言詞或表述（utterance）的雙面行動，在主體之間建構的關係，存在於他們**之間**；屬於個體與個體之間的關係。

　　沃羅希洛夫的人際疆域概念，不該與現象學所稱的**互為主體性**（intersubjectivity）混淆，互為主體性的概念特別與阿弗雷德·舒茲（Alfred Schutz 1962a) 的思想有關。人際疆域存在於語言**之中**，總是成型於語言之中。相較之下，互為主體性的構想，旨在克服一項深植於現象學取徑的問

題，社會學中的現象學取徑始於個別主體性（第 3 章已討論過），使他人主體性成為謎團。如維克斯（Vaitkus 2000）所述，最簡單來說，互為主體性被視為「一個『平凡的問題』，單純假設他者[1]的存在是我們在日常生活世界的自然態度」（280）。然而，這個詞彙更進一步「在更高深的反身性境界或世界維度裡，富含意義且多重積累的互為主體性」成為重要基礎。沃羅希洛夫（1973）的人際疆域概念則大相逕庭，因為此一概念緣起於說者與聽者交換文字的雙向特質；隨著說者與聽者在語言中協作他們的意識，人際疆域逐漸成形。

　　人類做為一支物種，我們共享（儘管有年齡和特殊障礙的差異）一個我們透過感官認知的世界，也共享我們的身體與我們稱之為（不完全恰當的說法）環境的世界之間，互動的方式。語言的人際疆域，內建於此一感官社群之中。如同米德所主張，語言「不單單象徵一個早已存在的情況或客體」，而是「使其存在或出現成為一種可能」（Mead 1962, 78）。語言在經驗層次編派我們的感官社群，成為諸多人際疆域；意即，語言編派說者與聽者之間的互動關係（我會再加上作者和讀者之間的互動關係），他們各不相同的經驗和視角，交會在雙方皆知曉、共同命名的世界中。

　　我在此處舉一個例子說明，語言怎麼把雙方共享的世界，構建為一種互動關係。海倫・凱勒（Helen Keller 1955）在幼兒期因病所致眼瞎耳聾，僅能使用手勢（手語）來表達她的需求、與他人溝通。她的老師安・曼斯菲爾德・蘇利文（Anne Mansfield Sullivan）藉著在她手上拼字，教她拓展這種溝通形式的範圍。起初，在手掌上拼字，只是拓展凱勒使用手勢的範圍，以此表達她的需求。蘇利文說到她的難題，她無法讓凱勒使用這些拼字（Sullivan, quoted in Keller 1909, 312），進入語言所構築的人際疆域。凱勒某

---

[1]　此處原文為大寫的他者 Other。

種程度上與她的欲望孤獨相伴，在她老師或他人手掌上寫下的「名詞」，單純表達一種意識本身孤寂的渴求。有天，她的老師讓幫浦裡的水流過凱勒的手，同時在她掌上拼出「水」這個字，自那日起，凱勒的意識發生變化。那一刻她與安・蘇利文一同進入象徵流程（symbolic process）的人際疆域，也進入一個其他主體所在的世界，她自身也透過互動在那個世界成為主體。凱勒告訴我們，在水井啟蒙的那刻之前，她只是「鬼魂」（Keller 1955, 37），「在水井那兒發生的事情，讓那股虛無感消失無蹤」（42）。

　　凱勒的故事生動闡述凱勒與蘇利文的關係裡，米德的**表意符號**編派人際疆域時所扮演的角色。此前，凱勒僅用「符號」來表達她的需求，「符號」不會在不同主體間，構築象徵性編派的關係，也不會編派不同主體之間的關係。儘管海倫凱勒的發現為她打下基礎，讓她具備參與象徵領域的能力，第二波婦運初期也有相似的發現（請見第 1 章的描述）。我們用女人的身分聚在一塊兒聊天，我們只知道我們有話要說、有許多話想說；但在一開始，我們想說的事情無以名狀。貝蒂・弗里丹（Betty Friedan）所寫的《女性迷思》（*Feminine Mystique*, 1963）一書，第 1 章標題為「無以名狀的問題」（The Problem That Has No Name）。她告訴我們，所有關於我們的書寫文字、為我們書寫的文字、指導我們的文字，從未命名我們自身感受到的奇怪匱乏感。在我們實踐意識覺醒活動的眾多形式中（有時只是與其他婦女交談、有時以較有組織的方式進行），產生轉變的那一步便是命名我們的經驗，據此構築一個人際領域，讓我們能夠以主體的身分，述說我們的經驗；我們口說或書寫的經驗，因而成為政治組織行動和政治活動的基礎。我們以嶄新的方式，成為彼此的主體。

　　像是「人際疆域」這種觀念，絕不能被物化，成為另一種稠雜存有論。我們需要將語言視為編派其他活動的活動，認知到語言與更大範圍協作常民活動脫離不了關係，我已在上一章指出上述語言活動的社會性，且語言與

79

這些活動密不可分。建制民族誌研究者援用語言學諸多領域和理論，建制民族誌研究者面對的研究場域頑強抗拒（如同先前引用古德溫的話所說）一件事，那即是將（前一章特別提出的）**社會**併入現象的一環，而未思量其多樣性。語言學理論的典範基礎，建立於單一個別主體之上，[3] 此一典範深植於笛卡爾建立身心二元對立的基石後，傳承的西歐知識傳統。語言學理論聚焦的語言現象，將語言現象視為個人內在自生，或由個人生成，此為一種過程、實作、大腦、心智、心靈、認知等等的特性。諾姆・喬姆斯基（Noam Chomsky 1968）提出「普遍文法」（universal grammar）作為語言學理論，以此說明各種語言裡關於心智的天生特質，這理論值得一提之處在於其缺乏任何語言作為社會的說法。問題不在於孩童成長過程中，學習語言文法形式是否為天生屬性。問題在於該理論再現的文法和語法，彷如言詞序列無涉人們在語言中協作的編派過程。[4] 普遍來說，理論再現的語法，像一套獨立運行的系統。人們在特定場合的表述，或許會脫離理論模型的常軌，但是這類反常行為只是表象，底下有一套「深層結構」原封不動地維持那套理論完美的模型。若語言學理論包含任何社會，那麼社會僅具備語言的次要功能、或以溝通的方式出現。以雷・傑肯朵夫（Ray Jackendoff 2002）為例，語言與思想的關係中，社會只現身為一個特殊的區塊：「關於社會世界的理解」包括「辨認諸多人士、他們對應於其他人的社會地位……〔以及〕描述他們持有信念與動機的特性」（274-75）。

　　韓禮德呈現一個類型相當不同的問題，他是他命名為「社會符號學」（social-semiotics）領域的先鋒。他分離出語言現象進行考察，韓禮德使用文本的觀念來展開研究。他使用文本一詞的方式，與本書稍後（特別是在第8章和第9章）為建制民族誌發展出來的用法不盡相同，本書稍後的章節以某種物質形式，來標誌文字或影像，使文本的存在，超越言說的當下或事件發生的當下。韓禮德所提關於文本的概念泛指表述。對韓禮德（1994）來

說，「人們使用的語言，在一情境脈絡下起到作用，只要有一點這類跡象的語言都應稱為文本。文本可以是言說或書寫形式，或我們能夠想到、確實以任何其他進行表達的媒介都可」（10）。[5] 文本作為語用學（semantic）上的實體，從研究者關心的現象中分離出來。韓禮德從社會行動抽離出語言之後，再將語言連結到他沿襲馬林諾斯基（Malinowski）傳統所稱的**情境脈絡**（the context of situation）。文本便因此能與社會結構串起更多連結，視為「社會體系的一部分」（4）。不管這個取徑有何優點，語言早已抽離常民活動和這些活動的協作過程，進入語言自身特殊的現象區域。因此，在建制民族誌研究中，韓禮德的取徑不管用。對建制民族誌來說，社會便是常民協作的活動；語言是協作的一部分。因此，建制民族誌所需的語言詮釋，既將語言視為一種活動，也將其視為協作意識或主體性的活動之不同面向。

語言協作主體性之功用

　　米德的表意符號理論，補充也延伸了沃羅希洛夫，言詞作為一項雙面行動的理論。米德的理論跳脫語言理論的限制，讓他的理論不至於把語言置放到社會之外。米德的表意符號概念，把社會內建於語言和意義的現象基礎之中；他的理論繞過字詞（word）、意符和意指（signifier and signified）、概念、客體或語詞（referent）之間的關係引致的傳統語言學問題。米德的理論認為語言只有在以下情況能夠成形，一道循慣例施展的聲音姿態（vocal gesture），在說者和聽者之間，引發相同回應或一組回應。聲音姿態或字詞啟動原本儲存於常民經驗裡的回應；因此經驗是一種社會編派。

　　米德的理論對我們來說太過複雜，因為他辯證的對象是在他之前一套詮釋姿態（gestures）和互動的傳統。他拒斥由達爾文（Charles Darwin）提出的姿態模型，達爾文指出動物的姿態能表達牠們的情緒——動物產生情緒

81

後，透過姿態來表達情緒。[6] 米德則持相反主張，他認為姿態誕生於動物的互動，就像狗打架時，一隻動物攻擊另一隻動物的動作，另一隻動物在攻擊動作尚未完成之前就以動作回應。被另一隻動物的回應索打斷的行動，便成為一種姿態；姿態即是一項被打斷的行動。

　　動物的姿態和表意符號之間的差異在於，說者和聽者皆聽到聲音姿態（亦即我們稱之為字詞的慣例化聲音）、理解並回應該聲音姿態。某種程度上來說，姿態的定義端視其所接收到的回應為何；相較之下，說者和聽者（假定還有作者和讀者）以相同意義回應字詞或聲音姿態時，字詞或聲音姿態的定義便已確立。姿態的意義即是另一方的回應，否則姿態將毫無意義。在另一項回應打斷一道姿態之前，姿態不過是行為者即將開始做的事情罷了。然而，對說者和聽者來說，字詞意味著相同的回應。說者聽見且回應她／他說過的話，正如同聽者一樣。

　　米德的表意符號理論，將表意符號視為社會行動的一環。表意符號規劃、編派下一步發生的事情，因為符號掌控雙方說些什麼和正在說些什麼的回應。因此，表意符號具體而言即是主體性的協作。此一概念與傳統上關於字詞的意義為何的概念大相逕庭。索緒爾頗具影響力的理論架構，一方面建立意符對應到米德的聲音姿態，另一方面則是意指或意符的概念意義。米德認為表意符號唯有在社會動作（social act）中方能成型，一道聲音姿態協作社會動作中的諸多主體意識，涉入其中者皆有相同回應。

　　你能預測也能參與社會行動的編派過程，因為你明白，你說的話的意義，也是他人聽見這些話時所理解的意義。誤讀和誤解的空間並未因此消失，這只意味著表意符號的定義，視其於社會動作中激起說者和聽者相同回應的能力而定。使用誤解這個詞時，便預設說者知道聽者應該聽到些什麼。社會動作於焉進入不同的協作維度，參與者於此維度裡能夠整理他們自己與他人的回應，由這些回應預測將發生的事情，而非分分秒秒緊追浮出的線索

來進行回應——這之間的差異就如同駕車回應他人的行動，和仔細看路上為任何一位駕駛所設立的交通標誌。

　　我仍是新手駕駛時，我學到變換車道不只要打燈號，還得開始將車駛向我欲前往的方向。這作法正是要藉著打燈號和試探性駛向欲前往的方向，提供其他駕駛雙重資訊。駛向欲前往的方向正是米德所說的**姿態**（gesture）。我們可以在其他時機爭論，是否應將車的一側閃燈稱為姿態，但此處的重點是清楚闡述米德在姿態和表意符號之間做出區分。其他回應所打斷的動作即是姿態。在高速公路上，一條車道從另一側開始縮減時，行駛其上的車輛開始插入行進中的車流。我瞥見一輛車靠近我的車道，我降低車速讓它進入車道。但是我也可以選擇加速前進，讓那位駕駛在之後的車陣中，找個空檔插入。這類型的互換正是米德所說的姿態：一個人開始動作，另一個人回應，第一個人回應了稍後的回應等等。

　　語言，或者用米德的詞彙來說是**表意符號**，在社會流程（social process）中創造嶄新的編派維度。人們不僅僅是等待來自另一個人或他人的線索，才發出回應。人們為社會動作導入一種表述、慣例化的聲音或腳本，讓說者和聽者能用相同方式回應。這正是界定表意符號的特質。在高速公路上，一個號誌出現在橫跨高速公路的大型看板上，上頭寫著，「慢車道緩慢行駛通過 427 號出口。」所有讀者都看到同一則文字訊息，但是於此同時，這塊交通標誌為駕駛帶來不同的行動過程——取決於駕駛欲前往何處，以及她／他的選擇有哪些。這就是在多倫多 401 號高速公路上「閱讀」這塊標誌的意義。每位駕駛都能想到，他人已看過她／他讀道的訊息。每位駕駛都依據這則訊息來協作她／他的行車選擇，同時仍回應在她／他周邊的路況，並能考慮在地交通壓力（包括她／他前方所見），以決定如何解讀這塊標誌。我們閱讀這些訊息時，我們也信任其他駕駛讀過這訊息之後的反應。這正是表意符號的定義：一名說者發言，而聽者和說者回應方才的發言，將其視為

意義相同之物；對雙方來說，表述意味著相同意義。

人際疆域作經驗編派之用

A. R. 魯利亞（A. R. Luria）（1961, 1976; Luria and Yudovich 1971）沿襲並且發展列夫・維果茨基（Lev Vygotsky 1962, 1978）的思想，魯利亞某些主要的研究中，著重於研究語言發展在孩童身上所扮演的角色，以了解語言如何掌控及編派孩童的行動、以及他／她與指導員、實驗者之間的互動。魯利亞主要的研究旨趣是心理與社會的交集點。他導入**口語普同化系統**（verbal generalization system）的觀念（1961），口語普同化系統編派人們怎麼適應她／他正在做的事情、發生什麼事情、以及在那裡有些什麼。字詞抽象化且系統化人們的行動，壓抑言詞所著重的枝微末節之處，使其從屬於口語普同化之下。

從《阿維龍森林的野男孩》（*Wild Boy of Aveyron*, Ingram 1993）學習語言的故事中，我們可以清楚了解魯利亞想闡述的概念。19 世紀初期，法國阿維龍區一座村莊附近，找到一名小男孩。此前數年間人們已目擊他二到三次，也曾捕獲他、為他穿上衣服且餵食了一兩次。但多數時候，他露宿野外。人們捕獲他時，發現他無法說話。人們把他送到巴黎一間聾啞機構，在其他人對他失去興趣後，讓・馬克・伊塔德（Jean-Marc Itard）醫師便收治了他。伊塔德從未成功教導維克多開口說話，但醫師確實教會維克多將書寫文字連結到物品上。[7]

> 伊塔德持之以恆教他語言，最後在數以月計密集的一對一訓練之後，維克多終於能連結某些印刷文字到文字所代表的物品上。伊塔德醫生會在他的書房裡，放置幾件常見的物品，像是書本、鑰匙、刀子，之後跟維克多一

起移動到另一間房間。伊塔德會指向幾樣物品的名稱，請維克多去書房拿
那些東西。維克多成功通過這項測試，直到有一天伊塔德鎖起書房的門。
維克多空手而回，接著伊塔德假裝他找不到鑰匙，請維克多在他周邊尋找
相同的物品。那天，維克多需找回的幾樣物品有棍子、波紋管、刷子、杯
子和刀子，這些東西都擺在房裡顯眼的地方。倘若維克多辨識出這些東西
與鎖在書房門後的東西是相同物品的話，就能顯現他了解「棍子」一字指
的是所有棍子，而不只是他訓練時所用的那隻棍子。但是他無法這麼做，
即使伊塔德用手勢暗示他，看看四周是否有物品，長得像他應該拿回來的
那些物品一樣。這名野孩子的眼中只看到差異，而非雷同之處，顯然每把
刀在他眼裡都有些許不同，因此，當他明白這些刀子並不相同時，選擇其
中一把刀子並無意義。（Ingram 1993, 204）

　　至少如醫師的報告所述，維克多從未學習到，語言是一個口語普同化系
統。人們使用狗這個字時，或是許多與狗有關的經驗浮上心頭時，正是語言
的普同化能力讓我們能夠辨認出諸多不同品種的狗。如同米德（1962）所
說，

　　如果有人問到狗，而試著在中樞神經系統找到這個想法，那個人會找到一
大串多多少少以特定路徑相連的回應，如此一來，當那人使用「狗」這個
詞彙時，他確實意圖喚起這一串回應。狗可能是玩伴、敵人、某個人的財
產或他人的財產。腦中存在一系列可能的回應。這些回應的特定類型都存
在我們之中，也有其他因人而異的回應，但是腦海中總有眾多回應的編派，
能藉由「狗」這個詞喚出回應。所以，當一個人對另一個人提及狗，他在
他自身喚起的這組回應，也正是他在他人身上喚起的一組回應。（71）

84

米德和魯利亞提出言詞的概念，言詞的功用是組合和編派感官世界，使其成為人際疆域。如此一來，人們便能忽視物品的具體細節（維克多用來區分這些物品的細節），好讓人們能把這些物品視為相同的東西。隨著言詞在社會動作的過程中發揮效力，一個由語言產生的編派方式擷取相似之處，忽視得以區別差異的細節。指涉一項物品的言詞，也是一種感知的編派方式。

> 母親向孩子展示不同物品，以特定字詞為物品命名時，母親的第一個言詞對孩子形塑心理過程，產生隱形卻決定性的重要影響。與物品直接認知相關的言詞，阻絕該物品本質上的特點；將眼前所見之物命名為「一只水杯」，附加「飲用」的功能角色，阻絕杯子的本質，且限制該物品次要的特質（例如杯子的重量或是外型）；「水杯」一詞意旨任何水杯，不管形狀如何，使人們對該物品的認知，得以穩固而普同化。（Luria and Yudovich 1971, 23）

因此，沃羅希洛夫的概念裡，一組言詞是說者和聽者產製的雙向產物，這樣的觀點也編派與人際疆域相連的認知。這並非遁入唯名論（nominalism）的領域，意即物品不過是名字而已。言詞指涉的那些物品當然「真的在那裡」，但是語言完整了**物品**的存在（因而做為表示物品的言詞之標示物）。我們不會像威廉・漢克斯（Williams Hanks 1996）在討論查爾斯・皮爾斯（Charles Peirce）和索緒爾理論時陷入兩難，漢克斯將言詞視為指涉一項概念而非一種物品：

> 所以，「桌子」這項物品會是一種想法，就像是「由堅硬材質製成的一件傢具，上有平坦表面，以桌腳或其他裝置，從地面上支撐此平坦表面。」從這觀點來看的話，符號代表一件刻意為之的物品，在〔語言〕系統中界定的概念實體。這裡的問題是……在這世上我們如何與東西產生連結……且這

些東西是物質的物品而不只是概念？（Hanks 1996, 41-42）

　　魯利亞和米德提出的見解，以相當不同的方式，理解指涉的言詞與其指涉的物品之間的關係，迥異於既定的、以任何形式存在的言詞——意義紐帶（word-meaning nexus）。魯利亞和米德使用的言詞概念，皆將其視為**編派**（organizing）的方式——魯利亞的概念是關於物品的感知，米德的概念則是在社會動作裡參與者的回應。魯利亞（1961）闡釋兒童語言的發展如何在實作活動的過程中，編派他們的感知實作。魯利亞強調一項物品的「言詞」，能使孩童關注物品的普同化特質，藉此識別該物品。忽略能區別該物品與其他相同物品差異的細節，以便找出能被視為相同物品的那些性質。據此，言詞與物品並非各自獨立存在。言詞早已編派人們感知到的物品，意即透過指稱該物品的言詞，編派該物品。真實的物品當然存在，但在魯利亞的概念裡，指示詞早已在認知上，編派這物品之所以為物品的方式。

　　一組言詞所編派的感知標準化也意味著，身處不同位置而與該物品相關的人，能將該物品視為同一物。不同肉身軀殼必然帶來不同視角，以個人自身為座標中心出發，必然產生不同的觀點（Schutz 1962a），語言編派讓普同化的言詞能使上述差異趨於一致。這就是維克多無法習得語言之故；語言無法為他編派一個讓他忽視所有細節的世界。維克多無法共享言詞**編派**物品的方式，也因此他無法被凱勒發現的語言人際疆域同化。

　　魯利亞讓我們能將言詞視作普同化編派者，以此構建言說與傾聽的世界之間的共通點，好跨越不同時間維度與人群差異。另一方面，米德著重於表意符號怎麼編派社會動作的下一步。在此我將重複、再一次強調稍早在本章節引用米德 (1962) 的話，語言「不單單象徵早已預先存在的情境或物品」，語言為那些活躍參與特定社會動作的人，讓「該情境或物品的存在或出現成為可能」（78）。

86

經驗疆域和文本本位的疆域

　　如同我在第 1 章所主張，建制與治理關係通常透過文本媒介，這裡所指的文本並非韓禮德所說的文本概念，我說的是能在物質上再製的文字或圖像。治理關係存在於普同形式中，其基礎是能夠再製文本和圖像，使其不受制於特定場景的技術。我希望這小節能從下列兩種人際疆域之間的差異著手，一種人際疆域建立在並非完全相同，卻有一致性的經驗社群（communities of experience）之上，另一種人際領域則建立在文本（我在這裡使用這個詞）的物質性之上。

　　巴赫汀（1986）導入文類（speech genres）的概念，含納社會裡的雜語現象（heteroglossia），在特定語言中，不同說話和書寫方式的諸多樣貌：「每次單獨表述當然都個別存在，但是使用語言的不同領域，各自發展出自身相對穩定的表述類型。我們將之稱為文類」（60）。頗有助益的是，他區隔首要文類（primary speech genre）與次要文類（secondary speech genre）。首要文類對應到在直接經驗層次運作的言說活動。「藝術的、科學的、社會政治的」類型都屬於次要文類；它們多為「書寫形式」且包括「小說、戲劇、各類科學研究、主要的評論類型等等」（62）；意即，次要文類奠基於文本之上。本小節欲深入探討的正是首要文類與次要文類的區隔，另外再進一步加上些許修正。儘管某種程度上來說，經驗世界從未被取代，人際疆域的基礎從首要文類轉移至次要文類時卻大相逕庭。

　　多數時候，語言學家和哲學家賴以發展理論的人際疆域，暗指由感官所媒介的經驗世界——狗、桌子、樹等等。感官媒介的世界當然屬於行動的世界，且已經屬於社會的世界。米德稱為「回應」（responses）的編派方式，與桌子這項物品、桌子這組言詞有關；如同魯利亞說的**口語普同化系統**一樣，我們做的事、說的話、寫的文字早已經過編派。厄尼斯・凡・格拉賽

87

斯費爾德（Ernst von Glasersfeld 1995）引領我們，進一步探討言詞怎麼進行協作的工作。他指出，對兒童而言，言詞和物品自始便出現在社會編派活動（socially organized activities）的叢結之中；「一名兒童腦中的杯子，通常會有一段期間涵蓋飲用的活動，且有時甚至包含恰巧在杯中的牛奶」（141）。一段時間過後，當孩子聽到「杯子」的發音，且孩子在多種真實社會動作中使用杯子，這個言詞開始分化為一件普同化的物品。於此同時，不管是字詞或物品都持續保持與社會編派活動之間的連結，進而構築我們稱為「指涉」（reference）的關係。

凡・格拉賽斯費爾德的觀察補足米德理論的不足，米德認為**狗**這個言詞引發多種與狗有關的可能連結，凡・格拉賽斯費爾德則指出在眾多社會編派的活動中，使用一個言詞的經驗，涵蓋物品分化以對應某個言詞的方式。常民的日常對話仰賴在地活動和關係中經驗導向的符號協作。接下來，我用**桌子**這個詞來闡述啟動經驗導向人際疆域的方式。

漢克斯（Hanks 1996）指出**桌子**作為一種概念時，他形容桌子為「由堅硬材質製成的一件傢具，上有平坦表面，以桌腳或其他裝置，從地面上來支撐此平坦表面。」（41）。然而，我們在人們活動的脈絡下再探這些物品時，物品便沒有那麼單純。此一言詞連結眾多已被社會編派、和編派出來的回應——如同米德解釋**狗**這個想法一樣。桌子區隔出兩個層次，一邊是地板和腳，另一邊則是適合人體上半身活動的桌面。當我們想到幼童在桌面上便溺，或者當我們憶起桌子對躲在桌底下的孩童來說長什麼樣子，我們不難想像一張卸除社會編派的桌子，單純的物理形式。我的孫女卡拉在桌子上爬行時，他爸爸吆喝道，「卡拉，從桌上下來！」此時，她正學習整具身軀不應出現在餐桌上。[8] 餐桌上的用餐時光是由上半身進行的活動。桌子也許是用來寫信或讀書的地方。對上電視節目的人來說，桌子能夠小心藏好腿部和生殖器官。在公共場所，桌子編派人與人的距離；桌子為咖啡

廳和餐廳等場所裡短暫的人際接觸，建立各自的領域。即使在沒有「由堅硬材質製成的一件傢具」的情況下，也能適用**桌子**一詞的社會編派實作。某位剛搬進新居的人，遇上朋友要來晚餐；她找到一件堅固的包裹，鋪上一塊布，最後畫龍點睛地在中間放擺上一只插花的水杯，在包裹周圍擺上枕頭當座墊。當卡拉的家人坐下吃飯，她正在學習**桌子**怎麼編派人與人的關係——她樂於挑選誰該坐她旁邊。她每天在家吃飯時學到，桌面也用來區別餐具，桌上的餐具供進食用，有別於掉在地上的餐具，必須撿起桌底下的餐具，丟到洗碗槽，不能繼續使用。她也學到，用餐時，只有身體的特定部位能夠出現在桌子表面上。

　　為了區別經驗導向的人際疆域和文本本位的人際疆域，[9]我將錯誤挪用兩段對話，這兩段對話來自兩名依循俗民方法論中對話分析傳統的研究者。其中一段對話來自古德溫的研究（1990），這是一段賓州黑人孩童的談話。古德溫觀察且錄下，孩童在沒有大人在場的情況下（她自己那不具侵略性的存在除外）於街上的互動。她告訴我們，她「選擇貼身記錄一個特定的自然社群的活動，這個社群由小孩組成，他們在城市的某區與其他孩童一起玩耍」（20）。這個例子是經驗導向的對話。另一個對照的例子，來自德爾德·波登（Deirdre Boden）針對商業情境對話的研究（1994）。該例子說明一段文本本位的談話。某種意義上來說，我誤用此二例，因為我忽視古德溫和波登採用的對話分析。我援引這兩個例子是用來讓讀者明白下列差異，建立人際疆域的經驗基礎，與之相對的是建立人際疆域的文本基礎。[10]

　　以下擷取一段古德溫的紀錄（1990, 253）。[11]喬柏正在說的故事裡，把東尼再現為膽小鬼。

95　　喬柏　記得那次，(0.5) 我想想我們

96　　　　　走到——我們打

97		籃球的地方？（1.2）而你有
98 →	東尼	我們跟**誰**打籃球的地方
99	喬柏	你知道的啊，我們在哪裡打
100		籃球？然後，你根本就沒等
101		我們，你就逃跑，
102		你一直跑到
103		角落。那些男孩說，那些男孩一直，
104		那些男孩一直（**我說**，）「喂，東尼
105		你幹嘛跑？」他說「我沒有
106		跑。」他們那些男孩到
107		**我**旁邊 我（ㄏ）會（ㄏㄏ），（（**竊笑**））＊ㄏㄎㄎㄏ我會
108		踢他們**屁股**。然後／／東尼就
109		一直待（ㄏ）在那個角落。

　　我根本不需在此點出他的故事怎麼仰賴經驗社群，因為他的故事編織出自身的人際疆域。喬柏藉由告訴東尼和其他人對此事的回憶來開啟這串序列。他將這些人連結到他的事件經驗，如他所說，該事件發生於在地的籃球場。這是關於東尼的故事，喬柏對東尼、也對其他朋友述說這故事。喬柏使用像是「我們」、「他們那些男孩」以及「那些男孩」等等指示詞（deixes），喬柏的經驗成為「我們的」——至少會被視為喬柏和東尼共同的經驗。接下來是作為對照的這串序列，取自波登（1994, 134）的電話錄音，內容是一名研究計畫主持人維克與計畫參與者亞倫的談話：

1	維克	我打來的**主要**原因。ㄏ是
2	→	嗯－（0.3）。ㄏㄏ：你應該記得我們

89

3　　　　　交出先前的預算時？那時我們

4　　　　　刻意抽掉？（0.4）一系列的

5　　　　　三個子標題、我們說要暫停

6　　　　　那些──嗯，先暫時保留？但是我們

7　　　　　會將他們提到下一個

8　　　　　年度？

9　　亞倫　　ㄅㄨ〔ㄟˋ〕

10　維克→〔好，〕現在準備好了嗎？

11　　　　　現在──（（ㄎㄏㄋㄋ））有──有幾種方法

12　　　　　可以讓我們執行──執行計畫。這些方法非常

13　　　　　複雜且涉及

14　　　　　會計流程的特性，嗯──

15　　亞倫　　是。

16　　　　　_另一方面，還有**電腦運算**

17　　　　　環境（0.2）在另一方面？

18　　亞倫　　嗯哼？

19　　維克　　所以我想說的是……

　　就像古德溫研究中的小社群一樣，這段有兩種指示詞：「我們」和「我們的」。但是維克將亞倫導向一份文本，而不是一座在地籃球場，那個「我們」不只是廣意含括一群在場的朋友，或至少喬柏和東尼的朋友，也包含那些參與計畫，且在某種層級上必須為這計畫負責的人。「我們」一詞將亞倫和那些未知的他者牽扯其中。維克要求喚回／記起的指示，未將聽者導向一個共同經驗，而是導向一份預設亞倫讀過或參與部分寫作的文本或文件所做的改變。維克的例子裡，人際疆域不像喬柏的故事裡，隱含時空的巧合。

每位核心的發言者（喬柏和維克）與他們對話的對象之間，共享同樣的世界，做為他們的參考基礎。舒茲 (1962a) 所說的**零點**（null point），就是喬柏發言的位置、喬柏為他人編派的位置：

於此世界，我的肉身所據，我真實占有之處（Here），正是起始點，讓我得以在空間中定位。這麼說來，此處是我自身座標系的原點（Center O）。與我肉身相關之物，我以左右、前後、上下、遠近等等類別，分門別類肉身周遭的元素。以相同方式運作的尚有我真實的現下（Now），現下即是所有時間觀點的起源，我能以之前與之後、過去與未來、同時與接續等類別，編派世上發生的事件。（222-23）

喬柏的故事理所當然認為，東尼身體所處的時空與喬柏相同。喬柏的故事中，喬柏未共享東尼感受恐懼的經驗；兩者的差異導向當時在場的「他們那些男孩」，實際上並未停止動作而是繼續動作。常民的日常對話，仰賴的正是這類經驗導向的象徵形式，協作我們的在地活動和關係。一位丈夫在廚房裡問他的妻子，今天的報紙送來了沒；太太在隔壁空間。太太仰賴她自己的位置和丈夫的位置來告訴丈夫，報紙就在桌上（Hanks 1996, 1）。每個人的發言，來自以她或他的「原點」所編派的座標。太太端視丈夫所在的位置，告訴他怎麼找到報紙（就在他面前）。我們可以拿這個故事來跟維克和亞倫的電話談話做比較，維克與亞倫在討論一份文本：文本將兩人擺放在肉身所處的位址之外；他們肉身所處的位置，未因與文本的關係而有所不同；正是這層意義，使他們經歷客體化（objectify）的過程。參與者上班修改和送交計畫提案時，視角與觀點的差異可能會浮現，但是就在這個時刻，文本已進入自外於行動者的文本時間（textual time）（D. E. Smith 1990a）。

我們必須謹慎，不要混淆了以下兩者之間的差別，一是經驗導向的

文類與文本本位的文類之間的區別，另一則是口語文類和書寫文類的差別。在這裡我們暫時擱下巴赫汀，首要與次要文類之間的區別，巴赫汀將口語文類等同於書寫文類。在本節的脈絡下，我們聚焦於人際疆域浮現的模式。我們在上一段已經舉例說明，文本本位的對話，我們也熟悉以書寫形式表達的經驗。以書寫來表達經驗的方式，仰賴、預設讀者有能力代入他／她的經驗，好讓這些書寫產生意義。經驗導向與文本本位的人際性（interindividualities）之間的區別，在於聽者／讀者使用何種資源，理解他聽到或讀到的訊息。表達或描述經驗的文本，建構出（當讀者啟動文本時）經驗導向的人際性：

> 如同我們所說，讀者或聽者「跟隨」故事人物角色的行動時，參與一個主動詮釋的流程。由於說故事的人從來無法全面且完整地說明事發經過，讀者「理解」故事的過程中，必得在文本所給的東西之外，「填入」她自己理解的人、事運作的方式……她別無選擇，只得喚起自身經驗。因此，追一則故事意味著，讀者得導向相關經驗和個人經驗，就如同那些用來解釋相關事物的經驗。故事動人之處，部分來自於讀者能夠與故事中的人物，一同經歷一些事情，同時故事也引出讀者自身經驗的感受。讀者的經驗與人物角色的經驗交融。（Darwille 1995, 252-53）

當然也有其他類型的故事，奠基於文本本位的人際性，而非以經驗為基礎的人際性。例如，新聞媒體創造文本根基，人們或許能使文本打造人際疆域的一部分。一個擁有共享物品和人群的世界積聚成型，築成該世界內部的指示物（referents）儲藏庫。透過其他文本現實（textual realities），諸如地理、國家歷史的傳統參數等，將該世界延伸成為公共領域參與者的普同化世界。這些是文本現實，不管是談話形式或是文本形式，間接連結到經驗導向

的象徵協作形式（forms of symbolic coordinating）。讀者漸漸熟稔新聞播報員說的是什麼事，或報紙上出現什麼事件。讀者建立一套資源，在新聞本文中，指認出人物、事件、物品和建制存在（institutional presences）（政府、警方等等），好讓她／他觀賞或閱讀新聞時能連結到這套資源。

　　我們很幸運能有一份民族誌剖析，解釋讀者／觀者／聽者和新聞媒體的協作中，仰賴的文內（intratextual）連結。亞雷克・麥克霍（Alec McHoul 1982）進行一項民族誌研究，探討閱讀一家澳洲報紙的一則新聞項目。他描述一套與眾不同的閱讀程序，有別於狀似經驗象徵協作（experiential symbolic coordinating）的過程。他決定閱讀的新聞，標題為「關鍵區域很安全。」這標題對麥克霍來說沒什麼意義。「米德的」流程在麥克霍的例子裡，有些缺陷，因米德主張說者和聽者，或是在作者和讀者之間，對於所說的話均投以相同回應。麥克霍無法對這報紙上所寫的事件產生相對的回應，我們接下來會看到，他確實知道如何尋找能產生意義的東西。在他為書寫這份民族誌所設下的規則裡，他謹慎避開他平常快速瀏覽文章到後頭的習慣，好知道這則頭條的「意思」。在有條理地閱讀序列下，他現在發現一句能幫助他理解的話：「公部門的關鍵機關單位，將不受公務人員縮編員額的影響。」麥克霍說到，

　　　閱讀至此，我已找到神祕的「關鍵區域」是什麼。或是這麼說，「區域」是什麼：是公部門的機關單位。但是哪些機關單位裡屬於「關鍵」區域？我已經找到部分，破解它們（不管它們是什麼）是「安全的」，在標題的引用文字裡，也說明為什麼「安全」。這是一句宣言：宣稱的「安全」並不（絕對）安全……

　　　我自問：公務人員縮編員額是什麼？這篇文章看來預設我早已知道此事。

而「這」[2]看來如此確定⋯⋯我開始回想那段期間的新聞，卻什麼也沒想起。因此，我偏離我為自己這份閱讀所設下的準則，轉而查詢一些其他、稍早的報紙。接著，我看到在此之前政府預算剛被刪減時的新聞，我想起這項爭議。(119)

麥克霍的民族誌浮現出他為了與文本產生相對回應所做的工作：「這篇文章似乎預設我早該知道〔公務人員縮編員額一事〕。」正因為平常自動反射所產生的回應未能運作，促使麥克霍搜尋過去的報紙。這個指稱程序（referential procedure）與下面的例子極為不同，我向孫子指出懸崖上一隻順著氣流向上飛翔的魚鷹時，他轉向我手指的方向。這麼說來，我們能調整，讓我們的座標（請參見稍早舒茲的引用文字）定位一致。麥克霍憑藉的管道相當不同。他回頭追溯在他房間一隅的那疊舊報紙，他在那疊報紙裡，找到一則他正在進行研究的故事。「在新聞裡」都能找到，那則故事的小宇宙中的事情、事件、和人物。尋找先前的新聞內容，取代麥克霍自動反射的回應，也就是預設讀者知道那則新聞在說些什麼。一旦找到正文內的指示物，便觸發「讀者知道」的這項回應；「這項爭議浮上心頭」。

漢克斯（1996）拒斥索緒爾致力於連結意義與言說的做法，而傾向於他的「實作」框架，強調「印刷語言」（printed language）的重要性：

印刷媒介（print mediation）是一種取代接收（reception）的發送模式，意味著訊息廣為流傳的可能性。當報紙抵達十萬個家戶，便實現一個接收網絡（a network of reception）。接收端的多數能動者從未面對面見過彼此，他們也不需要通曉相同語言以參與公共事務。他們的社群由詮釋性組成、而

---

[2] 原文為 "the"。

他們的一致性亦是想像層次的事。(235)

　　然而，新聞媒體也許、也確實經常成為人們談話的機會，有時若非如此，那些人便少有交集。我很熟悉以下的經驗，我跟我某個兒子一起搭計程車時，我發現他立即與司機交談——如果司機是名男性的話——他們討論近來在電視、收音機或體育版裡，隨便一支球隊打了什麼樣的比賽得到的分數。他們熱衷於此，對此感到興趣，但是他們討論的文本本身固定不變，不會因他們說的話而改變；參與談話對象的觀點差異不影響文本內容。我在家附近的喜互惠商店，聽到一名女顧客與（同是女性的）藥師交談。他們在進行媒體談話。前一晚，新聞頭條報導一起事件，他們稱為溫哥華市區發生的一場「暴動」。在一場曲棍球比賽中，紐約來的球隊擊敗當地球隊，之後群眾在街上暴動。或說，這是報紙和（我假設是）電視，告訴我們的內容。該顧客與藥師討論那場暴動：「事情變得好危險啊！」他們正這麼向對方說著。然而，我們身處於（我這名偷窺者和這兩名在談話的女性）溫哥華市內平靜、井然有序、為人所知的西點格雷區。當地青少年甚至不會騷擾這一區；這區域相對來說較富裕、總是管理得很好。此處沒經歷過公眾暴力或暴動。儘管新聞事件似乎指向一個顧客和藥師共通的世界，他們參照的對象是一份文本，如同波登錄製在維克和亞倫之間的對談。他們無法在自身經驗中，找到新聞事件所說的事情。

　　如同麥克霍閱讀新聞，她們以文本媒介為憑，提供她們討論暴動時開啟的詞彙一些共通資源。米德的例子裡，**狗**一詞引出人們腦中，狗做為玩伴、敵人等等的經驗，**暴動**一詞則引出電視上的街道圖像，像是充滿人們叫囂、火燒似的光和煙、武裝警力穿得像另一個星球來的外星人，以及用警棍痛打人們的頭、還有傷者或死者躺在地上，隨後是一群逃跑的人。[12] **暴動**一詞激起人們對於街上危險的恐懼。新聞事件組裝一項文本現實，宣稱該文本現實

94

與那兩名說者共存於相同的世界。他們能為彼此喚起，前一晚看到的電視新聞內容。危險像傳染病一樣擴散，從新聞媒體到日常世界，取代她們以經驗為基礎所能取得之物。

結論

本章導入一套語言做為媒介（medium）的理論，將想法、思想、意識形態等等抽離人們的頭腦之外，使其進入社會的領域，於此協作常民活動。語言對建制民族誌研究來說，至關重要，因為構成建制的獨特協作形式，存在於語言之中。建制民族誌需要理論化語言，讓研究者檢視語言在協作（使其具有社會性）常民意識或主體性時，扮演的角色。語言學家的標準取徑，在專業上徹底區隔語言現象與社會。然而，這種取徑未能為建制民族誌所需的取徑帶來貢獻。因此，我們必須在此訴諸一支把語言本質視為社會的思想，此流派來自沃羅希沃夫（1973）、米德（1962）、和魯利亞（19961, 1976, Luria and Yudovich 1971）。循此，重點便是將語言視作**編派**沃羅希沃夫所說的「人際疆域」。

巴赫汀區分兩種文類：第一種是直接經驗導向的文類，第二種書寫為本的文類，或用建制民族誌研究者的語言來說，經由文本媒介的文類。我使用許多不同例子，深化和拓展兩者的區別，這些例子說明語言協作人們活動的方式，存在某些差異——意即，人們所做的事情，發生在共享、經驗的世界裡的人際疆域，或者是存在於文本所定調的人際疆域。我透過引用日常談話的錄音片段，來比較這兩者，其中一段對話來自一群孩童的交談，其中一名孩童從他的經驗來說故事，與社群中的孩童共享部分經驗；第二段對話是兩名男性之間的一小段電話談話，這段談話構築的人際疆域，建立在一份文本之上。本章節的其他例子則擴充文本本位的人際疆域之獨特性質，它憑藉的

是共通的互文基礎，而非共同體驗一個感官導向的世界。我們邁向建制民族
誌旅程的下一階段，將再度出現這兩個主題：一是語言編派社會，二是經驗
導向所構築的人際疆域與文本本位所構築的人際疆域之間的差異。下一階段
將說明建制民族誌實作的一般框架。

註釋

1　請特別參照他的書與魯奎亞・哈珊（Ruqaiya Hasan 1989）的書《語言、脈絡
　　與文本：社會符號學觀點的語言面向》（*Language, Context, and Text: Aspects of*
　　Language in a Social-Semiotic Perspective）。

2　另請參見巴赫汀（1981），他將語言形塑為踩在「自我與他者之間的邊界上。語
　　言中的一個言詞有一半屬於他人」（293）。

3　請參見我的文章〈於後現代主義之後訴說真相〉（"Telling the truth after
　　postmodernism"）（D. E. Smith 1999d）。個別化的主體所產生的問題，深深入侵
　　可能以不同方式看來有趣的理論。約翰・瑟爾（John Searle 1969）發展出言說
　　動作（speech act）的概念，局限於一種由個人表現出來的動作概念之中。藉
　　著導入治理言說行為的規則（同時也生產和隱藏社會性），言說（也確實是語
　　言）本質的社會特性所帶來的問題反被忽略。習兒的作品緣自於 J. L. 奧斯丁
　　（J. L. Austin 1962）的想法，奧斯丁中肯、謙遜且具革命性的作品，引入展演
　　（performative）的說法，將一群表述動作（a calss of utterances）描繪為展演一個
　　超出表述所說的行動，他的作品克服日常語言本質中的社會性格所帶來的問題。
　　因此，「我願意」展演了一段婚姻；「我承諾這個和這個」展演了一項承諾。展
　　演是個人表述的一種功用。藉由引入主張社會性，實則忽略它的概念──「言
　　外行為」（illocutionary）等等──能夠克服缺席的社會性問題。

4　從一份關於喬姆斯基的二手詮釋，我在道林（Dowling 1999）的文中讀到以下這
　　個段落：

　　　試思考以下情境：一位媽媽知道她的家人必須在二十分鐘內離開家前往一場
　　　宴會，而她懷疑她的小女兒（出了名的會拖）又在拖時間，她走進孩子房間，
　　　用手指向孩子，告訴她「換衣服！」在這例子裡，衍生語言學家（generative

grammarian）的重點擺在「換衣服！」，藉由斷定省略詞，這句話是一個完善的語法理論必須解釋的東西。借用喬姆斯基在他最早也最具影響力的作品中使用的詞彙來說，「換衣服！」這個表述只給我們表述的表層結構。在深層結構的層次（意即，在維根斯坦試圖證明並不存在的「隱形」或「不可見」的層次）上來說，這個命令句形式包含一個「尚未完成」的第二人稱主詞。

　　……喬姆斯基的理論為我們展現，在深層結構的層次上有一個「隱形的」第二人稱主詞，他的理論展現方式是為了用例子來指出，拒絕承認這個主體的存在，將會在某種意義上來說，捨棄我們身為英語使用者的整體文法能力。因此，舉例來說，語言學家將指出，任何把「隱形」主體提昇至可見程度的行為，只是產出一句話，任何母語人士都能接受那句話與省略詞表述相同意思：「你換衣服！」「你幫自己換上衣服！」「你幫自己換上衣服，就是你！」倘若，換個角度來說，一個人試圖將第三人稱主詞放在任何一個代名詞位置，他便會立即「聽出」文法上的錯誤：＊「穿牠自己！」＊「穿他們自己！」等等（我觀察到在錯誤組成的句子前端打上星號的習慣。）(31)

然而，如果我們從文法出發，視其本質上是社會的協作者，那麼理論發揮影響力的過程（且這是一個硬套理論詮釋的過程──並無觀察的證據存在），在這例子裡毫無意義，亦即在語法形式下產生表層（可見的）結構的理論。對該段對話的參與者來說，「第二人稱主詞」無疑存在著。這種表述形式並非省略語詞的形式。正是文本的媒介過程和文本化的詞語，產製出這種表層結構的錯覺。正是文本的魔力讓語言脫離表達它們的真實。也許維根斯坦理解無誤，潛伏在後、不可見而隱形的結構並不存在。倘若我們不將語法視為主宰語言的個別心智的內在演變結構，而是將其視為語言的一環，以協作主體性，我們也許開始將語法序列思考為另一件事，那便是對話時能使他人理解的實際邏輯──例如，名詞片語怎麼指出主題或焦點，而動詞片語怎麼宣示行動或事件。這則故事並不需要名詞片語的階段。媽媽就在那裡大吼她的女兒。動詞片語被置於一連串的行動中。在其他脈絡下，名詞片語取代的人事物，已在這個房間和這項社會動作中，而不是在言詞裡。對分析者來說，潛藏在表面之下的是母親和女兒的同時存在。為何喬姆斯基的修正，產製出來的句子（「你為自己換上衣服！」和「你為自己換上衣服，就是你！」）幾乎無法在這個脈絡下說出來？如果在那個情境下說出口，這些句子也會具有不同意義。

5　韓禮德似乎使用文本一詞，指涉成為語言學家分析資料的「生活語言的任何蛛

絲馬跡」。他並未注意到文本經歷模糊的轉換，從實際上說出來的話（以及，當然，進行分析時這些話總是發生於過去的時空），轉換成該段話的錄音形式，和也許是逐字稿形式，而語言學家檢視的資料皆為這些形式。我認為這是個關鍵時刻，因為形式轉換過程分離出口說文字，使其脫離原本鑲嵌其中的社會行動和環境。

6　米德對達爾文的模型的拒絕，在索緒爾（1966）關於「溝通」作為一種序列的解釋上也同樣適用：在個人心中的概念，**解開**（unlock）一組聲音影像；大腦接著傳送那組影像，成為一個聲音；接著，那聲音從一個人的嘴巴傳到另一個人的耳朵和大腦，在另一個人的腦中產生反轉的序列（27-28）。索緒爾的模型與達爾文的觀點雷同，達爾文認為姿勢起源於有機體的內在，從情緒轉移至情緒表達，是米德理論特別不同意的觀點。

7　海倫凱勒進入表意符號所組成的人際疆域，那一刻從未發生在維克多身上。他習得使用的言詞是用來為特定物品命名的言詞。

> 伊塔德不只從未教會維克多說話，他甚至從未接近成功過。在他們的關係初期，維克多面前有杯牛奶時，他會說出「lait」[3]這個詞，那時伊塔德非常開心。但是，隨後伊塔德明白到，同時有言詞和玻璃杯不足以讓維克多理解。維克多可能只是使用「lait！」（伊塔德試著教他的字）來表示開心。他幾乎從未在拿到杯子**前**說出那個字，如果他是在要牛奶喝的話，就必須先說那個字。他從未在牛奶不在眼前時使用這個字，他也從未清楚讓人知道他理解「lait」這個字的意思。（Ingram 1993, 202）

8　雖然在我寫完這段之後，我很懷疑她其實清楚知道她在做什麼，而故意這麼做來惹她爸生氣。

9　請注意，也許書寫中也會產生經驗導向的人際性。理查・達維爾（Richard Darwille 1995）指出，「一則故事的讀者必須使用他們自身的經驗來追故事，以及看見其中的重要性」（253）。

10　在這裡標示出的差異是經驗導向的人際疆域和文本本位的人際疆域之間的差異。我無意指涉不同的說話風格中，顯然能追溯社會階級言說的差異，如同巴希爾・伯恩斯坦（Basil Bernstein 1966）比較**限制型符碼**（restricted code）和精緻型符

98

---

[3]　lait 乃法文的牛奶。

碼之間的差異。巴希爾‧伯恩斯坦觀察到，勞工階級的學生往往以自成一格的
方式說話（伯恩斯坦稍後將它描述為一種限制型符碼），這種說話風格依憑在地
環境和人群的共通經驗，中產階級學生使用一種擁有更多抽象概念的精緻型符
碼，而他們考慮到說話內容指涉的事物，不必然是讀者或聽者共通的語言。儘
管中產階級學生精通限制型符碼和精緻型符碼，勞工階級學生往往只能自在使
用限制型符碼。類似的有夏茨曼和史特勞斯（Schatzmann and Strauss 1966）的
研究，他們研究一座遭龍捲風襲擊的中西部城市，他們發現在採集到的訪談中
有項顯著的差異，勞工階級和中產階級受訪者以不同方式說故事。故事當然有
重疊的部分，但是他們能夠清楚追溯出差異，在某些極端上差異相當明確。中
產階級受訪者往往從一個城市的概括角度出發來說故事。他們的故事強調城市
的機構、消防部門、紅十字會、市長辦公室、警察等等。勞工階級的受訪者比
較有可能從他們自己的觀點出發講述故事，形容他們身上發生了什麼事、還有
他們的親朋好友發生了什麼事。我們不能說，說故事的某種方法優於說故事的
其他方法。有些關於親身經歷龍捲風的故事相當生動有力，而有些故事毫無章
法、難以理解。但是，社會學家較容易理解中產階級受訪者講述的故事，因為
他們是從城市的視野來講述故事；他們的故事在某種意義上來說，已經以一種
能直接被納入社會學詮釋的形式來進行。

11 請注意，我已經盡力保留古德溫的標示，這是原本由蓋爾‧傑佛遜（Gail
Jefferson）發展出來的對話分析（Sacks, Schegloff, and Jefferson 1974）。

12 我不認為這類圖像正確再現媒體指明的暴動。電視必得在這過程中，選擇一種
視覺上扭曲的再現。

第三部分
能透過民族誌探究的建制

第 5 章
文本、文本－讀者對話
與建制論述

　　本章將進入本書關於建制民族誌概念的第三部分。本章和接下來的五章，全都著墨於讓建制成為民族誌研究可得之物。本章是第三部分的第一章，我會介紹文本的關鍵角色，以及在民族誌中融入文本的方法，而該民族誌的基礎是前兩章介紹的存有論。建制存在於那個神奇的領域，文本本位的社會關係，將常民、場所、時間的在地細節，轉化為協作常民活動的標準化、概括化、且跨地域（translocal）的形式。文本發揮關鍵的角色，連結常民日常世界的在地環境與治理關係。文本成為我們能夠閱讀、觀看或傾聽的東西。

　　我在書桌前寫下這段話時，我的注意力轉移到窗外，那隻晃來晃去、備受我兒子與媳婦寵愛的黃金獵犬，又回來閱讀我剛剛寫過的東西，接著注意力轉移到充當背景聲音的廣播，新聞報導英屬哥倫比亞省的森林火災帶來新的威脅（我無法理解為何那些還活著的人，也就是我們的政治人物，沒有注意到氣候變遷已然帶來影響）。光是察覺到那隻狗和天氣（溫哥華的這個時節實在很炎熱），我便完全被日常的在地世界所包圍。但是，書寫、閱讀這段文字，以及聽廣播，卻將我帶入上一章提及的文本本位人際疆域裡。透過這些不同的文本，我跟他處的社會關係產生連結，連到可能閱讀這本書的

102　人、書的出版社等，也連結到正在聽新聞的人，不論廣播聽眾關不關心環境議題，或連結到將這則新聞傳送到我們耳中的廣播電台之整體組織與經濟。

　　文本常見的「慣性」（inertia），是我們在民族誌中導入文本時會遇上的問題。某種程度上來說，我們未將文本的世界與我們肉身存在的世界視為同一時空。我認為，我們將這些文本建構為不存在於我們生活空間的世界，因而未能看見文本協作我們與他人活動之間「參與」（active）的角色。我們閱讀、觀賞或聆聽文本時，某種程度上將文本視為理所當然的存在；我們在回應文本內在的時間編派，也許是一首歌或協奏曲的型態，或者一頁、一章節的樣貌，或是出現在螢幕上的東西，而非在我們身處的時空**出現**（occurance）的文本。呈現文字或圖像的物質形式只要依然存在，文字或圖像就能再度出現，文字或圖像因而停滯在我們眼底（under our eye）。我們周遭的事物也許不斷改變；飛機落地時，我們還沒讀完手上那本書，但我們知道，我們回過頭來讀它時，它仍是那本書。聖經的力量之所以能跨越五湖四海、沿襲眾多世代，正是因為它神聖的狀態，以及人們在常民生活與常民活動不斷變化的在地真實（local actualities）中，能夠重讀、再探索、再詮釋聖經的能力。

　　文本的這種停滯、在地**真實存在**（thereness）的狀態縈繞某些人的心頭，研究者致力於將文本融入民族誌實作，或是融入更廣泛的社會研究。琳賽・珀爾（Lindsay Prior 2003）已經發展出一種概念，「行動中的文件」（documents in action）旨在常民活動中納入文本。以組織環境的文件為例，「組織如何調用文本，與組織利益結盟，發展並支援世界的特定願景，以及世上發生的事情和事件」（67）。他舉的例子有

　　　　檢視文件檔案如何形塑「病人」、「個案」和精神失常的罪犯等等的身分，
　　　　怎麼使用文件檔案的形式來保證（組織）行動，或支撐（工作者與個案的）

互動關係，以及書寫記錄怎麼明顯地「表現」出「組織」（的行動）（Prior 2003: 67）。[1]

　　珀爾的研究取徑與建制民族誌有許多相似之處，然而從建制民族誌的觀點來看，他的研究仍有某些問題。其一是他的研究中看不見人，反讓文件成為研究重點。「研究者的任務」，珀爾如此寫到，「應該……是追查一份使用中的文件」（68）：一份文件用什麼方式「加入」例行活動，文件的功用是什麼，以及文件在不同脈絡下又有什麼差異，文件在構成一個現象時扮演什麼角色（68）？研究者接著產製一份報告，讓文件、文件的用途（uses）、功用（functions）或角色（role）（珀爾使用這三個詞彙）抽離在地環境和行動序列（sequences of action），而將人們拋諸腦後。研究者將行動歸諸於文件，但是常民與這項行動的關連並非研究著墨的焦點。

　　羅德・華森（Rod Watson 1997）為俗民方法論發展出針對文本的研究取徑，該取徑保留文本的「參與」性格，將文本置於人們在地的行動過程中。他主張要分析文本隱含的意義，在一份文本中尋找引導人們未來行動的文本面向。他分析他和約翰・李（John Lee）在街道的環境，進行田野研究時收集到的資料，他在街上觀察一群等公車的人。他觀察到一輛公車靠近時，公車路線號碼讓某些人往後站，其他人在隊伍中往前走。不同路線號碼把候車的人分為兩類，一類人需要該號碼所指的公車路線，另一類人則不需要。他導入這個概念，公車號碼作為文本帶來「雙重行動」（duplex-action）：

第一個「時間點」（moment）是該群體監控該符號，第二個「時間點」是將這符號融入「接下來」的行動。（93）

103

---

[1]　括號內為譯者所加。

　　華森的觀察與他提出的分析方法，相當具有前景，尤其是研究者於在地環境，用民族誌（或是俗民方法論）探索文本的方法。然而，華森的分析方法未能回應到文本媒介的協作形式中，超在地（extralocal）的面向，對建制或概括的治理關係進行民族誌探索，便是文本媒介的協作形式。日常生活便存在建制關係，但是，多數的民族誌或俗民方法論使用傳統的觀察取徑，無法追探超在地的連結。文本具備對話或雙向的協作能力，一方面文本出現在行動過程中，協作行動過程，另一方面文本協作在地、具體的行動過程與超在地的社會關係，脫離文本出現時的時空。以李和華森研究中的 16 號公車為例。閱讀公車路線號碼，了解公車行進路線的資訊，便已預設文本自身之外的社會編派。華森的分析為我們揭示候車者閱讀公車號碼的在地實作，和他們因應的行動；然而，華森的分析並未開創另一種連結，也就是客運公司規劃公車路線的考量，以及路線規劃與城市規劃、客流量、尖峰時刻之間的關聯；公車司機、技師與其他讓公車能準點的工作者所做的工作；此外，還有客運公司的組織，包括庶務人員、經理等等。上述事項已非研究者於任一場址觀察便能取得的資料。

　　我必須在此提醒自己，建制民族誌不同於俗民方法論，引導建制民族誌研究方向的是問題意識，也就是參與建制環境的常民日常經驗。相較之下，約翰·李和羅德·華森在進行觀察；以描寫為目的所進行的觀察工作，產製一種客體化的記述。他們的研究旨趣在能觀察和記錄到的事情裡，研究人們於都會環境所做的事。該類民族誌的描寫隱含學術論述的立足點，此為觀察者參與的學術論述，也是為學術而生產的民族誌描寫。然而，建制民族誌始於建制關係中的立足點，研究問題意識亦是由此而生。建制民族誌關心的是，探索建制關係於在地環境運作的面向。如同我在第 1 章所強調，建制關係本質上透過文本媒介，因此我們需要民族誌策略，辨識文本在常民活動中的真實存在，以及常民活動協作成為在地行動序列和建制行動的方式。

　　我將在本章接下來的部分提出兩大主題。首先，我將介紹**文本－讀者對話**（text-reader conversation）的概念。我在先前的段落指出，我們也許能將文本視為常民活動過程中出現的東西。**文本－讀者對話**拓展文本**出現**（occuring）的概念，如此便能清楚看見讀者和讀者積極參與的文本慣性。讀者啟動一份文本時，她／他浸淫於文本語言，同時也回應文本語言。這就是所謂的文本－讀者對話。接著，我將探究**建制論述**（institutional discourse）的概念，點出建制論述獨特的性質，描述該論述特有的文本－讀者對話。

文本－讀者對話

　　面對面談話或電話通話的情況下，你不會認為單方即能構成對話。你會認為該對話發生在某個時間點上。即使只有其中一方喋喋不休，另一方回應「嗯嗯」、「對」的情況下，你也不會認為該對話毫無交流。

> 文本當然具備書寫或口說形式。大家都接受這想法。但是，我們必須透過閱讀文本，才能了解文本。讀者在文本性（textuality）中，回應他們面對的文本。倘若有人將讀者置於文本性的中心，這是因為文本被動且沉默，因為文本需要讀者的活動，為其添增意義、賦予生命。（McGann 1993, 4）

　　閱讀文本是一種特殊的對話類型，讀者在其中扮演兩種角色。[1] 她／他「啟動」（activate）一份文本（McCoy 1995）──也許從來不符合文本創造者的原初意圖──於此同時，她／他回應這份文本，或者以某種方式處理文本。讀者啟動文本，便會把文本訊息嵌入在地環境和閱讀文本時的動作序列。請留意，此處的啟動文本不同於華森的閱讀「監測」（monitoring）階段。華森的概念裡，文本仍與讀者無切身關係。然而，文本－讀者對話的概

念，將文本帶入啟動文本的讀者行動**中**。同樣重要的是，文本－讀者對話也將文本安放於常民運作的在地真實中。

　　文本－讀者對話是建制環境中，建制論述規制（regulate）常民在地活動方式的一環。我們可以將文本－讀者對話視為翻譯過程，探究真實（the acutal）轉譯為建制（the institutional）的過程（第 9 章會進一步闡述這項主題），我們也可以反過來探究，日常經驗的細節被納入建制論述，以及讓日常經驗的細節成為「建制」等的獨特方式。本章節稍後討論到觀察陳列時的重點便是後者。

　　文本－讀者對話具有積極參與的特質，但仍與對話不同，不管人們閱讀文本多少次，文本都不曾改變，這就是文本的特性。口語對話隨著每位發言者與他人的對話而成形，然而在文本－讀者對話中，其中一方固定不變、預先決定、不會因文本的閱讀歷史而有所改變（雖然說，同一名讀者閱讀文本的詮釋，也許會有所改變）。文本－讀者對話的其中一「方」固定不動，無以回應另一方；另一方鳩占鵲巢，某種意義上成為文本的聲音——甚至，我們將會看到讀者成為文本的「能動者」（agent）（D. E. Smith 1990b, 1999d）——於此同時，讀者從回應文本、詮釋文本，並從文本開始行動。

106　　　多數時候（如果不是大多數的話）我們無法觀察到文本－讀者對話。華森在公車站的田野觀察，並非人們實際閱讀一份文本的情況，而是人們回應一份文本的實際情況。他們回應文本的方式，讓觀察者能推斷出觀察者賦予人們行為的解釋。人們閱讀公車路線號碼的工作（work）消失無蹤。[2] 許久之前，我為一家出版社審查一本書的匿名草稿，那本書使閱讀公車路線號碼的工作清晰可見。那本書是一份民族誌研究，探討不識字的人以及他們應付日常生活的方式。書中提到一例，閱讀公車路線號碼是他們不斷遇到的問題。那些不識字的人採取許多間接的方式，讓其他人為他們報讀公車號碼，不致於讓人知道他們不識字。他們想要避免被貼上**文盲**（illiterates）的

標籤。那名閱讀替身報讀公車號碼一事，成為可供觀察的現象，因為他／她大聲報讀。該研究讓研究者能觀察到文本－讀者對話的叢結，因該現象需透過第三方來進行。我們能找到一些文本－讀者對話的跡象。舉例來說，圖書館裡的書，有時候會被畫上重點，或是在書頁邊緣留下評論，這些都是上一位讀者留給下一位讀者的讀者－文本對話。儘管相當少，但是也有些例子說明，一名社會學家觀察她／他自身的文本－讀者對話。如同我們在前一章節所見，麥克霍（1982）提出一項鮮少有人探究的研究，那便是一個人的閱讀民族誌——這例子是一份報紙中的一則新聞——記錄研究者恪守閱讀的實際過程。我採用相當不同的取徑，分析閱讀一份文本的過程，該訪談文本描述某個人罹患精神疾病的過程，我在分析過程中，展現我遵循文本所提供的指導原則，進行閱讀（D. E. Smith 1990d）。莉莎‧麥可依（Liza McCoy 1995）研究人們怎麼啟動婚禮照片這份文本時，她發明一種方法，讓研究者觀察文本－讀者對話，她聚集三個人（她也是其中一員）來討論其中一人的婚禮照片。麥可依促成這段對話，卻並未控制那場對話。她的方法呈現相片的特性怎麼編派這三個人展開的對話。她描寫啟動照片和回應照片的閱讀實作，再現其中一名參與者的婚禮。參與者「讀穿」相片中圓滿的婚禮（D. E. Smith 1990a），回到拍照當下的真實狀況。新娘提供拍照時的細節。舉例來說，照片上呈現切婚禮蛋糕的動作，但新娘說這動作是為了照相機的擺拍；新郎跟新娘從未真正切下那顆蛋糕。

　　在參與對話的三方人馬面前，呈現的攝影文本是一個影像存在。該段對話中的攝影文本，指涉一件文本之外的事件，而在對話中能直接提及該事件。閱讀攝影照片時的參照過程，也是閱讀事實描述的特色之一。讀者並未在文本自身之中處理文本，或僅處理文本，讀者把文本視為一種媒介，連結到實際發生或曾存在的事件（D. E. Smith 1990a）。真實事件也許與其文本再現形成對比。在某段對話中，那名新娘描述伴娘禮服的顏色時說，「很衰的

是〔禮服的顏色〕在照片裡看起來是黑色。」在這個文本－讀者對話的例子裡，我們發現幾項特性：

1. 對任何一位讀者來說，文本的存在都是「相同的」文本，每個說話的人都理所當然認為，她能像其他人一樣參考相同影像。
2. 啟動一份文本後，讀者認出文本再現的是在場某個人的婚禮。
3. 這個例子裡的文本－讀者對話清晰可見，成為一場持續進行的處境活動（situated activity）。
4. 文本－讀者對話的詮釋面向，銜接文本的言詞或影像，與讀者閱讀行為的情境和動作序列。
5. 讀者將獨特的詮釋程序，應用到事實文本（factual texts）或真實文本（veridical texts）；也就是說，讀者讀「穿」文本，穿越文本進入真實的那一面，因而能夠檢核文本再現與真實之間的差距。

　　讀者的回應不會改變文本，而且顯然對所有讀者來說，文本都一樣。茱莉亞・克莉絲蒂娃（Julia Kristeva 1986）之類的理論家提出一個觀點，文本成為讀者內在的東西，因此研究者找不到一份最終文本，可做為她／他聲稱的真實詮釋的根基。引入文本－讀者對話的概念，便能克服這類難題。眼前的一份文本也許在不同時間被以不同方式解讀、被不同人和不同的動作序列解讀。對一份文本有不同詮釋或解讀的可能性，便預設文本恆常不變的特性——也就是說，同一份文本有不同的詮釋方式。

　　在組織和建制裡，恆常不變的文本至為關鍵（D. E. Smith 2001a）。建制文本（institutional texts）的設計，也許讓人能在不同的行動環境下，以不同方式閱讀建制文本。文本恆常不變的特性為橫跨諸多在地場址的常民工作，帶來建制標準化（institutional standardization）的關鍵影響。文本的

這項特性為任何閱讀文本的建制參與者帶來建制標準化的辭彙、主－客體結構、實體、主體和主體之間的相互關係等等。對所有讀者來說，上述因子都一樣。讀者談論或採取行動，好在不同情況下，以文本為主進行協作，文本規制讀者之間有用的論述。讀者當然也會使用其他文類，某些文類抵抗建制性，但就算是抵抗也採納了標準化的概念，即便只是以此作為陪襯。

閱讀的過程

啟動文本的正是讀者本身。作者書寫文本後，讀者便成為文本的能動者。身為文本能動者，她／他展開的社會動作是對話，她／他像對話般預期、辨別對話，接著使對話具有連貫性。我們得先回到米德的分析（1962），來探索讀者啟動文本的方式。讀者若沒喚起她／他所知言詞的相關回應，她／他便無法發掘文本的意義。這些回應便成為讀者自身的回應。米德列舉的例子與其思想，大多奠基於面對面的互動和口說言詞。在這些層面上，書寫言詞作為象徵性編派與口說言詞的運作方式一樣。至於閱讀一事，讀者啟動文本時，文本的言詞協作讀者的意識。文本啟動的過程也許經過篩選；也許，這過程總是如此。差別在於實際對話和文本－讀者對話怎麼嵌入社會行動。真實世界的談話是持續不斷的歷史過程中的一部分，談話鑲嵌於這段歷史過程、回應這段過程、控制談話的進行方向。文本中構成對話的閱讀行動，便是一種社會動作，但是該動作也許會進入、構成諸多持續進行的歷史過程中。

然而在文本－讀者對話中，文本發揮顯著的控制力道。這道控制力量運作的方式，藉由文本的言詞和句子來啟動讀者回應。讀者啟動文本時，某種程度上便成為文本的能動者。舉例來說，這裡有一份訪談為主的文本，受訪者描述她發現友人罹患精神疾病的經驗，這份訪談文本始於這項發現過程，成為文本的談話主題（D. E. Smith 1990d）。這份談話的導言是發現某個人為

109

精神疾病所苦，為接下來的閱讀過程設定了閱讀守則。讀者採納這項守則作
為閱讀的程序時，讀者便成為文本的能動者。我的閱讀過程遵循這些守則，
從中找尋、發現文本描述個體的行為，視其為心理疾病的徵兆，或是視作她
開始為疾病所苦的過程。

　　我再提出另一個來自我個人經驗的相似例子，闡述我所說的，讀者採納
文本設定的回應時，怎麼成為文本的能動者。

　　我閱讀薇兒・麥克德米（Val McDermid 2002）的推理小說時，正好讀
到米克・巴爾（Mieke Bal）的《敘述學》（*Narratology* 1997）中一個段落，
她在那段文字中分析艾芙琳・福斯・凱勒（Evelyn Fox Keller）延伸「祕密」
的概念，來檢視自然科學中的傳統性別秩序。[3] 從巴爾到麥克德米的推理謎
團，我專注於巴爾的分析，便開始追溯我的閱讀過程，怎麼運用「祕密」這
個概念。我在這裡摘要小說介紹**祕密**一詞後的一系列段落。有人發現一名貨
船駕駛的祖父，溺死在貨船附近；這名貨船駕駛身懷祕密。**祕密**一詞成為一
套守則，找尋符合這概念的項目，相當類似於某人罹患精神疾病的主題，引
導我閱讀稍早提及的訪談（D. E. Smith 1990d）──也就是說，我知道我在
文本中找尋什麼。麥克德米為我們呈現下述序列，以符合**祕密**這概念。

1. 貨船駕駛「從未忘記那名老人的事故，讓他解脫了」（32）。那老人是他
   祖父，養大他卻未善待他。
2. 船員「直到早上才發現老人死亡」（32）。那名「老人」早上沒出現時，
   機組人員到處找尋他的下落。
3. 駕駛如常進行他的工作，但隱瞞了他殺死祖父的事實。
4. 船員發現「老人的」屍體「夾在船和碼頭的樁柱之間」（33）。他們認為
   「老人家喝得酩酊大醉，被繫住貨船和碼頭間的大纜繩絆倒」（33）。
5. 官方調查認為這起死亡事件肇因於意外。「沒有人起疑心」（33）。

這不是當面交談的對話。既無發言者，也沒有聽眾。讀者扮演兩個角色，他們啟動文本，也「執行」文本。**祕密**一詞啟動了我們也許會稱為社會編派的東西。讀者採納且「執行」這項概念。舉例來說，我注意到只有船員直到翌日早晨，才發現老人已死。「祕密」這概念為讀者揀選相關的元素，整理與安排這些元素，這概念在區分已知該事故的人和未知的人時更是如此。你在閱讀我的文本和擷取自麥克德米故事的一連串項目時，你也許已經使用**祕密**一詞來閱讀這些項目，作為你閱讀編派的守則。因此，讀者組裝文本提供的線索時，得以拼湊出閱讀的過程：文本告知讀者駕駛擁有祕密，因此讀者會尋找他人所不知道的事情；而貨船駕駛憎恨他的祖父成為一條線索；讀者繼續讀下去，會發現貨船的船員也不知道實情；作者直到此刻才告知讀者，隱藏的真相是什麼，以及她／他引頸期盼能發現的真相是什麼，也就是那名貨船駕駛殺了他的祖父。**祕密**一詞讓讀者的等待本身成為一種態度。我記得在原本的小說裡，預測作為一種結構，在字裡行間創造出緊張感，營造出「找尋」將被揭露的真相所帶來的衝擊。讀者先得知貨船駕駛憎恨他的祖父。接著祖父失蹤等等。這種緊張感當然是作家的技藝，他布下「祕密」這個文法，以編派祕密慢慢揭露的序列。閱讀過程中（將閱讀理解為行動過程），「祕密」這一概念引導讀者，閱讀那些能夠連結到這項文法上的物品。一個祕密有知情者與不知情者；一種對立的結構於焉佇立在知情者與被隔絕其外的人之間。整體來說，偷窺的讀者身處的位置是知悉駕駛祕密的人。

我們能在互動的序列中追溯這段編派過程，不管是在談話或文本中都能找到。孩童使用「祕密」這個文法，編派國小教室裡的同儕情誼和關係排除。儘管互動的序列操作並不總是相同，我認為它的文法內建於「祕密」一詞的意義中。我在此處用米德的方式，理解「祕密」一詞，「秘密」是一個各方「回應」的動態，**控制**或編派互動的不同對話方，也包含文本和讀者之

間的互動展現。一旦啟用祕密這個辭彙，互動序列的文法就會編派往後的行動，或先前的序列主張為相同文法的表現方式。文本引導讀者去發現，該小說的主角對他人隱瞞了一些事情，有其他人想知道卻不知道她／他所知情的事物。

讀者在啟動文本時，成為文本能動者是無可避免的事。這本是了解言詞意義的一環。當然，這不意味著讀者同意文本或自動執行文本。但是，這確實意味著讀者的抵抗、拒認、不同意和拒斥，仍必須循著文本的議程運作。

建制論述的文本－讀者對話

協作常民工作的核心是建制論述，此處的常民工作是指常民將治理關係中的建制叢結，變成日常的具體存在。我在本節將指出，文本－讀者對話是建制論述的基礎，文本－讀者對話蘊含獨特的程序。接下來的討論多半來自我個人和其他人的觀察，但如同其他實證的例子，我概述建制文本－讀者對話的運作，我的說法也接受進一步的觀察而產生的質疑與更多細節的延伸。

我們在上一章檢視一段為物品命名的過程，在日常經驗的語言中為物品命名，帶來指稱的親密性：安・蘇利文一邊將水龍頭的水潑到海倫・凱勒手上，一邊在她手上寫下「水」的英文拼字。米德使用（哲學家和語言學家普遍拿來使用）的指涉詞皆是日常生活中的物品（如「狗」、「桌子」等等）。但是，當我們遇上我稱為建制論述的東西，我們發現在詞語和經驗之間的指稱親密性蕩然無存。

珍妮特・吉爾托（Janet Giltrow 1998）研究管理論述時發現一項特性。她發現名詞化（nominalization）[4] 主宰管理論述（如同名詞化主宰主流社會學），她循著韓禮德和詹姆士・馬丁（James Martin 1993）提出的例子，試圖「拆解」（unpack）這些名詞化過程。這類名詞化的名詞，多半源自敘述

動作的動詞。名詞化的過程削弱主體／能動者的現身。事情已然完成，但無
人現身完成那些事。[2]「拆解」意味著解析這類名詞，使其成為主動的動詞
形式：某人或某物做了某件事，或者應當去做某件事。韓禮德為我們示範拆
解科學名詞化的過程。他使用牛頓的科學寫作當例子。牛頓使用名詞化的
「折射」（refraction），但也拆解該詞，如同在這句話裡一樣，「光線被折射」
（The light is refracted）（Halliday and Martin 1993, 7）。[5]吉爾托（1998）應
用此方法拆解管理論述中的名詞化現象，她遇上困難。

112

> 我用韓禮德和馬丁的「拆解」方式作為分析模型，我開始分析管理研究的
> 名詞，我預期在名詞化詞彙的叢結和來源裡，也許會找到出現於科學名詞
> 化現象裡的那種學科軌跡。管理名詞會像科學名詞一樣再現世界的特殊經
> 驗，促成特殊的思維方式嗎？或者這些名詞像韓禮德所宣稱的一樣不合
> 理？（341）

　　她發現管理論述的名詞化相當模稜兩可：「〔往往〕反覆刪除能動者」
（341）。缺席的能動者不只難以辨識可能參與動作的有哪些人，也涉及被拆
解的名詞化中，不同要素間能動者的連續性。分析結果顯示，一旦拆解名詞
化，能動者便不必然為相同的人。找個句子為例，「建制安排的創造與執行」
（the creation and implementation of institutional arrangements）（341）[3]，
拆解這句話，展現其隱含的主動說法。能動性如今清晰可見。某個真實的個
人 W 創造，另一個人 X 執行；或者，W 創造，另一個 Y 執行。但一項根本

---

[2]　在英語文法中，名詞化的動詞使得句子裡不需出現進行該動作的「主詞」，意即
　　人或行動者便消失於句子中。

[3]　原文的「創造」和「執行」皆為動詞化的名詞，「安排」也是動詞化的名詞。

的模糊性仍存在：「我們無法確認，究竟是單一行動者，或是一群行動者與這一連串的動作有關：W、X、Y 是相同實體或不同實體？」（341-42）。

　　吉爾托的分析顯示，真實動作序列在文本－讀者對話中發揮作用，動作序列開始運作時，建制論述也許會出現問題。建制文本的讀者不只面對論述的名詞化，而是面對在個體層次上，未特別指名的人群類屬和事件類屬。讀者無法從一份特定的建制文本，找出文本指涉的是什麼。嚴格來說，文本並非以敘述形式運作。但文本看起來是在描寫建制。

　　有一種名詞類型缺乏明確的內容，例如：**事情**（thing）、**事實**（fact）、**案子**（case）、**理由**（reason）等（Schmid 2000）。舒密特稱這些詞為「空殼」（shell）。這些空殼名詞單獨存在並無意義，必須等子句（clause）來填滿空殼，這些子句通常緊接著空殼名詞，或是屬於相同文本的一部分——「我在晚餐時候遲到，原因是我的車沒油了」，這句話中的**原因**（reason）就是空殼名詞[4]。語言學家通常堅持文本的停滯性，而讀者通常在語言學分析中缺席。[6] 語言學家辨識出序列，但是只存在於文本中，而非發生在時間維度裡。語言學的處理方式當然需要極高的專業技巧。在這脈絡下，建制論述的文本－讀者對話中，作為空殼運作的言詞或表述乃是我選定的概念。表述帶來「落差」（gap）（Schmid 2000），讀者得用她／他工作的在地現狀，擷取出某些物質來填滿落差。這為建制論述裡文本－讀者對話的運作方式，提供一道模型。吉爾托的研究（1998）發現，參與建制動作序列的文本－讀者對話，在探索下列情形時會遇到問題，常民工作的日常真實中，怎麼追查常民工作的概念輪廓。你怎麼轉譯建制論述，成為必須由某人來完成的事情？建制發生在日常真實中；常民日常活動的過程中產製建制。我們稱為建制的

[4]　這裡在說明英文文法裡，關係代名詞前面的名詞僅為指涉的空殼，其內容涵義是子句的內容。

實體至為關鍵，使建制具備特有的標準化和普同化性質。這些文本怎麼進入建制所在的在地真實裡？人們怎麼填滿建制論述的空殼？

　　哈洛德・賈芬可（Hareold Garfinkel）處理（1967）自殺防治中心員工的日常工作、審查委員的日常工作，以及來自一間身心科診所的社會學編碼的資料，他處理資料的方式指出不同的構想，迥異於以直接指涉為模型的概念。工作者參與「一項從碎裂片段中理出明顯證據的協作工作……一個人在社會中怎麼死亡，或工作者依據哪種標準揀選接受心理治療的患者，或者其他哪些處遇才正確」（10）。賈芬可拒絕將社會活動的「特有形式」、「特徵」、「重複性」，視為服膺於常規或規則的影響。他翻轉從規則到行動的固有時間序列，他主張工作者做的事情，**旨**（aimed）在產製參與者能**辨別**（recognize）為理性和客觀的實體。因此，在這類環境下工作的工作者所完成的調查，其理性面向不該被視為工作者日常活動的直接屬性。「他們依照常理進行的調查，具備**可辨別**（recognizably）的理性屬性……實為**某種程度上**成員間的協作活動所達成的工作」（10）。

　　因此，與其說建制論述規定工作者的行動，我們也許可以將建制論述視為提供一些詞彙，讓工作者的行動具有建制的責信度。建制論述獨特之處，在於建制論述取代且制服能動者和主體，使他們僅以建制類屬（institutional categories）現身：建制論述缺乏觀點；日常生活經驗的具體細節被歸入建制論述。[7]我們能由此開始打造，建制文本－讀者對話的獨特屬性。某種程度上來說，建制論述的文本－讀者對話涵蓋的程序，把真實視為文本－讀者對話的例證或表達形式。

　　我在這裡提出一項自身的觀察，能讓建制文本－讀者對話的屬性，浮現成為在地實作（local practices）。不久前，我針對兩份文本進行分析，這兩份文本描述 1960 年代晚期，加州柏克萊的一件警民衝突事件（D. E. Smith 1990d）。其中一份文本述說故事的角度，來自該事件的一名目擊者；另一份

文本來自警長對該事件的調查報告，屬於柏克萊市長對大眾演說的一部分。我確實在許多文本－讀者對話中，強調我的存在和我的參與，因為我想要引述那種閱讀經驗。我第一次閱讀文本時，兩份文本的說詞相當不同，第二份文本與第一份文本的指控相互矛盾，第一份文本的內容看來，是警方挑起警民衝突。我一開始閱讀時，把兩份文本視為兩個不同的事實陳述。然而，一經細讀，這兩種不同說法並未像初次閱讀時，在本質上呈現差異，只是他們的說法仍相互矛盾。

最後我在分析這兩份文本時，發現這兩份文本在事件歷史上是一個序列：一開始是一份指控警方不當行為的聲明，該聲明來自當時一名現場民眾的觀點，接著是一份官方回應。這份官方版本的事件說明，屬於另一份更大的文件，該文件提供「閱讀」該事件序列的「守則」（instructions）。我在這裡使用**守則**一詞，指出那份閱讀文本後續段落的準則，這種準則通常出現在一份文本的導言之中。請記住我們是在文本－讀者對話中，以一段過程或一種序列的方式來進行思考。我在早前的一項分析中（D. E. Smith 1990d），描寫「罹患精神疾病」一詞怎麼運作成為守則，引導讀者閱讀訪談稿，藉此找出一名年輕婦女的行為描述中，顯示她患病的例證和證據。我引用該例來闡述，在祕密這個概念的引導下，怎麼閱讀麥克德米的推理小說的其中一段。在柏克萊的案例中，我對那兩份文本的原始閱讀，並未依照官方說法的守則，閱讀兩者的序列。一旦我確實遵照指示閱讀，依循第二種說法所提供的閱讀程序，重讀第一種說法，我便發現自己成為第二種說法（建制文本）的能動者。以下為官方版本提供的守則：

顯然在這個即時新聞、懶人包新聞的時代有這些迫切的需求：大眾對於新聞的觀點變得更加複雜，需教育年輕人下結論前，先瞭解事件的全貌；需指出在自由的社會裡執法遇到的困難。（轉引自 D. E. Smith 1990d, 158）

「不深思熟慮」的讀者將最初的「替代媒體」故事視為真實故事。深思熟慮的讀者則以不同方式進行閱讀。她／他會找尋「故事的全貌」，我發現尋找故事全貌意味著依序閱讀這兩個故事版本，其中官方版本取代、或更強而有力地**含納**（subsumed）[8] 目擊者所寫的證詞。然而，第一個故事描述作者目擊的事件，看來是警方嚴重失當行為的證據，第二個故事重建那些描述，讀來像是最初的目擊者誤解適切執法的警察行徑。

一旦我採用建制版本的框架作為閱讀方式，我能看見建制論述重整原始故事中形容的事件，以符合適切執法的警察行為的建制框架。以下是最初的目擊者形容的一段情節：

我就站在科迪對面海斯特街和電報大道的轉角，然後我看到一個 16、17 歲的男孩走向海斯特街，跟兩名警察擦身而過。

突然間那名年輕的警察……嘴上叼著剛點燃的菸，抓住這名年輕人，粗魯地把他轉過去、壓在警察巡邏車上，扒開他的衣服和口袋像是要搜尋什麼一樣，也沒多說什麼解釋這個行為。然後警察粗魯地將那名男孩推向街邊，吼著要他快滾。

在警方報告所呈現的版本裡，我們可以清楚看到將原始說法含納其中的論述運作其中。

第一起〔事件〕關於一名年輕男子被亂甩，而後看來被釋放。事實上，這名男子未成年，他被逮捕，而罪名是未成年持有酒精飲料。他認罪而法院中止判決。這名年輕男性是其中一名涉案者，該案件也致使後續事件發生。

116　最初的說詞無疑是有意識抹去年輕警察的建制地位。他剛點燃一根香菸、肢體上粗魯對待年輕男性、搜身過程不發一語。這段證詞中，這些細節明確取代建制（the institutional）。警長的版本重新樹立建制。我使用官方版本作為詮釋框架來閱讀目擊者的版本時，我身為讀者能看見建制類屬使用的方式，讓我們能將原始證詞視為建制性的證據。某種程度來說，官方版本建立一個可由原始證詞填滿的空殼。把年輕人轉過身去、將他壓制在巡邏車上、撕破他的衣服和口袋就像在搜尋什麼東西一樣，這些行為全成了警察行為是適切執法的證據。報告中指出該名年輕男性後來被捕且遭起訴，只是事後諸葛般合理化這次搜索。同樣值得注意的是，目擊證人的證詞和警方說法，有所出入的地方就在於後續事件。警方的說法增加了些細節，駁斥目擊證人的證詞。目擊者形容警察對「男孩」搜身後，粗魯地把男孩推到街上。警方說詞則是這名年輕男性「事實上」遭逮捕。重新建構該名年輕男性「臨檢」過程的材料，才能使事件符合建制程序（institutional procedures）。

此處我想強調，確實不只一處出現文本－讀者對話的介入，我在以下兩種過程中，主動參與文本的閱讀：（一）閱讀官方的版本到最初的目擊者說詞，（二）知道怎麼將目擊者的說詞視為建制性的表達方式或證明。建制版本樹立起閱讀目擊者特定描述的閱讀指引。含納其中（subsuming）是一連串的行動過程。此一過程啟動因警方報告而出現的一組「回應」，接著採納警方報告的能動性，便能發現目擊事件與建制性的接合之處。這是無法逆向操作的過程。

建制論述搭載自己的時間性。在警方版本的「臨檢」年輕人一事，該事件被置於一連串建制行動的某個時間點，而這一串建制行動發生在目擊事件的時間點之外。警方報告中使用像是「少年」和「未成年持有酒精性飲料」的建制類屬，將目擊者故事中的男孩嵌入建制關係中，任何當時在場的人，可能無法在事件發生的當下看見上述的建制關係。從最初目擊者描述的

事件到他寫信給報紙的事件，市長的版本將之整理為一種「行政」知識，將
這些事件置放於該事件發生前後的一連串組織行動中。建制類屬並未將建
制行動過程中的主體視為特定的個體，而將他們視為某一類人。如同吉爾
托（1998）所說，能動者並無連貫性：每位警員皆能置換為能動者；能動者
在不同事件中並無連貫性。在文本－讀者對話中，關於起訴、認罪以及接到
來自法院的中止判決等的建制敘說（institutional narrative），將男孩或年輕
男子在街上行走被警方攔查搜索的事件含納其中。讀者用建制文本能動者的
身分執行工作時，她／他無法找到真實常民的觀點。常民經驗、讀者經驗必
須被含括於建制文本中或擱置一旁。[9] 吉爾托的「經驗」「慎重退場」（342）。
建制類屬賦予工作者或人們能動性。若有人無法被含納於建制類屬所指派的
能動性中，他便無能動性。

　　史蒂芬‧杜伯森（Stephan Dobson 2001）是他的大學所屬系所選出的工
會代表，他描述他協助一名助教提起申訴的過程。第一步當然是填寫申訴表
格，接著會有一連串將文本向上傳遞的動作，直到工會與學校人資部門開始
處理該申訴案件。至此申訴才終於完成，但杜伯森對這個流程的評論如下：

> 我們在此可看到由文本所協調、協作的一連串行動，最一開始便是問題回
> 報表（Problem Report form），這份表單要求工會幹部啟動一系列的標準化
> 事件。但我們也開始看到人消失了；如同在標準的社會學詮釋中，我所熟
> 識的莎拉、我們之間的友情，與我身為一名問題回報者的「角色」和在地
> 階序的「位置」無關，所以（糟糕的是），隨著我們依序進行的行動完成官
> 僚流程的同時，我們看著莎拉**身而為人**開始在這過程中消失。雖然我可以
> 在問題回報表中，記錄她的情緒狀態和她申訴支票跳票一事，或者我可以
> 回報這些事情給人事關係部門（Human Relations）的主管，就算她是因為
> 絕望，迫使她挺身而出（與此同時，部門裡其他工作者在申訴流程中保持

117

沉默，直到她「贏了」才有較多人站出來），她的這些經驗與案件無關，所以申訴過程不會記錄或提及這些事。莎拉成為建制序列中，一個客體化的書寫符號，而莎拉無法主控整個建制序列（除非她希望能終止申訴），也因此莎拉活生生的主體就這樣消失於建制程序中。正是這種司法程序的進程，經常讓種族、階級和性別的經驗消失其中。（151-52）

文本的建制協作者（coordinator）功用

建制文本經人為構思而成；我們將在第9章看到，建制文本相互連結牽制（interlocking）（而非互文）；制定建制類屬、概念和框架是高度政治化的行為，不局限於我們平常認為具有政治性的場域。文本是建制協作的關鍵，文本為其建立的詞彙冠上責信度，藉此規制常民在建制環境中協調工作的方式。吉蓮・沃克（Gillian Walker 1990）探索加拿大婦女運動初期爭取女性受暴概念化的過程，不管是在運動內部或運動與政府之間，他們都竭力思索能用什麼方式將男性伴侶對女性施暴的現象概念化，成為可採取建制行動的概念（第9章將深入探討這主題）。她檢視七年間產製的一系列報告的文本，「這段時間作為概念化過程的時間點，催生男性對女性施暴的『社會問題』」（65）。她追查這一系列過程，呈現女性受暴經驗轉譯為正式詞彙，以利政治抗爭（Walker 1990），她也探索政治抗爭怎麼改變當時的婦運人士和婦女運動的特性：

> 為了讓政府聽見女人的經驗，婦女參與委員會和專案小組，草擬補助計畫以符合政府需求；搶著為專業團體與許多政府聽證會和研討會準備簡報。這種工作方式讓我們作為壓力團體、倡議團體或服務提供者，能用更專業的模式工作。（Walker 1995, 77）

沃克（1990, 1995）追溯此一歷程的過程，終點來到**家庭暴力**這個極為模稜兩可的概念，成為左右政府政策的概念。家庭暴力的概念使政府政策必須對孩童受虐和老人受虐採取行動，進而邊緣化婦女特有的議題（1990）。沃克描述這套政治流程，乃是協商／爭取文本中所認可的概念的過程，她讓我們看見文本的重要地位，也讓我們清楚看見文本跨越在地環境所建立、標準化的概念怎麼形塑建制體制（institutional regimes），並且在建制體制中持續協作常民工作。[10]

建制論述於文本中確立，但言談與文本都會協作常民活動。透納（Turner 2001）描述鄰居抗議一項開發案的經驗時，他寫到建制環境中文本與言談的交互關係如下：

> 公共治理的建制誕生於人們活動的對話式編派之中；公共知識於焉生成，也由此產生土地規劃的具體結果。透過鑲嵌於行政流程中的標準化文本，居民進入依法行政、文本本位的流程。居民的策略圍繞文本運作而成形。人們見面談話，產製對話的同時，也將文本鑲入「對話」中。這中間存在一種大範圍、不同文本間的交換，結果便是強而有力的公共知識與行政「體制」（regime）。（300）

透納同是居民的一員，她發現在籌劃抗爭活動的過程中，「手邊的文本，立刻提供一道框架，讓我們討論開發案和我們關心的重點」（300）。如果社運人士要在建制流程（institutional processes）中發揮力量，那上述的論述行動將不可或缺，但這也影響到在文本或談話中，能夠發聲的是哪些議題。隨著社運人士有能力在地方政府的程序中擔任調停人，他們也成為建制的俘虜。建制擷取（institutional capture）（Devault and McCoy 2002; D. E. Smith 2003b）是文本－讀者對話的建制程序所規制的論述實作（discursice practice），讓建制論述凌駕於經驗之上，重構經驗談話和書寫。如同我們在第 7 章將看到，建制擷取對建制民族誌實作來說是個問題。

結論

本章提出一種概念策略，使文本在探索建制的過程中具備民族誌的效力。困難之處在於，我們這些職場生活密切使用文本的人，要怎麼做才能使文本跳脫出我們日常經驗的停滯狀態。在讀者閱讀前，文本便已存在，讀者閱讀之後，文本也仍存在。閱讀看來不像是一個動作。閱讀也許常常是工作，也被認為是閱讀經驗，但某種程度上，文本就只是在我們面前等著。文本不會移動。文本不見容於探究協調常民實作與常民活動的民族誌。

然而，文本對建制民族誌來說至關緊要，因為文本創造一項關鍵連結，連接在地的我們（與他人）的肉身存在，和治理關係的跨地編派。某種程度上，我們必須讓文本處於常民每日活動的相同維度。探討建制關係的編派時，我們必須將文本視為「出現」（occur）、發生（happen）、主動參與，而且為建制關係編派的一環。

為了在建制民族誌裡開展文本的探究，我導入文本－讀者對話的概念。這概念有三項功用：

1. 讓我們得以將特定文本的閱讀行為，置於具體在地環境，視其為具體之人完成的事。
2. 指出參與文本－讀者對話的讀者扮演兩種角色：首先，她／他啟動文本，也讓她／他成為文本的能動者；其次，她／他則以任何與工作有關的方式給予回應。
3. 讓我們能看到在編派明確的行動序列時，一名讀者啟動的文本，參與或

扮演的角色。本章節尚未清楚闡述此一面向，但稍後會在書中提到（第8章）。

　　文本−讀者對話當然具有多種面向。閱讀靠近公車站牌的公車號碼（Watson 1997）跟在電話簿裡（更別說在網路上搜尋）尋找名字不同，這兩者都跟閱讀一本小說或與友人一同翻閱婚禮照片不同。文本是什麼、文本怎麼運作，一直都是實證上的問題。但是，我們聚焦於建制，也因此聚焦於建制論述中，文本−讀者對話的獨特性。

　　建制論述從個人的視角，切換至不知從何而來的視角；建制論述將事物客體化。建制論述偏好的機制是把動作去個人化的名詞化過程。如同吉爾托（1998）指出，建制論述的名詞化過程無法透過拆解來找尋詞彙，對應到真實世界的指涉內涵。假若常民能夠在建制論述中現身，他們是以人群類屬的方式現身。在官方報告提供的建制框架下，以其詮釋守則閱讀一則目擊者的故事時，我們可以看到論述程序（discursive procedures）將目擊事件的具體細節吸納其中，目擊者所述的具體細節，僅僅成為建制的證據或表達方式。

　　最後，不論是文本或談話，建制論述在建制環境中，協作常民工作的重要性也藉此浮上檯面。建制論述是人為設計的產物，構思設計的過程實質上帶有政治性；意即，此過程關連到建制體制中出現的權力形式。隨著我們繼續深入探討建制民族誌的運作，讓研究者得以取用建制關係的真實，我們將會依序討論建制論述的這些面向，例如談話、閱讀和書寫文本的在地實作。我們將會看見，建制論述也是建制民族誌研究者實作的論述環境，研究者也曝露其中，我們也在此環境下，擷取論述含納與取代其他知識形式的方式。

註釋

1 建制民族誌關注的文本現象，多以書寫方式呈現（這個詞彙包含列印或電腦化的文本），因此我把重點放在閱讀。然而，我們能援引文本─讀者對話的概念，運用到其他類型的文本上，當中也包含圖像。其中一例可參見莉莎・麥可依（Liza McCoy 1995）的研究，是一份攝影文本的啟動。

2 部分原因是俗民方法論的傳統，預先排除民族誌研究者經驗知識的導入。

3 以下為巴爾（1997）的段落：

> 我想聚焦於「祕密」一詞的寓意，這詞聽來如此常見而平凡無奇。儘管「祕密」一詞結合「生活」或「自然」，的確變得相當尋常，在此處這個詞取代其他事物，讓我這麼說，它不是一個單詞，而是一段敘說（narrative）。未知（unknown）的事物就如同這個否定字首所示，是能為人知曉的事物。研究者是知（knowing）的主體。祕密也能夠為人所知。但此處的主體不太是研究者。「祕密」的世界暗指一項行動，意即有所保留的主體。如若存在祕密，那麼便是有人保守祕密。這符合性別化語言的網絡，於該網絡中，自然和生命被指派為陰性。這隱隱述說著將祕密視為一項行動的故事。「祕密」作為未知事物的譬喻，在兩個主體間塑造一種對立，一邊是想知道祕密的研究者，而另一邊是保守祕密的「女人」。這種對立很輕易便轉換成為敵意，如培根（Francis Bacon）著名的譬喻所示，他想讓自然充滿苦惱，好從「她」身上拷問出關於「她」的祕密。
>
> 但是未知事物的性別化伴隨著「祕密」一詞的第二個面向，而具有截然不同的特質。必須被戳破的祕密暗指必然存在一段尋找的過程。在找尋的過程中涉及的一連串事件可視為素材。該譬喻的使用者「傳述」那段敘說，男性科學家的發言人是那名敘說者。敘說很主觀（subjective），因它源自一名主體（subject）。這個詞彙傳述的敘說正是一無所知的主體所講述的版本，從他的視角出發的故事；缺乏知識使他感覺被排除在外，而透過一名「知情人士」（知情和保守祕密的主體）的行動感受此事。該主體是敘說者的敵對方。（35）

4 亦請參見理查・達維爾（Richard Darvill）的說法來瞭解他所說的組織文本（organizational texts）（Darville 1995, 256）。

5 我閱讀韓禮德的文本後認為，追溯科學名詞化能顯示的不只是詞彙上的運用

（lexical exercise）：

> 　　韓禮德（Halliday and Martin 1993, 7）在牛頓的科學書寫中，指認出一套文本程序（textual procedure），將主動參與的動詞主動型態，例如「光線被折射」（the light is refracted），轉化成相應的名詞用語，在此例中為「光折射」（refraction）。這過程被重新建構成為一個「實體」。一旦實體建構完成，可視為因果關係上與牛頓所關心的其他事件或過程主動相關的實體。
> 　　韓禮德將牛頓的名詞化限縮於詞語創新（他和馬丁批判社會科學的名詞化）。他並未回到牛頓的實驗或實驗可能具有的重要性，實驗可能創造種種情況，使得根據觀察所得的主張能以名詞形式取代。我認為這種轉變乃基於牛頓的能力與他所能使用的技術，他能獨立出一套流程，重新創造它、再觀察它，並將它視為相同的東西。（D. E. Smith 2001b）

6　溫德的分析（1992）中留存對話流程（dialogic process）的蛛絲馬跡。

7　同樣地，參見達維爾（Darville 1995, 256）關於組織論述中「能動者闕如」（agentless）特性的描述。

8　比較達維爾（Darville 1995）：「在組織識讀能力上，在官僚、行政、法律和專業語言中……具有效力的是怎麼**撰寫完成**（written up）事件（使其進入組織流程），而不是怎麼**寫下**（written down）事件（連結經驗或幫助記憶）」（254）。

9　請比較大衛・巴克霍德（David Buckholdt）和傑柏・古布里恩（Jaber Gubrium）關於人力服務組織的專業工作人員的工作之描述（1983），這些工作人員做了哪些事情，讓他們的患者或個案符合建制類屬，以啟動後續的服務補助。

10　喬治・史密斯（George W. Smith 1995）為建制民族誌導入建制體制的概念，以此作為一種機制，協助探查和描述組織的政治和行政形式怎麼編派治理關係（25）。

第 6 章
以經驗為對話和資料之用

上一章介紹建制論述和文本實作（textual practices），這兩者將常民經驗的在地細節，轉換為不具特定視角的再現方式，常民身為主體和能動者的角色於再現過程中消失無蹤。在一個充滿不同視角和文類的世界裡，治理關係在一個特定論述或文類中，套上單方面、客體化的現實，藉此壓制參與者的視角差異——巴赫汀的獨白（monology）（Bakhtin 1981; Holquist 1990；參見第 3 章）。常民活動的在地真實若現身的話，也只能被選擇性再現，於建制建構而成的虛擬現實中，再現為例證、案例、描述、或表達方式。相較之下，從經驗開始發聲則總是來自某個人的現實，不論是否刻意凸顯，經驗總是發生在某個具體的時空之中。[1] 建制民族誌仰賴人們述說自己經驗的能力。建制民族誌研究的提問方向，回歸到研究者與他們所諮詢的報導人所共享的日常世界，因此常民經驗是很關鍵的來源，常民經驗在研究資料中，也保留了資料源頭的多元視角。

建制民族誌研究者的關鍵問題，在於怎麼掙脫治理關係和建制論述獨白的客體化過程，並且尋找她／他回到真實（the actulities）的途徑，因真實總是在那裡、持續進行，且總是比能夠說出口的事還要多。喬治·史密斯和我在談論存有論的轉移時（參見第 1 章），我們指的是我們想在他的學科領域哲學（他原先的專業領域）和我的學科領域社會學裡，找到獨白之外的思

124 考方式和探索方式。我們的實作轉移到我在第 3 章和第 4 章列出的存有論。我們探究的客體，便是我們生活的日常世界中存在的事物。在所有真實的探問研究中，建制民族誌研究者的基底來自常民經驗，不管是研究者的經驗或是她／他的報導者的經驗。

朱迪斯・巴特勒（Judith Butler）和瓊・斯科特（Joan Scott）否認經驗故事的重要性（Butler and Scott 1992; Scott 1992），他們的主張不會動搖我的看法。經驗（the experiential）的確無法直接轉譯成為事實（the factual）。事實的社會編派，推遲了個別視角和主體性。與此同時，經驗是直接從一個人生活的真實中發聲或書寫。由經驗發聲或書寫，是女性能夠跳脫既有論述或置身既有論述之外的關鍵，經驗也同樣使女人能夠打破學術、政治、文化和家庭生活等領域曾經鐵板一塊的男性宰制。循此脈絡，讓經驗發聲仍是瞭解女性生活、人們生活的豐富來源，經驗能為附屬於建制論述和意識形態獨白（包含社會學獨白）而生的斷裂置入知識。

以經驗為對話之用：問題

巴特勒和斯科特（1992）提出的批判，著重在經驗的建構特性或對話性質，阻斷我們將經驗視為單純知識來源的可能性。斯科特（1992）敏銳意識到，將經驗描寫的再現效力視為理所當然的歷史學家，也忽視經驗的建構性質所帶來的問題：

當經驗被視為知識起源，個別主體的眼界（擁有經驗的人或是重述這些經驗的歷史學家）成為證據的基石，歷史學家的詮釋則堆砌其上。關於經驗的建構本質，關於人的眼界如何被塑造——關於語言（或論述）和歷史——的問題則被擱置一旁（25）

　　斯科特認為辨識出經驗的建構性質，意味著不能僅相信經驗描寫的表象說詞。經驗的發聲或書寫，總是發生在語言或論述中，也因此說者或作者意圖之外的結構因素，對經驗的發聲或書寫會產生影響。限制與排除、次序性、類屬的邏輯和論述的特殊之處，全都在產製經驗描寫的過程中一起運作；或是像寶拉・莫亞（Paula Moya 2000, 81）從一個略為不同的觀點所論證，經驗總是透過意識形態或理論來媒介。

　　我大致同意這些理論學家的觀點，經驗只出現在特定位置，在那裡被記住的事情會在特定人群間的特定環境下，出現在演講或寫作中，因此絕不可能是某些原始樣貌的純粹再現。建制民族誌研究者直面斯科特所提出的問題。她／他仰賴受訪者的經驗資源，仰賴她／他的個人經驗，或仰賴在一個田野場景裡進行觀察工作的經驗。不論是訪談或參與觀察的經驗中，民族誌研究者都仰賴常民經驗。產製成研究資料的經驗可能是我們的經驗；研究者能透過參與一個工作場所來獲得經驗，或完全仰賴訪談獲取經驗。經驗產製的過程包含對話，即使這經驗屬於研究者個人。並不存在用對話以外獲取經驗的方法。對話是座語言工廠，從真實中提煉出經驗知識，再進一步送到民族誌進行處理。經驗描寫無法打開直接且未經污染的管道通往真實；真實總是更加豐富，且非語言、書寫或攝像所能表達。成為民族誌研究資料的東西，始終是研究者與他人合作之下的產物。對於亞倫・西庫瑞（Aaron Cicourel 1964）這類人來說，訪談中蒐集到的資料，其互相合作的本質，使研究者不可能奠基其上詮釋資料。資料總是在「主體」和訪談者的互換中產製出來。若從常民經驗擷取的資料蒐集過程總是具有對話性，那麼是什麼讓我們宣稱，我們能夠在經驗描寫的基礎上，描繪常民活動以及常民活動的協作方式？

　　在此我應該要提出一件事，建制民族誌研究者並非使用常民經驗為基礎，宣稱關於常民、關於人群、或關於個體觀點所描述的事件或事情狀態。

125

談論或書寫經驗是建制民族誌完成研究的關鍵，這研究起始於常民自身所知的常民生活之真實。在一項研究的民族誌分析中，指認和融入個體的視角、生平、社會位置等真實的多樣性，這是建制民族誌研究中民族誌方法的一環。民族誌研究者的重要資源是常民經驗和他們做的事情——他們的「工作」（參見下一章節）——以及根植於他們工作的知識。

126

　　建制民族誌和那些批判經驗作為研究來源的人同樣認可這一點，唯有透過說話或書寫的對話形式，研究者才有可能取得**經驗**作為資料。我確實會進一步主張，我們稱之為經驗的東西，本質上具有對話性。經驗起源於肉身所處之境，位於透過感官來認知的世界，然而經驗僅能在語言中浮現，且在談話或書寫時出現。我們通常認為經驗發生在它被敘說之前。然而，若我們回想人們談論他們經驗的實際場合，我們可以發現，經驗實際上只出現在講述的過程中，且在特定時空針對特定人物所進行的動作，或是進行經驗的書寫時，其對象為未來的讀者（群）。經驗書寫或敘說乃量身訂製、視以下情況而定：場合、說者和聽者的旨趣、涉及的社交行動、以及在那場合所使用的文類，即使是為自己而寫，以作為自省的場合也一樣。

　　拒絕認可經驗是具備公信力的資料來源，其所關注及質疑的是經驗的對話產製過程，此為不可逆的資料汙染。如果經驗只能出現於表述行為之後，那麼經驗便是由一種論述或多種論述所決定，因此經驗不可能是事情或事件原始狀態的純粹再現。這觀點近似於結構主義學派的決定論，尤其是原本由索緒爾（1966）所建立的派別。結構主義與後結構主義將語言理論化，語言是其內部關係中二元對立的既存意涵。在說者或作者表達意圖之前，語言的意義已被決定。她／他的言說或書寫受限於論述，論述有其獨特的詞庫、實體世界觀以及該論述認可、排除的主體（Foucault 1972）、論述的舊習和互文性。言說或書寫從未真正擺脫上述決定性因素的束縛。從後結構主義者的觀點論之，論述的聲音蓋過我們的意圖；我們的意圖附屬於論述，且論述取

而代之。經驗言說或書寫也不例外。經驗必須透過言說或書寫方能成型；在經驗進入語言系統之前，經驗不具再現現實的權威性；因此，經驗得以發聲的論述早已決定其論述方式。上述邏輯讓巴特勒、斯科特和莫亞等人忽略一種可能性，意即經驗可以傳遞某種真相，而不需宣稱經驗具有普世性，因為對他們來說，如果言談已經形塑經驗，經驗便無法掙脫論述的詞庫決定論，致使經驗早已成為真實的扭曲再現。

將經驗視為對話的另一種詮釋

127

本書的第 3 章中，我引用巴赫汀的論述概念（Bakhtin 1981; Holquist 1990）——或是，使用巴赫汀自己的用詞（如翻譯所示），文類（speech genre）——以演示概括的社會流程（social process）的模型。我們在本節回到他的理論作為一種替代方案，以此理論化論述決定我們能說什麼和不能說什麼。巴赫汀認為每次表述（utterance）都是以下兩邊的對話，一邊是語言或論述的既定框架，一邊是說者的意圖、聽者、場合等等的對話。說者或作者在對話中扮演的角色，是在論述中尋找她／他所需要的資源；論述所扮演的角色，則是讓發聲／書寫的意圖能夠實行，同時控制其表述。

這種對話在婦女運動中陷入苦戰。我們意識到，我們透過言說或書寫想找到的事物，可能早已被一套我們參與其中的論述所擷取（如同前一章節所提及的建制擷取〔institutional capture〕，讀者於建制擷取中成為建制論述的能動者）。表述我們的經驗是一種抗爭，藉此迫使由男性經驗產製的論述詞庫，能夠說出論述沒打算要做的事。但我們能夠使經驗發聲，是因為（如同巴赫汀所強調）搖擺在意圖和論述選擇之間的對話，確實在任何時刻都具流動性。人們能夠創造文字，顛覆其原先設立的用途；人們可以發明新詞或字詞組合方式、也無時無刻在這麼做；人們能夠改變語言。說話的人和書寫的

人持續創造出文字拼湊的新方式，以創造新的表述，藉此說出前人未曾表述的話，並回應特定情況和特定的故事敘說動機。

　　巴赫汀肯認經驗的對話性質，但是對話並不意味著論述能夠決定以下兩者之間的互換，一邊是哪些事情可以被重新憶起，一邊是說話的人陳述為個人經驗的過去事件。人們往往在追隨傅柯的腳步，使用論述這個概念時，賦予論述太大的權力。我們採用巴赫汀的概念，每個論述產生的瞬間，都能視為再生產和再製論述的瞬間。經驗對話時常得在既有的論述中尋求發聲的方式，以尋求能忠實拼湊事件、感受、細節和想法的方式來述說經驗，然而，經驗唯有在對話中能成為經驗。以下引述口述歷史訪談的段落，能讓我們看到「經驗」的產生過程：

> 是啊，道格拉斯大約早上八點半來醫院，他跟我說他回家後，像平常一樣——不對，應該再早一點，我不知道他有沒有被允許進出——但他說他那天早上出門得早，有個人過來問他時間，他非得告訴那些人，他太太剛生孩子！他太激動了，非得告訴其他人這消息不可。我覺得這樣很窩心。我覺得這件事情發生在我剛抱著我第二個孩子出院的時候，但這不——總之，我們帶她回家，但你知道嗎？——我真的會被**打敗**（kills）——這看起來沒什麼但……我記得我阿姨跟我們在一起——我不記得她為什麼在我們身邊，但我想她當時跟我們在一起——她一定在，因為我接下來要告訴你的事情跟她有關。現在我們有一層很棒的公寓，一間臥室和一間很棒的客廳，然後道格拉斯走進來……我必須在床邊跟他，而且阿姨在，我試著反擊，但沒什麼用——我的意思是，我不在的時候他一定時刻惦記著這件事。才十天！才剛出院！（Rowbotham 1979, 43）

透過述說來表述已經成為經驗的事件，過程中充滿猶豫和修正。在敘

說者講述事件給訪談者聽的過程中，經驗逐漸成形。該經驗的對話特色，不只顯而易見地出現在她直接向對話者說「你知道嗎？」的時候，在某種程度上，這個經驗是為了訪談者所製造的經驗；持續不斷的對話完成了這則故事。這則故事的重點不只在於一出院回家就發生性行為，也包含了她阿姨在場：「她一定在〔在那裡〕，因為我接下來要告訴你的事跟她有關。」她努力讓故事的表述無誤，這番努力將此經驗導向訪談者的現身與訪談者的興趣，也導向她賦予聲音的過去。當報導人記得的事件與訪談者的興趣和關注進行互換時，這段訪談者和報導人之間的對話，讓報導人的經驗成為具體存在。

經驗、語言、和社會編派

經驗總是身涉兩個世界：一邊是銘刻於肉身與心靈的記憶，另一邊的真實世界則是有對話者相伴或遠方讀者閱讀理解的述說或寫作過程。我在第 4 章發展出理論，闡述語言怎麼編派經驗導向的人際疆域。在經驗對話（experiential dialogue）中浮現的事物，早已經過語言的深度編派（請參照第 4 章）。瓊・斯科特認為歷史學家如履薄冰的經驗資料，預設如下的立場：經驗提供的知識來源顯示過去存在、曾發生的事情。但是，建制民族誌研究者並不是要尋求關於過去發生事件的解釋，或到底發生什麼事情。她／他會被導向去探索報導人熟稔的事物，研究者和報導人一起產製的知識是逐步勾勒報導人日常生活中的活動，以及報導人的活動與他人的活動之間怎麼協作。她／他轉向去探究常民活動中的**社會編派**（social orgnganisation）。

經驗描寫（experiential account）的語言已滲透社會關係與社會編派，這兩者早已存在於該語言再現的事物裡（請再次參照第 4 章）。關於經驗的概念會將主體直接置放於她／他直接認知的日常世界裡。語言早已命名那個日常世界，能被感知、關注、從過去預測未來的事物，那個日常世界也透過

129

語言進行人際編派。大衛·毛瑞爾（David Maurer 1981）解釋扒手的「談話」時便揭露，學習一項工作和學習行話之間的緊密連結，或者，我們用巴赫汀的詞彙（1986）來說，是文類：

> 一名專業犯罪者學習他的職業時，以竊盜為例，特別是作為一名扒手，他始於從一套特定語言的觀點來學習扒取物品的特殊技巧。更有甚者，他時常循著那套語言來思考他的職業，也憑藉他們的共通語言來跟其他扒手討論他的工作。換言之，他整體的職業參考架構包含技術和語言層面，語言不只為他奠下竊盜技巧永存的基礎，也為偷竊實作奠基。（Maurer 1981: 261）

竊盜的「語言」構成（謹記在此魯利亞認為文字編派事物感知的概念）了她／他活動的相關客體，也編派她／他與其他竊賊和潛在受害者之間的工作關係。這套行話的類屬也為扒手這份工作的勞動分工劃界：「記號」（mark），意味著扒竊嘗試的目標；外表體面的「探子」（front），負責解開記號的外套，以便讓「工具」（tool）能深入記號的夾層口袋。他們為風險命名，其中當然包含警察和探員；類似的情況還有，環境和區域的構成方式都圍繞著竊盜相關的事情——一個被「燒毀」（burned up）的地點指的是，太常被襲擊而過「熱」（hot）的地點（Maurer 1981, 234-56）。

毛瑞爾對這種特殊文類的描寫裡，突顯的重點就和日常生活中較不專業的文類一樣，內建社會編派的活動。常民的活動編派人們關注的焦點；常民活動編派日常客體的相關性，這些客體提供道具、手段、準則、狀態等等。許多客體在經驗成為言語的對話瞬間之前，就已經存在語言之中。在經驗對話中突顯客體特色的詞彙，不只被用來作指稱之用，同時也承載「回應」（responses）（例如，我在第 4 章解釋「桌子」的社會編派）。因此，聽者不是只**聽見**經驗被說成**文字**。她／他聽見該經驗。喚起記憶時的對話性，等同

於聽者（或潛在讀者）與經驗者之間的對話；喚起回憶時的詞庫運作，正是聽者的興趣和與之相關的關聯性。正是召喚記憶的對話性（意即經驗對話），才讓言說能夠發聲，不管說出的話多麼不一致、重覆、需要修正、曲解尋常慣例，等待著的是讓發聲的時刻成型，**成為某人的經驗**。在經驗中召喚的並非殘缺的記憶，而是把社會編派從事件發生的原初環境，帶到經驗對話中。

這裡有個例子。我在訪談馬可，這份研究的背景是想要了解安大略省一間大型鋼鐵廠的工人，對工作進行非正規學習的過程。嚴格來說，這不是一份建制民族誌研究，雖然我採用的訪談取徑相當類似。馬可已經做這份工作約二十年，同時也是工會裡地方健康與安全委員會的代表。

> 馬可：有好幾次我都把自己搞到危及生命的情況。（桃：嗯。）上次這樣，我想是四、五年前，滾燙的液壓油濺到我臉上，造成二度灼傷。那時候，我還好，但我家人都說「這樣值得嗎？看看你的臉，照鏡子看看。你的嘴唇灼傷、鼻子，你知道的，你差點弄瞎眼睛。」「對啊，你說得對，真的不值得。」所以我現在是這樣，如果我看見任何危險，我就直接走開。你知道嗎？機器就是機器，但是我的生命是我的生命。

> 桃樂絲：所以你回頭看那場意外，當時你的反應讓你覺得（馬：我必須那麼做才能保住機器——）造成這場意外但是也使得，恩，你不該——

> 馬可：嗯嗯，我絕對不會再這麼做，絕不。

> 桃樂絲：當時你試著讓機器繼續運轉？

> 馬可：沒錯。現在我會跟主管說，「如果你希望機器繼續運轉，你自己

131

來！」但在當時：我心想，「我們得讓這台機器繼續運轉。」但是，讓我繼續生活比較重要。因為結束工作後，我得回家回到孩子身邊，我得回家回到老婆身邊。你知道的。

桃樂絲：所以你當時從主管那邊接收到什麼壓力嗎？

馬可：當然啊。我心想，「對，這是工作的一部分，我得換那條管線。即使未完全洩壓也得做。」所以，你知道嗎？我不覺得那是安全的。而且身為工會的安全健康代表，我知道在職業安全健康法的保障下，政府永遠站在我這邊，就算我拒絕執行那項任務，也不會影響我的工作。我不幹是因為我不覺得那樣做安全，而且我來這裡不是來弄傷或弄死自己，我不做是因為那工作不安全。所以在法律保障下我能拒絕這項任務，我可以說「還沒洩壓，我不要碰那條管線。」你知道嗎？「你得冷卻那條管線直到它夠安全，我才會進去那裡，因為那是我的工作。但是要我冒著被燙傷的風險進去那裡？我已經歷過一次，我不會再讓這種事發生。」然後你看看液態鋼。如果管線爆裂，然後我覺得我的腿和手可能會被燙傷，我會逃得比誰都快。我搞成殘廢或燙傷回家一點都不值得，或者說──救什麼，救那台他們三天就能修好的機器？我不要。[2]

　　馬可說詞的真實性並不是建制民族誌研究者的重點。民族誌研究者並不是要使用馬可的經驗，講述一個鋼鐵產業意外事故的故事。民族誌也不聚焦於馬可作為個體，或某階級一員所能說的事。我們也不是在尋找某種模式或情境，好讓我們在其他訪談中也能找到類似的情況。我們也不需將他表露的感受擱置一旁。他從被燙傷一事和家庭成員的關心裡，學習到的是重新理解他與工作的關係。進一步來說，如果我們要用民族誌的方式擷取他的說法，

我們將揭露鑲嵌著馬可經驗的社會關係和社會編派。我們在這過程中，看到 132
馬可的活動與他人活動協作的軌跡。馬可使用的語言是他在鋼鐵廠的日常關
係和工作；這套語言內建社會編派。

　　舉例來說，他使用**工作**這個詞彙的方式。這個詞定位出以下三者的交會
點：一是他怎麼看待他的工作，二是他的主管怎麼看待他的工作責任，三是
公司和地區工會之間的契約怎麼定義工作責任。一旦我們挑出這個顯而易見
的尋常詞彙，你就可以看到開放的可能性，若我們不局限於這個詞彙本身，
便能想像那些讓這個詞彙產生意義的社會編派活動。或者，也可以注意到馬
可在「那台他們三天就能修好的機器」這句話裡特別使用**他們**。他們一詞指
認出他工作的公司具有某種特有的能動性。擬人化的**他們**，成為為編派公司
運作的能動者，雖未曾出現在馬可的經驗故事中，但是這個高於他主管、在
幕後推動他主管的能動者，能夠解決事情──修理損壞的機器、新科技之類
的。為了保障他自己的人身安全，對抗他主管所代表的公司利益，馬可能
使用省政府的職業健康和安全法。政府的權威凌駕於授權他主管的公司權威
之上。只要馬可認為有潛在風險，他就能拒絕去做那些他主管認為的份內之
事。法律保障馬可，讓他有權抵抗主管施加的壓力。

　　人們談論經驗時，使用的語言是日常生活的語言。如同我在本章節和第
4章所說，社會編派隱微地或更明顯地**現身**（present）於日常生活的語言之
中。常民使用的詞彙，也用在原初事件的編派活動中。那些詞彙更進一步編
派那些活動。社會編派並非詞彙使用的脈絡；反之，於特定環境中詞彙的意
思，亦是協作在地活動的一環。問題在於，研究者要避免在報導者談論她或
他的經驗時，把日常談話視為理所當然。艾莉森・格理菲斯和我（Griffith
and D. E. Smith 2004）一開始訪談家有國小學童的婦女時，我們訪談她們所
做和孩子學校生活有關的工作，我們引介的其中一項主題是上課日。我們和
許多受訪者一樣，將上課日視為他們孩子學校的一項固定特色，也視為一項

家長在某種意義上得面對的事情。這裡有些他們知道的事情；這裡也有一些我們對家有國小學童的婦女所知道的事情。這是我們關於學校**工作知識**（work knowledge）（下一章節會進一步發展這個詞彙）的一部分。我們隨著研究進展，學會怎麼闡述隱含在這個詞彙之中的社會關係。從教師的立足點來看，中產階級家庭為主的學區，上課日呈現的樣貌是縝密規劃的時間序列，分配到課程表的不同區塊。教師可以理所當然地認為學童會準時到課，上課日能準時開始。在低收入學區的學校情況則不然，少數學童（而且不需要多）到校時間的變數，意味著像中產階級學區學校那樣緊湊的課表安排，相當不切實際。在低收入學區的環境裡，小學會以一小段個別作業的時間，作為上課日的開頭。如此一來，便能讓遲到的同學融入且不打擾課堂進行。教師的工作知識，指出一個與我們身為家長所知，完全不同的上課日。我們後來了解到的上課日並未將其理解為僵化的型態，而將其理解為家長和教師之間協作產出的樣貌，這樣的理解則仰賴我們帶入家長和老師的工作知識。建制的特性便在於常民特殊而多元的活動，產製出建制中標準化的特性。儘管法律已規定上課日和出席率，我們在研究與分析的過程中發現，**上課日**這個詞是家長和教師工作的產物：(1) 家長為了讓小孩準時到校、準時接送、在午餐時間接送所做的工作；(2) 在學校方面，教師為了讓遲到學生融入課堂所做的工作，或是由家長志工聯繫未到校孩童的家長所做的工作，兩者都規範學校的每日行程，以確保課堂或其他活動能準時結束。因此，上課日是許多人工作的社會編派，以不同方式連結到學校的編派和家庭的編派，其他諸如有薪工作等活動，就必須與上課日協作。

像是**上課日**這樣的詞彙，看似僅有指涉意味，表示某種東西的實體。但是，研究者採納這樣的預設，便會將平常的觀察擱置一旁，未能注意到這類詞彙用於日常編派常民活動，就如同威德（Wieder 1974）發現囚犯使用囚犯碼一樣。在一項更早之前的研究裡（Jackson 1974; D. E. Smith, 1990d），

南希‧傑克森（Nancy Jackson）和我合作，進行一項溫哥華報紙新聞編輯室
的民族誌研究。我們在研究過程中學到，我們要警覺我們的研究實作，意即 134
我們習慣將人們說他們正在做的事情，轉化爲抽象的名詞形式。例如，一位
記者告訴我們，什麼是「新聞」，完全是一團謎。我們逐漸看到這個謎團之
所以產生，乃是因爲新聞工作者把詞彙抽象化，抽離原本人們日常使用這個
詞彙的脈絡；我們即時領悟到不該如此，應該探索這個詞彙的社會編派。構
成「新聞」的內容乃是當日工作的產物；特定的一天與新聞產生連結、指涉
和重要性的某種叢結，持續不間斷的歷史進程中，新聞工作的任何特定時間
所產製的叢結（D. E. Smith 1990d）。傑克森這麼描繪我們探究的進程：

> 我們開始循著兩條線之間進行探索，一條線是我們覺得無法找到任何東西
> （像是新聞或採訪指派或故事），另一條線是認爲語言的描述性使用，讓編
> 派新聞實作的客體，從文字中浮現出來。我們發現到，了解語言描述的運
> 作方式，確實開始驗證我們的直覺，也就是我們無法找到任何東西。在採
> 訪指派或故事的情況下，如果我們像新聞傳統一樣，使用這些詞彙去再現
> 客觀現象，那麼我們就會開始搜尋：這項採訪指派打哪來；什麼才是故事
> 等。我們確實從上述問題開始進行研究。只是我們察覺一層落差，這種時
> 刻我們看到「真的沒發生什麼事」，或是「故事無從找起」。我們由此開始
> 將這些所謂的客體，視爲經編派的關係（organized relations）（而非實體）。
> （1974, 40）

記者在一天的工作中，被指定要報導哪些故事，但是這些故事總是與記
者的工作和責任緊密相連。參與者於在地環境所使用的尋常工作語言，若名
詞化便會創造抽象化的過程，從而使社會編派和社會關係消失無蹤。我們在
一個規模不大的調查研究中，重新創造馬克思對政治經濟提出的相同問題。

馬克思的《資本論》（1976）（特別是第一卷），對政治經濟有所批判。因為馬克思探索也展現社會關係和其生成的歷史背景，這些東西反映在諸如「商品」、「薪水」、「勞動」、「資本」、「金錢」等等的政治經濟概念上。在人們日常生活中進行的建制民族誌研究，將研究導向挖掘那些接合日常生活與治理關係的社會關係和社會編派；將概念提升到理論層次，讓研究者忽略了探索社會編派的核心研究任務。

135　　　研究者往往將報導人所述之事，萃取成為名詞化的詞彙，導入民族誌論述**中**，因而抽離某個具體的日常環境，躍升至普同化的層次。此舉使研究轉向，進入純然存於語言之中的普同化。此舉回應論述與報導人之間的對話，於此對話中，論述似乎要求民族誌研究者，有能力提出一些普同化的主張。紮根理論（grounded theory）的其中一項危險便在於此。儘管格拉塞和史特勞斯（Glaser and Strauss 1967）堅持，由概念做出普同化的主張，例如「察覺將死的脈絡」（awareness contexts of dying）[1]，必得在後續研究中系統化發展，但我們常常發現紮根理論有個問題，相關研究僅能在研究者的訪談中，發展一個概念，或多或少能傳達研究者的發現。概念成為一個**普同化工具**（generalizer），研究者只要依附其上，便能鞏固她／他的理論地位。

　　相較之下，建制民族誌研究者必須在民族誌資料中、在人們的在地實作中（包含語言），找尋概括化和標準化的過程。因此，建制民族誌探究的方向，朝向去挖掘日常活動和日常活動的協作，上述運作怎麼讓**工作**、**主管**、**採訪指派**和**新聞**這類的詞彙成為日常工作的詞庫。這些詞彙反映什麼樣的社會關係？這些詞彙在社會關係中，扮演什麼樣的言說角色？這些社會關係怎麼在普同化在地觀察不到的建制流程（institutional process）時，參上一腳？

---

[1] 《發覺死之接近》是紮根理論的第一部經典。

　　馬可用他經驗描寫的語言，所講述的故事裡，每道細節都指涉形式、關係和社會編派，這些都是超越他個人經驗特殊性的普同化詞彙；研究者能找到這些指稱物而加以闡釋。經驗談話（experiential talk）內建於經驗得以發聲的語言裡，經驗談話必然承載社會關係和社會編派，其中鑲嵌個體的個人故事。我們使用尋常語言說話時，很難不混雜或提及語言所承載的社會編派（請參照第 4 章）。

資料對話（The Data Dialogues）

　　談論或書寫經驗，亦即經驗對話（experiential dialogue），無時無刻在發生。然而，建制民族誌在訪談或是田野情境下，開啟與常民的對話，創造能成爲建制民族誌資料的主要部分。因此，民族誌對話不僅僅是研究者學習的機會；其旨在產出特定的產物。訪談者／觀察者與報導人之間的對話，或是觀察者與她／他自身經驗之間的對話，暗藏著民族誌研究者參與建制民族誌論述，編派出來的對話。如若研究者爲發表論文而書寫，或者爲該研究欲服務的人們或組織撰寫報告，研究者會被導向一個她／他需負責的論述。經驗對話因此可被視爲社會關係裡的某一刻，這是協作行動的序列（a sequence of coordinated action），編派報導人與研究者的對話，使其成爲一串序列中的其中一步或時刻，此一序列將研究者緊緊扣回到學術建制、專業建制和其他相關專業的論述裡。此一序列中的其他時刻也具有對話性，但我們在此聚焦於產出我們稱之爲資料的對話，我們稱之爲民族誌（讓我們鑽研製造出與讀者的對話）的假設。此處有兩種重要的對話：其一是研究者與報導人的主要對話（primary dialogue），或是在參與觀察的環境，研究者與田野筆記的主要對話；其二是研究者與主要對話的文本之間，產生的對話（閱讀、編列錄音檔逐字稿，或田野筆記的文稿）。

136

主要對話展現研究者與她／他的受訪者之間隱藏的權力不對等，因而飽受批評。就我記憶所及，安潔拉・麥克羅比（Angela McRobbie 1982）率先掀開權力不對等的問題，儘管這討論累積豐富的經驗與分析，此議題的基本面向似乎沒有改變。這些面向有民族誌研究者與她／他交談的對象之間的權力關係，以及她／他與交談對象之間的關係是局內人（insider）或局外人（oursider）（Naples 2003, 76）。艾莉森・格理菲斯和我（Griffith and D. E. Smith 2004）訪談主要為低收入社區的國小學童母親時，有些訪談讓我們遇上類似的問題。崔西・雷諾德斯（Tracey Reynolds 2002）揭露她身為黑人女性訪談黑人母親的經驗。由於雷諾德斯跟她訪談的婦女有相同的族裔背景，她遇到的問題出乎她的意料之外。有位受訪者直接點出她們之間的差異，和理髮師的她相比，她指出雷諾德斯的專業人士地位和中產階級黑人女性的位置（305）。

查爾斯・布里格斯（Charles Briggs 2002）似乎沒注意到女性主義對此議題的想法，他採取的觀點是，「權力不對等」（asymmetries of power）是社會學訪談的普遍特性，其來有自

> 訪談守則賦予訪談者控制受訪者的權力，訪談者能（透過發問的方式）控制對話指涉的內容、（藉由決定何時深究或問新的問題）控制答案的長度和廣度，以及所有參與者建立出關於這場訪談與資訊產製的受訪者位置。（911）

如上所述，布里格斯指認出訪談者控制訪談情境，所展現的權力差異，因此她／他能夠在訪談過程中置入訪談者的學術興趣所主導的預設。

訪談或田野觀察本身就是在建制行動序列（a sequence of institutional action）中協作的工作。用布里格斯的話來說，「權力不對等」的議題，確立

出社會關係裡的特定時刻，研究者於此時刻創造資源、資料，好用來製作成論述裡的再現。最初的參與觀察或訪談裡，一連串的對話構成行動序列。在這個論述裡，上述對話經過編派，但是唯有研究者參與這個論述，她／他的報導人或被觀察者則未參與其中。這一系列對話的第一則對話，也就是主要對話，正是訪談或參與觀察的真實合作過程。研究者在任何一段談話中的角色，或是她／他進行參與觀察的方式，都發生在她／他本身也是參與者的論述裡。某種意義上來說，她／他創造或中介（mediate）社會學論述與報導人或被觀察者之間的交流。持續承載歷史進程的社會學論述編派人們的工作，研究者讓社會學論述與其他人產生主動參與的關係，但這些人本身並非此論述的參與者。民族誌研究者把報導人或被觀察者的工作，放進被研究者看不到的對話裡，該對話伴隨的學術論述，也非被研究者主動參與的論述。不管參與時間多麼短暫，這些人參與學術論述（例如，她／他會簽署研究倫理同意書）的工作編派，他們也參與一個複雜的網絡，連結大學工作者（職員、研究者等）、政府或私人贊助單位和這些單位的要求與管控、出版品和出版審查者代表著論述的專業和學術次序、以及民族誌研究者產製作品的最終讀者。正是因為報導人或其他被觀察者，對上述事項一無所知，才創造出布里格斯所說的不對等。研究者知道自己的研究連結的網絡是什麼，但報導人並不知情。

　　民族誌研究者接下來將迎向第二段對話。閱讀錄音檔的逐字稿或研究者的田野筆記時，建制民族誌研究者重新發現說過的話和觀察到的事情。在一段訪談或是參與觀察的情境裡，研究者和報導人或被觀察者，都以相同程度涉入這個持續不斷的交流過程。在這個不間斷的社會行動框架下，研究者聆聽與回應。但是，這過程除了訪談或參與觀察之外，研究者未注意或未參與的部分仍很多。我總是很訝異地發現，我跟訪談逐字稿進行對話時，我能學到我從未看見的部分。我使用我跟馬可的對話，作為經驗描寫的例證時，我

138

來回穿梭於我引用的訪談段落和本書的主題及語言，因而發現我在那段文字裡未曾發現的事情。我能看見我們的對話裡，馬可與他家人以及馬可與他主管的對話；我能看見他講述**他的**經驗時，運用詞庫和指稱的方式。我對他說的話是否真實陳述事件，並不感興趣；我感興趣的是他的經驗，他怎麼講述這個經驗、這經驗裡流露出哪些社會關係和社會編派的痕跡。另一段對話中浮現新的對話和新的發現，一邊是最初我跟馬可合作產出的訪談，另一邊則是我探索語言夾帶社會編派的脈絡。

　　建制民族誌肯認經驗者（experiencer）的權威，藉由經驗者來告知民族誌研究者陌生、未知的事物。民族誌研究者的角色是一位敏銳、深思且具有調查性的聽眾，她／他從報導人或參與觀察的環境中進行學習。因此，研究者與報導人／被觀察者關係的權力不對等似乎較不顯著。民族誌研究者確實先開啟與報導人／被觀察者的相遇，研究者也拋出研究主題，而在某種程度上提供對話的方向。另一方面，她／他則仰賴報導人，提供研究工作後續階段的材料。並非所有的報導者都這麼做。崔西·雷諾德斯（Tracey Reynolds 2002）提出訪談者與報導者之間，地位不平等的議題，就我的經驗來看，有時意味著參與訪談會被惡意籠罩著質疑，報導人會懷疑這些資訊可能會被流出去，並對報導人不利；或者單純是對身著中產階級衣物、說話方式、探查等的嫌惡。我的經驗中，更有問題的是那些我未能好好了解報導人打哪兒來的訪談（Griffith and D. E. Smith 2004）。但普遍來說，我進行建制民族誌訪談的經驗裡，建制民族誌的旨趣是報導人的工作知識，因此報導人會在第一時間發現，她／他能談他們生活裡的尋常事物，研究者也關注這些尋常事物，而且研究者的工作就是傾聽這些事。

　　為了研究工作環境下的非正規學習，我訪談安大略省的鋼鐵工人（D. E. Stmih and Dobson 2002），我注意到他們常常用一段像是雷諾斯（2002）指出的評論，開始一段訪談。他們會說，「妳為什麼要訪談我？我什麼都不

懂。」說得好像只有史蒂芬跟我這種學者才有懂（knowing）的能力。然而，我們發現，當我們請他們告訴我們，他們的工作和他們在正規流程之外學習的方式、學到什麼，意即當他們談話的主題轉向他們的經驗時，他們早已準備好，舒適地滑進經驗者的權威位置。他們一打開話匣子，就有許多能說的事，而我們也有很多需要學習的事情。我們的職責是讓他們持續在研究相關的主題上進行陳述，接著問一些問題，釐清我們不懂的部分，或是我們想要知道更多的部分。我們不是在研究一份特定的工作，而是研究鋼鐵工人學習自身工作的方式，在這過程裡打斷先入之見（preconceptions）。

　　若我們認為經驗在本質上具有對話性、必須透過談話或書寫才能存在，那麼民族誌研究者會被困住。產出資料是一段合作的過程。說話的情境或觀察的情境，以及特定的論述慣例（discursive conventions）總是形塑研究者的資料。我們應該將之視為資料汙染嗎？我認為這是無稽之談。讓我們看看幾個例子，民族誌研究者善用她／他的自身經驗作為資源。吉羅德·蒙地尼（Gerald de Montigny 1995a）細緻分析社會工作，引用跟分析的正是他自身的經驗。這是一段發生**在建制民族誌論述裡的對話**。正因如此，他才有可能去發掘和描述那些在論述脈絡下無法描寫的事情。類似的例子還有卡米尼·葛拉罕（Kamini Grahame 1998）的研究，她分析自己的經驗，她服務於一家關注移民女性的組織，是美國一間主流、多為白人的組織。她的發現也和蒙地尼的發現一樣，具有同類型的對話特色。建制民族誌讓葛拉罕能探究跟她有關的組織發生什麼事，以致於組織很難找到有色人種的婦女參與者。主流組織採取的觀點認為，有色人種女性無紀律，需要經過訓練才能參與像他們這樣的組織。然而，她從個人經驗深知並非如此。她知道且能夠串連到有色人種婦女的組織，這些有色人種婦女組織也參與主流組織關注的許多議題。她呈現組織「位於私人基金會、草根婦女和國家的交會處」（1），而組織在多元包容一事的意識形態上，阻礙了組織察覺有色人種婦女早已運作許

140

久的組織。建制論述並未看見有色人種婦女的組織，因該建制論述是由政府及私人基金會的贊助及規制實作（regulatory practices）餵養而成。蒙地尼和葛拉罕的工作知識（請參照下一章）是研究者引用的主要經驗來源，從他們的故事裡浮現出的對話性，伴隨建制民族誌論述一同出現。此一論述避免硬套研究者的詮釋，而與報導人——或者，在這些例子裡，是跟民族誌研究者本身——一起合作**探索**。

常民經驗和（民族誌研究者憑藉的）社會學論述之間的對話具有力量，研究者能夠（也許是應該）改變進入田野研究前所帶有的偏見。因此，她／他在研究實作的論述和她／他交談的常民或被觀察者之間，創造出或中介一種交流。如前所述，我訪談馬可時，我參與的研究並非建制民族誌。我在訪談時帶著特定的框架，也就是說，工作時進行非正規學習的框架：這是我在訪談的對話裡的旨趣跟我關注的焦點。我向馬可學習關於非正規學習的方式。我引用的那段訪談，馬可在後續段落繼續提到，他怎麼把他習得的經驗，傳承給在廠裡工作的年輕人。

> 馬可：我對進來的學生說的第一件事情就是我的意外，（桃：你真的告訴他們？）「如果你對你的生命感到難過，即使是直覺，你轉過身去，走進餐廳，我們在那裡討論這件事，而不是在工作時。」

我最初構思非正規學習的研究時，沒想到這個主題。我執行的這項研究計畫，屬於一項「非正規學習」的整合型研究。整體來說的研究主題相當傳統，也就是探討在正規教育或訓練場景之外學習到的技巧。從我跟馬可和其他鋼鐵工人的訪談裡發現，我展開研究時使用非正規學習的概念，仍顯不足。我有點理所當然地認為，我得探索、學習與「工作職務」（job）相關的技巧。我和史蒂芬·杜伯森訪談馬可及其他 Local 1005 的鋼鐵工人（受

僱於安大略省哈密爾頓市的斯戴可鋼鐵公司），我學習到他們的經驗學習
（experiential learning）更加豐富、有深度，迥異於我展開研究時所採用的保
守觀點。某種程度上，我在閱讀、注記、思考時，創造一段與不同報導人之
間的對話。我學習到，那些從經驗中學習的人，同時也是他們所學之物的老
師；他們就像馬可告訴他的學生那樣，會思考應當傳授些什麼給後輩。確實
在我交談過的其中一兩名訪談對象身上，他們理出一套特殊技巧，來教導新
人關於工作職務的內容。儘管嚴格來說，我不是在做建制民族誌研究，我仍
讓自己暴露於接受訪談對象教導的環境，而擺脫我的先入之見。[3]

　　建制民族誌的探索意味著，多數時候不只是學習研究者未知的事物，而
是阻斷開展研究時所依憑的概念，或是阻斷那些尚未完全成型的先入之見。
如前所述，艾莉森・格里菲斯跟我（Griffith and D. E. Smith 2004）在研究
進程裡，發現我們後來稱為「母職論述」的概念，也了解到這項預設原先就
構築於我們的研究中。我們在研究階段早已完成資料搜集。源於母職論述的
預設一直都是我們探究的概念，也一直是我們採用的訪談策略之一環。我們
的研究中有些明顯未經探索的區塊，我們後來察覺得太遲，來不及修補。儘
管我們能夠至少找出某些不足之處，探索的工作就交給其他人。研究者能從
常民經驗裡學到的事情，總是比她／他能應付得還多。研究者－受訪者關係
中的權力不對等，強調的是研究者對訪談情境的掌控。我們需於下述的脈絡
檢視不對等的權力，也就是研究者讓報導人涉入的建制關係，不管期間多
短。在訪談過程被高度控制的情況下，報導人與民族誌研究者所中介的論述
之間的交流，便無法產生效力。然而，建制民族誌研究的核心，乃是研究者
未知的事物，以及報導人能傳授給她／他的事物。民族誌研究者掌控研究旨
趣的力量並未消失，但建制民族誌研究者聽從報導人的經驗權威，以及她／
他對探索建制的承諾，能夠制衡民族誌研究者的控制力道。民族誌研究者在
對話過程中，便挑戰或改變論述。這可以發生在第一次與報導人對話時，也

142

可以在研究者閱讀訪談逐字稿，或重看參與觀察筆記時產生的次級對話。民族誌研究者和報導人合作建構的經驗，隱約涉入以下兩者的對話：社會學論述和其宣稱欲發聲的世界所經驗之真實。

結論

巴特勒和斯科特（1992）、斯科特（1992）和莫亞（2000）主張，經驗無法被直譯為知識，因為讓經驗得以發生的論述會形塑經驗，或經驗是研究者與報導人合作下的產物（Cicourel 1964）。建制民族誌並未否認經驗的成型具有對話性。建制民族誌採納巴赫汀對論述或文類的理論化概念（1981，1986）之後，建制民族誌將經驗浮現的過程，本質上視為一段對話，對話的兩端是一名說出她／他的經驗的說者，另一端是協力產製這項經驗的聽眾（們）。她（們）怎麼關注說者，怎麼聆聽說者，以及聽眾（們）可能會問的問題。經驗以這種方式浮現，並不會削弱經驗作為研究資料的強度。倘若民族誌研究者對事物或事件的狀態沒那麼多關注，而關注常民講述他們日常生活的語言，循跡找到協作的建制模式（institutional modes of coordination），那麼經驗就成為一項能夠被調查、延伸、開展、且能被報導人隨處採用的資料來源。

本章介紹兩種階段的對話：經驗從主要對話中浮現；次級對話發生在研究者與原初對話所產製的材料互動之時，研究者於此階段的對話對象是其他來源，意即她／他的資料。在次級對話中，報導人使用的語言所隱含的社會編派，留下協作之建制形式的痕跡。此形式現蹤於日常世界，也編派日常世界，並由此生出經驗談話。出現在原初對話和次級對話詞庫裡的社會編派，改變民族誌研究者的成見，也指出新的研究方向。

民族誌研究者的無知是項寶貴的資源；研究者在原初對話裡發現自己知

之甚少，這可以成為一種動力，讓研究者聆聽報導人，將報導人視為具備知識、能傳授知識的對象。民族誌研究者希冀這段關係能改變研究者，這段改變的歷程揪出她／他需拆解的先入之見（論述的先入之見，或她／他參與的論述所持的成見）。將研究者的概念化過程，曝露在經驗描寫之下的社會編派與社會關係（或是，更常見的是，民族誌研究者指出應當找尋的社會關係連結），主要能用來測試她／他的分析方向有沒有走偏。

　　對報導人與研究者之間的經驗對話進行民族誌研究，其觸角將超越經驗對話作為社會關係的那一刻，研究者在那一刻捕捉報導人經驗，並轉化該經驗。謄打逐字稿（意即將訪談產製為一份文本）時，報導人的經驗便開始轉化。民族誌研究者與報導人都積極參與並合作的不間斷對話於焉結束；不管經驗轉化後的產物是逐字稿或田野筆記，研究者都會進入一段新的對話，她／他對話的對象現在是一份文本，這份文本也讓研究者展開她／他的工作，思考這份文本能作何用。彭斯（Pence 2011）稱這個時刻為**流程遞換**（processing interchange）（我在第 8 章會多談一點這個概念），流程遞換是一個工作場址（work site），文本進入此一場址，有人依照這份文本開啟工作流程，產製一份新文本，以便能在此一行動序列中傳送到下一階段。這正是建制民族誌與其他研究方法，產生最大歧異之處，例如紮根理論（Glaser and Strauss 1967）讓報導人說的話，附屬於研究者產出的詮釋之下。建制民族誌研究者確實如下一章所顯示，組裝（assemble）常民的詮釋，目的是找出常民經驗（如他們所述）鑲嵌於何種社會編派，而我們往往無法完全窺見這類社會編派。然而，我們不會重新詮釋常民必須告訴我們的事。民族誌研究者的工作是從她／他與個人之間的對話，轉而創造一段新的對話，一段研究者與她／他的紀錄之間的新對話。這份紀錄可以是逐字稿、錄音帶或錄影帶、或田野筆記，研究者由此產製一套建制民族誌。將常民活動扣連到他人活動的相關性、連結、紐帶和多種形式的協作，方能變得清晰可見。沒有誰

的故事凌駕於誰的故事之上；研究者不會排除誰的故事（儘管研究者不會說出所有故事，即使是被說出來的故事也不會全部引用）；建制民族誌的分析工作，正是尋找這些故事的接合處並組裝它們。

註釋

1　我在其他地方使用**主要敘說**（primary narrative）來指這些具有經驗基礎的故事。請參照史密斯（D. E. Smith 1990a, 157-63）一文裡，更進一步討論主要敘說及意識形態敘說的對照。

144　2　欲更加了解鋼鐵廠中關於工作的非正規學習，請參照史密斯和杜伯森（Smith and Dobson 2002）。那篇文章裡有我跟馬可的這段訪談，雖然那篇文章中的馬可是別的名字。這兩個名字當然都是化名。

3　我曾經執行過一項共同合作的研究計畫，該計畫已預先決定好研究主題，但在常民經驗中找不到研究主題的問題意識起源，該研究也不是由這些經驗來主導研究方向。

第7章
工作知識

　　那麼，民族誌研究者資料對話（data dialogue）的方向是什麼呢？[1] 正是民族誌研究者在進行察看、詢問、欲發現常民在做些什麼、他們如何將事情湊在一起。我們身為民族誌研究者，應該探詢什麼？該問些什麼？我們該將問題或田野觀察導向何方？我們該怎麼調整報導人的焦點，好讓我們了解的事物，能夠成為研究者分析時憑藉的資料？容我用一個例子來當楔子，我雖未研究過這個主題，但我憑藉身為參與者的工作知識，形成這項模擬民族誌。儘管我身為學生和教職員的學術工作經驗是這個例子的一環，我的問題意識則始於我和大學部學生兩三年前的對話。這項問題意識的雛形，來自於我在大學場域裡，學習對學生打成績的方式，和他人交談則讓我得以延伸我自身的工作知識，我也從他人所知的事物中，習得我的工作知識。

有關大學成績和評分方式的工作知識
一份迷你民族誌

　　在加州大學柏克萊校區擔任社會系講師，展開我的教學生涯時，我學到的第一件事便是打成績。我出了一份期中考題，班上有很高比例的學生拿到B以上。我頗為滿意這項結果，我認為這證明了我的課程設計很成功，我和

教學助理的教學都很有成效。然而，行政體系的觀點則不同。根據行政主管的說法，他們希望能看到班上整體成績趨近於鐘形。

146　　　　這次的經驗讓我看到評分體制的兩件事：第一點，老師設計的評分工具（考試或作業）必須能夠鑑別學生的差異。考試或作業不會自動產出一套大抵趨向鐘型的成績差異，評分工具須精心設計，才能達成此目標。我的試題的確區別出有閱讀指定教材、上課聽講的人和沒這麼做的人，但是，除了少數傑出的考試成績之外，這份試題未能產出一套區別學生級距的評鑑方式。第二點，整體評分過程必須產出一條鐘型曲線，而非學生的真實表現。有可能在特定班級裡，考試成績不是那麼具有鑑別度，且未符合標準分配。授課教師便需要某種程度上決定要不要產製一套近似值。

　　作業或考試被評分的個體與成績劃上等號，但是這個等號本身就是建制流程（institutional process）下的產物。在大學的工作編派（work organization）中，將成績視為特定個人的**產物**有其功用。北美大學裡主流的課程規劃，並非為了特定的教學原因，反倒是大學的行政體系欲強化控管教職員的力道（Barrow 1990）。行政體系從行政標準來看，懷疑教師花在工作上的時間，比他們應當付出的時間更少。但是，我們能看到課程的形式一旦建立起來，課程之間會出現一種粗糙的相同度量衡，以便量測不同的課程單位。不同領域的課程和大相逕庭的課程強度都能被視為同等的單位，以利成績加總跟平均成績。學生充分了解這套系統怎麼運作，他們透過選修較困難的課程和較輕鬆的課程來取得平衡——也就是說，學生會調配需要認真學習時間的課程，和那些不用太努力就能達標的課程。

　　課程成績的虛擬統一度量衡，讓成績貨幣能流通於（至少是在北美）大學內部，也流通於大學之間。大學校際代表系統（the interuniversity system of representation）讓不同大學的成績能被正式認證為等價的成績。大學自己控管自身的產品，有些學校像加州大學的行政體系一樣，直接監控老師的期

中考試成績。大學也保留成績紀錄，處理從授課教師那裡收到的成績資訊，大學也得確保駭客不會入侵儲存成績的電子資料庫和製發成績單。大學也透過類司法的方式制裁剽竊、考試作弊和使用網路購買的報告等方式，展現其控管自身產品之力道。大學必須確保於其名下授予、製發的成績，確實評斷的是學生本人書寫的報告，且經慎選資格的人進行評分。上述各項保證的生產程序，皆為常民的建制協作工作（institutionally coordinated work）。

　　我們能從學生和教師產製成績的工作編派來檢視課程。授課教師必須為學生構思、產出能夠測試他們學習成效的評分方式。課程主題和考試並非個別學生、系所或大學特有。任何課程的特定學術主題都是學術論述的在地實現，其基礎為在地的大學，但學術論述存在於文本、書籍、期刊、期刊文章、「宣讀」論文的研討會中，在很多情況下則存在於上述型態以外的專業實作之中。因此，系所協調的各項課程，組成特定領域（學科專長）的學程，而這些學程則肩負代表該學術論述的重任。學生的課堂產出、考試問題的答案、報告撰寫、或能讓授課教師評分的物質產物，皆完整了教師的工作。接著，評分就成了授課教師的工作，授課教師需對（有可能會提出申訴的）個別學生和（也有可能會申訴的）大學行政體系負責。

　　若我們從學生的立足點來看這道行政程序，我們會看到評分的程序本身呈現不少問題。在這套大學校際系統裡，一名學生的平均成績代表著她／他本人。如果我們將學生工作生活（work lives）的現實視為真實處境（學生在此真實處境中受試和撰寫作業，好讓授課教師評分），我們能看到學生選修的課程數量，可能會嚴重影響學生的成績，進而影響到學生在期末時面對的時間壓力和焦慮程度。學生可能會選修過多課程，避免積累更多不必要的債務。當前所費不貲的高等教育處境，也可能讓學生得從事工時長的支薪工作。學生在家花在配偶和小孩身上的時間也可能影響到她／他的成績。到圖書館、課堂、取得教材等所需的工作，也會因學生有肢體障礙而改變。學生

148　得耗費時間在上述的事情上；從家裡到學校也耗費學生的時間。抵達課堂、去圖書館、將指定學習的材料轉化為學生能閱讀的形式、跟大學官僚體系打交道等工作，都得花費時間，而障礙學生會花費更多時間。學生把時間花在上述事情上，就會減少能專注學習和書寫或準備考試的時間；花越少時間在學習和準備上意味著越低的成績。偶發事件逐漸占據學生工作生活的真實景況，這些偶發事件與他們對學術的投入程度和能力無關。然而，學生從事修課、準備考試、做作業等的工作時所處的真實景況，則在評分過程隱身於建制次序（institutional order）之中，這套建制次序負責製發成績紀錄和平均成績，以做為大學與大學之間能夠接受的貨幣。評分基礎僅局限於學生交給授課教師的作業。身心障礙的學生可能會發現，有些授課教師認為，替障礙生遭遇的問題進行適性調整，有礙教師評分的公平性。

　　大學考試和評分方式並未被像英國那樣，以國家為基礎進行標準化。出版商可為授課教師提供適合教科書的考題；選擇題的考試方式成為一項日益精良的評分工具，因為越來越多人數過多的課堂，使得申論題形式的作業難以評量學生的學習成效。然而，在一般課程中，授課教師可自行選擇採取考試或作業形式進行評量，以因應該課程的特殊性質。評分過程理應具備客觀性，但是評量方式能夠多客觀，則視課程主題和測驗形式而定。對某些學科領域來說，較不客觀的形式（例如撰寫申論文章）被視為學生習得該領域技巧的關鍵。採用選擇題測驗，確實可能在形式上冠上一種客觀性，不然各個選項可能在討論的情境下，更適合被視為分歧的意見。[2]

　　以上的描寫完全構築於我在不同大學的工作情境中所學習到的事情。作為學生和授課教師，我一直都主動參與生產成績的過程。我跟其他授課教師討論過他們的工作，也跟學生討論他們在當代大學裡遇到的狀況。在我某堂課上的一位研究生，他的工作是負責一間知名大學的電子化成績管理系統，他寫了一篇民族誌報告描繪該系統的程序。我也針對此一主題做了一些閱

讀，但讀得不多。我也添了一些個人臆測，呈現不同的學科、用大相徑庭的
教學方式所組成的課程，怎麼在行政體系中被視為相同的課程單位。

如果我必須在毫無評分經驗的情況下，展開上述研究，我便得補足知識
不足之處，第一步是先向他人學習，他們會告訴我事情怎麼運作。我們在交
流彼此所知的過程中，他們的經驗中所知與成績有關的事，會形成民族誌所
描繪的工作知識。我也希望能更深入探索大學校際關係的建制次序，找出工
作者讓成績的相對價值能夠平穩而必須做的工作，以及工作者為了解決流行
病般的成績通膨問題得做的工作。藉由探索特定大學以外的場域，我也將發
現由研究、期刊、研討會和大學行政體系的參與，共同維繫的一套「評分」
論述。

我在上一章（第 6 章）描述的對話（dialogue），能夠為建制民族誌研究
者還原那些成為資料的對話。在這種對話中，研究者能觸發並諮詢他人的經
驗。若我要將前述的初步研究，描繪成一套正規的民族誌，我需要取得更多
資訊，像是常民在這套建制流程中做的日常工作細節。我會想從學生身上知
道，他們怎麼規劃和思考完成作業、準備考試的方式，也想了解他們怎麼調
配工作和生活的平衡；我會想知道授課教師在評分時做了些什麼、他們怎麼
規劃符合評分方式的課程、他們是不是在家哄孩子睡覺後才做這些事、他們
的班級有多大、是否有教學助理協助他們。我會想了解註冊組的工作、他們
怎麼處理學生作弊與剽竊、大學行政主管間有哪些討論，以及相關期刊上怎
麼討論成績對等轉換的議題等等。但是，整個研究過程中我所仰賴的正是我
將之稱為「工作知識」的概念。我會在我欲探索的領域裡尋找熟知相關工作
內容的常民，因為他們在進行這些工作。我在整個過程中，會好奇研究參與
者對他們所參與的工作所擁有的經驗知識（experiential knowledge）。他們
知道自己怎麼執行工作，他們能描述此一過程給我聽，前提是如果我們的對
話以我想要的方式進行的話。研究者導入常民的工作知識時，便學習到常民

專業與獨家的知識，研究者能學習到常民做了哪些事、讓他們工作得以完成的脈絡與情況。訪談的逐字稿再製研究者的學習歷程；研究者與報導人共同合作產製的研究資料，即是報導人工作知識的描寫，而這份研究資料的可信度，不亞於某人憑藉她／他做事的經驗獲取知識的描寫。

150

做為建制民族誌研究資料的工作知識

建制民族誌研究者從訪談過程中產製的工作知識，在本質上不會跟她／他從參與觀察得來的知識有什麼不同。訪談情境透過言說來進行對話：報導人和民族誌研究者共同合作，創造出工作知識。參與觀察的情境下，民族誌觀察者和她／他的田野筆記和日記進行經驗對話，於此過程產製出工作知識。我習得大學評分方式的知識，來自於我身為參與者的經驗。參與觀察者跟他人討論他們的工作時，觀察者也在做相同的工作。他們在工作的同時，便獲取工作的經驗，因而為這故事添加特殊的面向，也就是局內人的面向。但是，民族誌訪談會產製更大範圍的經驗資料（experiential data）（Spradley 1979），而從根本來看，除了參與觀察者的文字記錄是用觀察者自己的語言之外，參與觀察和訪談的立基點並無不同。參與觀察也是奠基在經驗（the experiential）之上，只是這份資料的基礎，來自一名正在探究、觀察、提問且進行相同工作的觀察者自身的經驗。參與觀察者書寫田野筆記，也藉由諮詢他人或更深入的參與觀察，來核對自身對周遭事物運作方式的猜測。這份資料的經驗基礎，不會比常民在訪談中告訴民族誌研究者的經驗來得少。然而，參與觀察使民族誌研究者身陷建制叢結（institutional complex）之中，如果民族誌研究者也是一位社運人士（G. W. Smith 1990; Turner 2003），建制流程的不同面向會進入民族誌研究者的視野，研究者會因她／他的社運經驗而警覺到建制流程的這些面向。喬治・史密斯（George W. Smith 1990,

1995）將他參與社會運動的經驗寫成民族誌，描繪他身為社運人士所經歷的民族誌探索實踐。

> AIDS ACTION NOW! [1] 與其相對應的政治行政體制（politico-administrative regime）之間，持續不斷發生政治衝突，政治行政體制的設計，往往奠基於該體制發展的分析之上，組織與行政體制的衝突，主導我蒐集和檢視資料的方向。我不間斷地分析資料，目的是要拓展我對體制的工作知識。持續分析資料也包括我學習行政體制工作者的知識，伴隨著必然浮現的反身性。我的民族誌工作從這層面來看，企圖從內部描寫一個不斷浮現的世界裡的社會編派（social organization），我同時也是這個世界的一員。（1995, 31）

　　史密斯從社運的工作中學習。他在自身的實作中學習，也從他人的工作知識中學習，他稱之為「政治行政體制」的知識。史密斯身為民族誌研究者的學習歷程，與他身為社運人士的學習歷程，並無本質差異，差別只在於他作為研究者得書寫和報告。³ 透納（2003）在一項調查裡採取非常相似的取徑，這項調查始於她自身的社運參與，她與其他居民反對在他們家附近的峽谷開發案。她向市政府提出問題時，率先學習到提出議題須包含哪些事項。接著，透納從市府都市發展計畫體制中的工作者身上，繼續學習他們的工作知識，從而繪製一幅建制流程的地圖，該建制流程指向的都市開發成果，正是居民所抗議的項目。

151

---

[1]　此為 1980 年代，成立於加拿大的愛滋病患倡權組織，成立之初致力於倡議 HIV 感染者之醫療照護、藥物取得及藥物試驗等權益。

工作知識

　　我命名為工作知識的概念，至少有以下兩個面向。第一個面向是一個人關於他自身工作與執行該工作的經驗，他們在工作上做哪些事，怎麼做那些事，其中也包括他們想些什麼、有哪些感受；第二個面向是她／他的工作與他人的工作之間，隱微或明確相互協調的方式。喬治・史密斯（1990, 1995）身為社運人士的工作知識得以完整，乃是他從其他工作者身上習得的工作知識。上一章那段出自我跟鋼鐵工廠工人馬可訪談的段落裡，還有一些未言明的存在。他的主管是其一；他的家庭成員是其二；還有一些面目不清的他人，馬可口中的「他們」代表公司。常民對他們工作的經驗描寫中，未言明的存在可以視為許多道門，民族誌研究者打開這些門便能汲取更多知識，從而得知在特定故事另一端運作的人，擁有的工作知識。其中特別重要的是文本（我將保留到下一章），這些文本編派常民的工作，文本也協作不同的工作流程。我們透過工作知識，找到一個人的工作與他人的工作之間的關鍵連結。我談的工作知識涵蓋上述兩個面向。但是，我在接下來的段落將分開檢視這兩個面向，因為這兩個面向在資料對話中，分別呈現相當不同的實際問題。

「廣義」的工作

　　我們使用工作這個概念時，會出現相當多問題，主要是因為這個詞向來被等同於支薪的勞雇工作。建制民族誌研究者使用工作一詞時，取其廣義，延伸到人們花費時間與精力所做的任何事情、他們應當做的任何事情、在明確狀況下不管用什麼方式和工具做的任何事情、以及他們執行工作時可能需要思考的任何事情。建制民族誌定義的工作一詞，內涵比人們在工作崗位上

執行的任務還要廣泛。我發想工作這個概念，作為報導人與建制民族誌研究者，進行對話的根基。「廣義」的工作，借鑑名為支薪家務勞動（Wages for Housework）的女性主義團體（D. E. Smith 1987），該團體主張，家庭主婦的勞動實質上支撐社會的支薪工作，維繫資本主義社會的運作。因此，該團體認為家庭主婦的家務勞動應當支薪。在他們所延伸的工作概念裡，我發現最有用的部分，乃是此一勞動概念涵蓋各種未支薪的活動（不見得是僅由女性從事的活動）。例如，開車上班、為了在辦公室看起來體面而送洗衣服等等的活動，都稱得上是廣義的工作。支薪家務勞動主張，這類檯面下未支薪的隱形工作，支撐資本主義經濟的運作。但這些檯面下的工作不被認可為工作，也被認為對經濟毫無貢獻。有天，我在銀行排隊排了 45 分鐘（午休時間在多倫多市中心的一間大銀行）。我想起提姆‧戴門（Tim Diamond 1992）描述老人之家的長者等待早餐送達的情境：

> 早餐前每個人都坐著、胸前圍著圍兜兜、眼睛緊盯電梯。他們用極大的耐心安靜等待著，磨練耐心、主動練習沉默的技巧。（129）

在那間銀行裡我和隊伍裡的其他人都在工作，磨練沉默的技巧、不停換腳站立、舒緩我們的背、試著不要發火。[4] 對建制民族誌研究者來說，上述情況需要做的工作不亞於挖壕溝、填表格、或撲滅火勢。我在大學評分的故事中，很大部分的分析也用這種方式，延伸工作的概念。通常我們不會把到教室上課或到圖書館的過程，視為學生工作的一部分（因此，也不將之視為讓大學成為學生日常真實的工作），但是當我們採取工作的廣義概念時，上述事項便是我們會做的事情。[5]

維吉尼亞‧吳爾芙（Virginia Woolf）在她的小說《燈塔行》（*To the Lighthouse*）一書中，提到琳賽夫人充滿藝術感地安排與張羅晚宴，吳爾芙

對此的述說，便呈現一個隱形工作（invisible work）的優雅文學範例。吳爾芙展現琳賽夫人工作的各項細節，她指導準備晚宴的過程，她照看晚宴賓客的互動，重要的一點是，她有意識且有意圖地做她正在做的事情（Devault 1991, 6-8）。她的所作所為即是工作，她周遭的人卻不這麼想。瑪喬莉‧德弗特用琳賽夫人工作的故事，介紹德弗特她自身研究所關注的隱形工作。她呈現為家庭成員備餐所需做的工作，她所拼湊出來的工作，不只是我們提到備餐時慣常想到的事情，例如準備食物。她也呈現我們通常不會將之視為工作的事情，例如規劃餐點食材；這個人怎麼預測家庭成員的日常習慣、好惡，諸如此類的事情。[6] 她寫道，

> 我的研究主題是無以名狀的活動，傳統上多指派給婦女，在家庭團體裡進行；我從個人經驗中熟稔這些活動，卻無法輕易為其標籤命名。我剛開始思考這項研究時，我也想知道我能夠怎麼研究婦女照顧同住者的方法。由於我無法看見這樣的研究目標，該怎麼構框為一項「適切的」社會學研究主題，我只好藉由「家務勞動」（housework）的研究來貼近這個主題。在不確定研究緣由的情況下，我開始聚焦於供餐的工作上。這個詞彙很彆扭，聽起來也很怪，但我找不到其他詞彙，能夠精準道出我的意思。我指的不只是煮食，而是比「備餐」（效能專家的專業詞彙）更多的工作。供餐的「提供」一詞，當然一直被用來指涉傳統上，丈夫所做的事情——從而連結到一名婦女將薪資轉換為家庭餐點的工作。在規劃這項研究時，我在一大堆定義裡載浮載沈，但是遍尋不著一個標籤能簡單說明、足以代表我心所想的活動。（4-5）

德弗特將她稱為「語言缺漏」（insufficiency of language）的現象視為一個例子，說明「婦女的經驗和用來理解該經驗的思想形式之間，充溢著斷

裂」。語言缺漏是建制民族誌研究者常見的問題，語言缺漏會以不同形式現身。史帝芬·杜伯森（Stephen Dobson）和我訪談鋼鐵工廠的工人時，我們有時也會遇到語言缺漏的問題，尤其是受訪者對兩個幾乎不懂鋼鐵製程的人描述技術流程時，語言缺漏的問題特別明顯。我們跟工廠產線之間，缺乏共通的日常詞庫。我們腦中沒有視覺導引，能填補受訪者的描述，有些報導人會訴諸肢體動作，說明他的描述。我閱讀其中一段訪談時（跟史帝芬一起做的訪談），我發現有一大段在描述工廠的一項特定流程，我的回應是「是喔」，「嗯，我知道」等等。然而我反覆閱讀他的說詞，仍無法得知那項流程。為什麼我在訪談時，能了解我的報導人在說什麼，但閱讀逐字稿的當下難以理解？我不認為我在訪談時時裝懂。我回想那段訪談，我才明白，當時他的肢體語言相當生動，傳達了機器的動作、流程階段的變換等情況。

154

　　當然，錄音技術把這些肢體動作剪輯掉了。研究者意識到這類問題，便要在字裡行間探索更大、更明確的細節。德弗特成功讓她的報導者，描繪她們所做的供餐工作；她藉由報導人描述的工作所建立的描寫，開拓我們將家庭生活理解為工作的視野，比支薪家務勞動團體（根植於意識形態的馬克思主義，而限縮該團體對工作概念的延伸）所預想的層面更廣，也比多數撰寫家庭和家庭關係的淺薄觀察，更為深入。

　　工作需經策劃：工作是在限定條件和限定資源的情況下，在某些真實場所耗費時間所發生的事件。用這類概念來定義工作有項好處，你能夠接軌常民工作時，需要做些什麼事，以及他們正在做些什麼事。諾奈·格雷瑟（Nona Glazer 1993）注意到當代社會的工作，從有給工作到無給工作的普遍轉移現象，這同時也移轉人們的時間和花費。[7] 她舉的一個例子，便是顧客在當代超市所做的工作。她拿過去的時期來做比較，那時顧客不需來回於商品的走道間，挑選他們想買的東西；顧客不需自己把商品放進提籃或推車，再帶著不同商品去結帳櫃檯。過去都由店員來做這些事情。你甚至可以在一

大早走進街角的雜貨店，留下你的購物清單，你去工作時，商品就會送到你家。1912 年出現自助便利商店，從此改變了雜貨店業界的營運方式。現在我們去任何一間便利商店，在架上找到商品去結帳，成為顧客的工作，不再是店員或其他工作人員為你尋找物品的工作。[8] 你自己扛著這些商品上車；沒人會把商品送到你家門口。你載這些商品回家，而這也是一項工作（運費則由你負擔）。上述活動都耗費你的時間。過去的年代，你先擬好購物清單，把清單放到店裡，就會有人幫你把食物箱送到門口；耗費的是店家的時間——有支薪的時間，而非無給的工作時間（Glazer, 1993, pp. 48-67）。

採納支薪家務勞動這個團體的廣義工作概念，意味著從個人經驗、具體地講述工作。在廣義的工作概念下還有其他面向：這個概念融合個體的主體性和她／他的經驗。訪談者（跟參與觀察者相較之下）所仰賴的正是這個面向。研究者的旨趣在於跟報導人合力汲取報導人對工作的經驗知識；報導人便可藉此以專家的身分發言。經驗（the experiential）不只為某個人的工作帶來獨特的觀點，常民談論他們做的哪些事是工作時，他們也會談到他們怎麼思考工作、如何規畫，以及他們的內心感受。安德列·史塔克（Andree Stock 2002）進行一項民族誌，他與小學教師一起探索他們製作學校報告時所做的工作。史塔克描述教師寫報告所做的工作、某個獨特論述的實作、要怎麼管理課堂才能讓每位孩童成為教師報告的資訊，上述工作伴隨著情緒層面——有些教師在做這些工作時，感受到壓力與焦慮。

我們再度看到經驗描寫與建制描寫之間重要的區別。建制描寫較有可能在描述工作流程時，彷彿該項工作的執行者是一個位置或類屬（category），而不是與研究者交談的那個人。如果建制描寫中指涉主體性或意義，也會連結到一個類屬：「如果兒童保育員認為有疑似兒童虐待的問題，她……」便是建制論述塑造主體性的典型敘述句。建制論述指派主體性應具備的特質——例如，典型敘述句中，保育員「認為」該家庭發生的事，實際上是她

／他按照工作列表做的事（打電話、查紀錄、訪視案家、詢問督導），她／他做的事是一套標準化風險評估流程中的一道步驟（Parada 2002）。兒童保育員可能還有更多問題，目前的問題是她／他從訪視案家時得知的資訊，是否能夠成為建制類屬中，具有責信度的例證，好讓工作者能對該案件採取行動，而且是必得採取行動的案件。建制民族誌對工作這個概念和工作知識的理解方式，給予研究者研究方向，研究者學習實際做的事情、他們的工作怎麼編派、以及他們對工作的感受。

建制擷取的問題

　　工作知識是建制民族誌重要的資料來源，但研究者並不總能取得這些資料。我說的不是田野研究者可能常遇到的障礙（人們可能拒絕訪談；建制掌權者能阻攔研究者等）。建制論述進場的可能方式，樹立一道藩籬給研究者，而從民族誌研究者的觀點來看，這層阻礙會扭曲我們用來產製工作知識的對話。研究者所能取得的經驗資料，端視建制論述（如同第 5 章所描述的）融合或取代經驗描述的程度而定。訪談狀況視「建制擷取」（institutional capture）（DeVault and McCoy 2002; D. E. Smith 2003b）而定，尤其是報導人與研究者都非常熟悉建制論述，且知道如何操持建制語言的情況下，更須注意此一現象。建制（the institutional）吸納真實（the actual）的過程，有時會成為真實對話的特質，而不僅僅是文本對話。研究者可能會沒留意到她／他成為建制論述的俘虜。直到她／他閱讀訪談逐字稿，才會驚覺報導人使用建制詞彙，建立報導人的描寫，而其敘述也顯得空洞。安德森和他同事（Anderson, Hughes, et al. 1989）也在他們的研究中發現相同的結果，他們描述的這個問題，乃是研究者得克服特定報導人所持有的「組織原則」（organizational rationale）：

156

我們面臨的挑戰是我們怎麼在真實案例中，精確描述她的工作任務組成，以及她如何完成工作協作和工作順序。說她是一名財務人員，實際上幾乎沒有告訴我們任何事情。描述她在組織架構中的位置，也無法告訴我們任何事情。問題在於我們能夠研究些什麼。哪裡有材料能讓我們用來擷取且保存她的工作所揭示的組織單位（organizational unity）？將她說她所做的哪些事錄音下來，只是讓問題回到原點。她並未為我們說明怎麼做這份工作、怎麼整理文件、尋找遺失的收據、匯出或匯入必要的金額等等。相反地，她給我們一份說明，內容是組織原則裡她該做的事情。我們請她帶我們走一遍她的工作流程，我們只得到她描述各項事務怎麼安放在適切的位置。她該先做什麼、接著做什麼等等，以及一旦「拾起」（pick up）基數，剩下的事情便能循序完成。她給我們的描述就是組織給予的組織描寫，奠基於組織描寫的內部協作和順序單位。[9]（127）

「組織的組織描寫」（organization's organizational account）取代報導人在地工作的細節。

　　建制民族誌研究者遇到安德森和他同事一樣的問題，我們要怎麼穿透或超越報導人對她／他工作的描寫裡，採用的建制論述。[10]我在本章使用廣義工作的概念，正是要創造工作知識，使其盡可能貼近個體在某個時間點、在特定的真實工作環境、與特定他人有關時所做的事。建制論述吞噬工作者的不同視野、在地性、特殊性與主體經驗。如同我們在第五章所見，建制論述揀選常民工作中，能對建制論述問責的面向。建制論述無法指認的工作就不會浮現。很久以前，我讀到一份電影工作者的描寫，他們到美國西南方的納瓦霍保護區去拍攝銀器師傅的工作。[11]他們也把攝影機拿給某些納瓦霍在地的人，讓他們自己拍攝銀匠師傅工作的影片。白人電影工作者拍攝的影片呈現匠人工作的狀態和工藝品的美麗畫面。納瓦霍人製作的影片則大異其趣，

他們不只聚焦於製作銀飾的特殊工藝。他們的影片也涵蓋像是銀匠清早走路去工作，或是去提燃油這類的事情。在納瓦霍攝影師製作的影片裡，呈現許多關於銀匠工作的事情，但是白人電影工作者的影片並未出現這類事情。我也記得，我其中一名兒子國小時在學校做了一項科學實驗，他要我告訴他怎麼寫成報告。我說，「你就寫下你做了什麼事。」「媽，你別蠢了，」[12] 他這麼回答我，「他們沒有要你寫下所有的事情，他們不想知道我幫這個東西加滿水，然後拿到板凳那邊。」建制民族誌的「工作」概念，旨在將研究者的關注焦點，導向某個人正在做或曾做過的事情上，此一概念欲含括讓建制運行的真實活動，即便建制論述並未指認那些活動。對建制民族誌研究者來說，銀匠清晨走路到打銀舖、孩子為他的實驗取水，全都是工作的一部分，這些工作與建制論述指認且具有效力的工作一樣。建制民族誌的挑戰是研究者怎麼跨越語言的日常障礙，而從常民身上學習他們真實在做的事情。本章所定義的工作，有助於引導民族誌研究者的方向。「工作」的概念提醒我們，得時時回到人們正在做或持續在做的事情的具體細節、回到他們的想法與感受，以及回到那項活動的景況、方法、時間和其他資源。

組裝與描繪工作知識

　　建制民族誌研究描繪研究者揀選的建制流程地圖時，研究始於日常經驗與該流程相關的人。建制民族誌的研究起點構成研究的問題意識（請參照第 2 章）。研究者諮詢的對象，可能是就診的愛滋病患（McCoy 2002 即將出版；Mykhalovskiy 2002; Mykhalovskiy and McCoy 2002）；他們可能是家有國小學童的母親（Griffith and D. E. Smith 2004）；他們可能是抗議市府對珍貴的自然峽谷推動開發案的居民（Turner 2003）。研究的起始點並未構成一個抽樣人口群。研究起點乃是研究方向的起始點。研究者在這群成員的經驗

158

中，指認出需要探索的社會關係，以及研究應當訪談的第一層類屬的人。

　　社會關係的概念在建制民族誌裡大有用處，但我們不能混淆社會關係與母女關係這類的人際關係。社會關係一詞，確實不等同於一個實體。相反地，社會關係一詞，指引研究者進行研究探問，也提醒研究者不要將一項工作知識的描述視為終點，反而應該去探尋鑲嵌著社會關係的行動**序列**（sequences of action），此行動序列也指出研究關注的建制流程中的其他人、其他經驗和其他工作（G. W. Smith 1995）。社會關係的重要性在於它建議研究者進行研究的方向。社會關係始於身陷建制流程，或參與建制流程的常民日常經驗，社會關係將引導研究者，探索常民工作（此處使用這個詞彙的那層意思）怎麼接合或協作其他活躍於建制流程中的人。

　　建制民族誌的存有論主張，研究者繪製既定流程或組織方式的地圖時，應指認出建制流程的參與者在觀點和經驗上的差異，也得善用這項差異。經驗是研究中不可或缺之物。任何一名報導人的經驗，可能指向相同建制流程中的其他位置或參與該流程的其他人。如同先前我曾提到，研究者若將上述情形想像成能夠開啟的門，對研究者大有益處。藉著訪談門後的某個人，她／他的視野和經驗能補足（或可能修正）第一位報導人的工作和經驗。我們跟國小學童的母親討論他們所做的與孩子學校相關的工作，便能知道她們在家做的事情怎麼補足學校教師的工作；研究者穿過學校這道門，跟老師談話、和老師以外的人（例如學校董事）交談，便能提供研究者不同的觀點，也能展現工作知識的不同旨趣和不同面向（Griffith and D. E. Smith 2005）。我和艾莉森訪談中產階級地區的學校教師，我們發現這些老師能仰賴孩童母親，在家協助孩子或進行補救工作。低收入社區的學校教師則不這麼想，他們寧願理所當然地認為他們不會得到孩童母親的這類協助，儘管他們要是尋求協助，還是大有可能得到孩童母親的幫忙（Manicom 1988）。到了學校董事會的層級時，行政管理者會比較低收入社區和中產階級社區，能為一間學

校貢獻「親職支援」的基礎差異。他們（那些行政管理者）可能會使用「社區」這個建制語言；但是，經過民族誌探究後，我們發現行政管理者對學校如何運作的觀點，因社區的收入程度和家庭型態而有所不同，無法反應在不同生活條件下母職迥異的工作編派，以及教師截然不同的教學實踐。研究者探索建制分工（institutional division of labor）中，不同位置的人生產的工作知識，便能開始從互補的工作中組裝行動序列。

　　我在上一章聚焦於講述經驗怎麼將日常真實的社會編派（經驗緣起之處），遺留的痕跡帶到民族誌研究者面前。社會編派既不始於特定個體的經驗，也不會終結於她／他的經驗。民族誌研究積累超出研究所需的素材，而揀選眾多材料的方法，當然得回歸原始問題意識的引導；但是，更重要的是，建制流程裡不同位置的人所擁有的工作知識，相互連結的特性引導研究者揀選材料的方法。某種意義上來說，這塊拼圖的不同拼片，也選擇其他拼片和選擇其他工作知識能兜上的面向。舉例來說，艾倫・彭斯（Ellen Pence 2001）追蹤那些組成一件家暴案件的建制行動。彭斯在她的民族誌裡所採納的女性立足點，是配偶進入司法系統的受暴女性。處於建制中不同位置的常民，以及在此一行動序列裡不同位置工作的人，各自擁有不同的工作知識。警察逮捕家暴犯，並撰寫報告，他們擁有一套迥異於觀護人的工作知識，觀護人的工作則是拼湊這件案件的歷史，據此向法院提出建議，好讓有罪的家暴相對人接受判刑。[13] 在這兩者之間還有下列這些人的工作：檢察官、辯護律師、法官、其他參與生產法庭工作的人，包括被告、證人等人。研究者與警方或觀護人的對話過程，產製不同的工作知識，研究者在分析資料時毋須再度詮釋。相反地，研究者拼湊不同的工作知識，好讓序列的編派方式、迴路或其他編派形式能浮現。[14] 對民族誌研究者來說，導入那些站在互補位置的人所擁有的工作知識，是項重要的資源，她／他會學習到常民在特定的建制情境下，怎麼協調他們的工作。

　　報導人的工作知識和參與觀察者（含社運人士）的工作知識，都根基於他們的經驗，因此對民族誌研究者來說皆是具有可信度的工作知識（請參照第 6 章）。研究者不會重新詮釋這些工作知識，也不會給這些工作知識添加無謂的價值。研究者進行分析時需要謹記，每位報導人只貢獻社會編派樣態的一小片拼圖，這一小片拼圖是眾多常民活動（people's doings）協作的成果。研究者在書寫民族誌時，組裝該研究聚焦的建制流程中，不同位置且貢獻各異的人，各自擁有的工作知識。研究者組裝工作知識的過程各異，端視問題意識引導的研究焦點，形成的獨特結構而定（如下章所見）。但是，研究者在每個案例裡僅解釋特定的建制流程或行動過程（course of action）中，常民的工作怎麼協作。建制民族誌就是從這一點開始，不同於像是紮根理論（Glaaser and Strauss 1967）這類的民族誌。紮根理論將研究者的印象或直覺調換成為概念，使其具備普世性的形式特質，這方法以獨白式的詮釋系統來消弭歧異觀點和抹去形成歧異觀點的社會編派。紮根理論的研究者確實聽到不同報導人的故事，但是他們的聲音被削弱，成為民族誌研究者建構理論時的例證或例子。相較之下，建制民族誌的社會編派不是一個被套在資料上的概念，也不是用來詮釋資料的概念；相反地，社會編派的概念用來闡述研究者組裝工作知識的過程中有何發現，以及找出如何接合和協作他人的工作。某種程度上，建制民族誌研究者的分析過程，組裝了她／他與報導人共同產製的工作知識，好製作地圖或模型，勾勒研究問題意識有關的建制組織層面。研究者有許多不同方式組裝能夠相互接合的工作知識，研究者採取哪種方式，端賴問題意識指出的關鍵建制流程或關係是什麼。

　　透納的研究有一項核心是繪製建制地圖（也請參見 D. E. Smith 1999d），這讓我們注意到主流社會學研究和建制民族誌之間的差別。儘管建制民族誌的繪製過程旨在力求精確，但繪製地圖的過程，並未試圖展現一套客觀說詞，而讓該地圖所繪的真實與地圖脫鉤。建制民族誌的地圖，指回一個活躍

其中的人也認識的真實。賈芬可早期對主流社會學的批判（1967）漸漸破壞社會學的方法論主張，此一主張認為在社會學所描述的情境之外，存在客觀性。理解社會學書寫的過程，默默仰賴讀者對此項書寫指涉之物的背景知識。同樣地，建制民族誌以他人描述的工作知識為基礎，研究者總是來回參閱，以此為連結進行詮釋，也可能進行修正或添加其他位置的工作知識。

161

　　對建制民族誌來說，製作地圖是項有用的比喻。因為閱讀地圖時，讀者不會自外於地圖所繪製的區域。我對大學評分方式的民族誌「初步研究構想」，組成形式是對話形式；寫下這件事便觸發我的經驗，也勾起我的回憶，想起曾向他人學習之事。嚴格來說，上述民族誌並非參與觀察，卻奠基在我自身的參與之上。我為了這章節的概念而寫下這段經驗，以此為例說明在建制環境（institutional settings）下，探索工作知識可能會是什麼模樣。對讀者來說，他們也許最熟悉這些流程。你可以告訴我這流程中我所不知道的事情；你可以指出我錯誤的地方；你可以在我敘述過而你卻不了解之處，補充你自己關於評分流程的工作知識。

　　一幅地圖的指標具有對話性質。讀者閱讀地圖時，地圖指向一塊真實的區域，讀者正在此處旅行或計畫在此地旅行。某種程度上來說，地圖說明這塊區域的各種面向，好讓旅人能找到她／他在哪裡，以及她／他要去哪裡。地圖並未自外於它所繪製的區域。同樣地，作為民族誌資料來源的工作知識跟其他資料來源，共同建立一套關於建制體制（institutional regime）某一面向的說法，讀者能在此說詞中對照她／他關於相同體制的工作知識，或者能將她／他的工作知識融入其中。建制民族誌宣稱要描述常民身處的社會地域，我們應將建制民族誌詮釋為常民對社會地域的工作知識之說明與延伸。

結論

　　總結來說，研究者和報導人同心協力，從報導人的日常活動中，產製出報導人的工作知識。工作的概念成為研究者進入資料對話的一項重要指引。工作的概念引導民族誌研究者看見常民在做些什麼，以及協作常民活動的形式，這些協作形式組成（與研究問題意識的一般框架有關的）工作編派的叢結（complex of work organization）。以下兩點很重要，首先是工作的主張，必須將之理解為讓研究聚焦、探討協作常民與他人日常活動的社會關係和編派；第二是避免被工作的建制概念誤導，例如，將工作與支薪勞雇關係劃上等號。在超商從商品架上選擇商品，拿到結帳櫃檯結帳是工作；在銀行排隊等著跟櫃員說話是工作；走到郵筒是工作；填寫你的所得稅單也是工作；諸如此類的事情全是工作。務實檢視常民活動的日常編派，可能沒你想得那麼簡單。工作概念的日常使用方式，很容易讓我們偏離研究的軌道。但是，廣義的工作概念不只讓研究者進場，理解常民所做之事，也讓研究者了解做這件事所需的時間、在什麼情況下完成這工作、以及常民打算怎麼做這些事。廣義的工作概念可能解釋做這些事所需的技巧；也可能告訴研究者常民怎麼規畫、思考和感受所做的事；他人在做什麼和發生什麼事都折射出行動者進行活動的視角。

　　經驗是一座橋樑，一端是未被言說之事，另一端是透過對話（第 6 章）成為民族誌研究的物質基礎之事。組裝不同的工作知識讓建制民族誌有一個實際可行的方法，探索社會，視其為協作不同常民活動的方式。儘管建制民族誌不像對話分析研究者，那般精準地接合對話序列，建制民族誌循米德率先構思的符號溝通（symbolic communication）概念（Mead 1962），開展其研究。每一階段（或每一步）都導向以序列方式協作的工作；下一階段（或下一步）緊接著上一階段（或上一步），並且定義和導向接下來會發生的事。

組裝工作的各個階段，有助於我們去找出行動序列，或一套序列組合，此即為社會關係，如同我們研究母職與教育時所發現的社會關係一樣（Griffith and D. E. Smith 2004）；或者，組裝工作的各個階段能繪製出一個叢結——如同麥可依（1999；請參照下一章）的研究和透納的研究（2003）——在常民工作的任一位址，都無法找出這個叢結。組裝的過程也不是一個抽象產製的過程，不該像吉爾托（1998）檢視的那些主流組織研究或管理研究，再現的組織特性一樣。組裝工作知識的最終產物，需具備民族誌基礎，研究者把研究者與報導人對話的相關段落，導入文本的用意，並非作為實例展示或範例，而是藉此解釋常民在一個經過編派的程序中，協作他人活動時所做的工作。民族誌挖掘建制次序，而不是將理論套用在建制次序之上。

　　我將在下一章節介紹「文本」和「文本群」[2]。建制過程（institutional course）或行動迴路（circuits of action）的編派方式中，「文本」和「文本群」乃重要的組成元素。我已經強調過，文本和文本群對建制的跨地性來說相當重要。建制民族誌導入文本群，作為協作常民工作時，可透過民族誌觀察到的存在，使建制民族誌的研究能展開讓權力浮現的形式。藉此能幫助民族誌研究者，進一步觸及社會關係和建制的編派方式，因它們都連結到更大的治理關係和經濟體。

163

---

[2]　此處原文為 "text" and "texts"，因此我特意加上「群」來強調其複數型態。

註釋

1 瑪喬莉‧德弗特和莉莎‧麥可依在這本書的指南手冊《建制民族誌的實作》（2006）一書中，寫了一章描述建制民族誌研究者怎麼從常民活動中學習，以及常民活動怎麼協作他人的活動。

2 我跟莉莎‧麥可依的個人通訊。

3 喬治‧史密斯以社運人士身分所作的觀察，從未寫成一份民族誌。他英年早逝，但是，其他在田野裡的社運人士，能夠使用這些資料，也能取得這些資料。

4 我們過去和現在都在做無給工作，過去都是由支薪員工來做這些事情，現在則多轉換成自動化收銀機，例如自動提款機（Glazer 1993）。

5 如此處所解釋，德布拉‧布朗（Deborah Brown 2004）創新使用工作的概念。她研究英屬哥倫比亞的兒童保護機構時，她遇見一群女人，那群婦女正在焦點團體的情境下，接受一間兒童保護機構的指導（她稱這些人為她的「研究顧問」）。布朗與這群婦女共同導入她們的經驗，將她們跟該單位的關係描述為工作。她們指認出工作活動和她們逐漸發展出來的技巧。在兒童保護諮商師的協助下，布朗繼續探索那些規範兒童保護機構工作的文本序列。

6 德弗特拒絕使用像是「照顧工作」這樣的概念，「照顧工作」一詞雖便於意識形態上的分門別類，卻未能直接觸及製作家庭餐點所涉的在地實作。

7 這份關於工作的優秀研究，若放在資本主義建制的編派之變遷脈絡下，嚴格說來並非建制民族誌。然而，這份研究同樣地提供極佳的描述，說明資本主義企業的工作編派，其改變帶來婦女工作的改變。他也很罕見地避免讓工作和工作編派的描寫，附屬於政治經濟的構框和概念，政治經濟的構框和概念通常會像建制論述一樣，將真實社會關係和組織消融其中，而不是闡述它們。

8 我也注意到增加消費者工作的包裝技術。用塑膠製品包裝的包裹像簾幕一樣垂吊在走道上。以小五金和梳子為例，這類商品內含的物品通常比顧客所需，還多上一兩件物品。過去的年代，小五金或螺絲是由店員秤重或清點。現在則很難找到少於十顆螺絲的包裝，除非它們是大號的螺絲。拋棄式包裝的過剩商品，大幅增加地方政府處理廢棄物的問題。多數被丟棄的物品，都是由標準化單位的包裝，以及／或急於展示和取得而來。

9 安德森和他同事在使用「擷取」（capture）一詞的脈絡所指出的事情，當然和「建制擷取」一詞的使用脈絡幾乎相反。

10 同時請參照德弗特和麥可依在指南手冊《建制民族誌的實作》(2006)一書中的文章。

11 我忘記這故事的出處,但我記得這個故事。

12 當他想要用一種較接近於不正式的詞彙 mom 跟我講話時,他會使用母親(mother)這個詞。

13 請參照我在《建制民族誌的實作》(2006)一書中的章節,該章描寫我訪談一位觀護人,關於審前調查的主題。

14 下一章會有些篇幅描述麥可依(1999)的研究,該研究描述一個迴路。

第 **8** 章
文本群與建制

　　若研究者要把民族誌延伸到在地常民日常經驗之外的疆界，將需要把文本群納入民族誌的實作。我在第 1 章介紹了治理關係的概念。治理關係的概念，旨在為我們指認出一種現象，一個我們鮮少注意卻深深鑲嵌於我們的時間和生活裡面的現象。能使治理關係浮出檯面的一項對比，便是婦女運動中，性別化的身體抵抗它所經驗的事情。這項肉身的抵抗絕不順從笛卡爾流派，將身體與心靈二分。堅持肉身化（embodiment）的社會學探究者，從女性立足點出發，便意識到不尋常的社會關係叢結。在當代世界，社會關係叢結的力量在於找出意識，把我們塑造成彷彿失去肉身的主體。奇怪的是，即使這個叢結提到肉身時，它也有能力將其去肉身化。

　　上述治理關係的基礎，具有文本性質。對此一般觀察的目的來說，文本能以印刷、影片、電視、聲音、電腦等各種形式呈現。上述媒體當然大相逕庭。但上述媒體的共通點是能夠被複製，不管是書寫、口說或圖像的形式都能再製，也都能讓一人以上、在不同時空裡閱讀、聆聽和觀看。我以作者的身分閱讀本書寫下的文字，我書寫這些文字的時候閱讀它們，我反覆閱讀這些文字，而你以讀者的身分正在閱讀這些文字，但是我們身處不同時空。這本書的出版，讓我們得以建立這道奇怪的連結。這本書看來自外於我而存

在；本書以眾多複本的形式，擺放在圖書館裡；也會有其他人像你一樣正在
閱讀本書。

166　　　我需要更嚴謹地使用文本一詞。語言學的脈絡下，文本一詞指涉一段談
話（stretches of talk）[1]，以及以某種永久的形式所銘刻的事物（當然，在
語言學家的專業技藝凝視之下，永恆銘刻了一段談話）。但是，在建制民族
誌的脈絡下，堅持以下的觀點則相當重要，文本一詞將文字或圖像連結到某
種具體、能夠複製的物質形式。**文本可複製性**（replicability of texts）正是
治理關係的根基；可複製性是治理關係存在的條件。常民能夠跨地協作其活
動，便是憑藉文本的物質存在，讓讀者、聽眾、或觀眾的肉身存在，在任何
地點皆能取得形式完全相同的文本。我們探討建制時，如同我們多數時候
在建制民族誌提及的那樣，我們必須特別留意文本在概括化社會編派時所
扮演的角色，我們時常在使用文本一詞時，將之視為理所當然。醫院、學
校、大學或公司，何以能於在地實作的不同場址，被視為同一種社會形式？
可複製和已複製的文本，在標準化跨時空的各類型工作活動時，相當關鍵。
文本亙久不變的特性，正好提供標準化的基礎。複印科技讓一份文本能產
出許多份相同的複製本，因而前所未有地轉變社會關係的編派，使社會關
係的編派不再受限於在地時空與個人。文本群將跨地編派的社會行動模式，
縫合到我們必然肉身化的生活中的在地真實。文本－讀者對話（text-reader
conversation）鑲嵌於工作的在地環境中，也組織工作的在地環境。

　　研究者組裝常民提供的工作知識，相互補充常民的工作編派，但這麼做
仍停留在特定場址的特定工作編派。研究者得找到工作編派的建制維度，才
能超越在地性。這意味著研究者得找到文本群，這些文本不只是在某個環境
協作不同常民的工作，也得在其他環境協作常民工作。如此一來，在一處完

---

[1]　此處「一段談話」指的是語言學分析上用來分析的語料。

成的工作才能跟在他處、其他時間完成的工作相互協作。

在我們深入這項主題之前，我必須強調兩件事：其一是——而這可能受世代影響——我是一名閱讀文字的讀者[2]。我較嫻熟書寫的文本，對圖像或聲音或包含數字的文本較為陌生。所以，我往往忽略攝影圖像的文本協作面向，例如在莉莎・麥可依（Liza McCoy 1995）的研究中提到的攝影圖像，我也常忽略電視、影片、樂譜、數學、建築繪圖等文本協作的面向。[1] 建制組織中普遍存在文本群（特別是書寫的文本群），文本群在製造普同化和標準化的常民活動時，無疑十分重要，而普同化和標準化正是建制不可或缺的一部分。第二點，我在本章所說的情況受限於以下情況，在行動序列中找出文本群的技藝仍在發展階段，而協作行動序列的過程，研究者又怎麼找出文本與協作行動之間的關聯。因此，本章的目標是讓研究者能以民族誌的方法看見文本，也呈現建制民族誌研究者將文本整合進民族誌方法的一些技巧，最後則是要鼓勵其他研究者指認出文本（the textual）的主動參與（active）。

我描寫社會存有論時，已經強調社會處於動態，但是人們很難看待文本的動態性質。在上述存有論的基礎上，將文本導入民族誌，會面臨我在第5章時所強調的文本停滯。在書寫或創造圖像的過程中，文本尚未成型。文本仍在生成。一旦文本進入文本鐘點（textual time）（D. E. Smith 1990a），文本－讀者對話會將讀者帶入文本的時序之中。讀者關注的焦點就會受制於文本。讀者／觀眾的在地肉身存在所處的在地環境，與文本無關。我們閱讀時，文本便控制我們的知覺；文本將我們帶離在地導向的意識——當然我們的意識並未遠離我們，但是我們閱讀時並不關注在地導向的意識。文本有其內在的時間架構，並不是我們進行閱讀工作時身處的日常生活裡的時間性。

167

---

[2] 原文使用 "reader" 一詞，史密斯想要突顯他是閱讀文字的世代而非閱讀影像的世代。

文本抑制我們的知覺、打破日常的時序經驗、專注在閱讀工作而攫取我們的注意力——上述情況讓我們看到文本群時，難以看到文本群進入一段與讀者持續不斷對話的關係（如同我在第 5 章所描述的那種對話關係），更別提我們能辨識出文本群協作常民工作時「活躍」的部分。

我用圖 8.1 來幫助我們概念化文本群，文本群「正在出現」（occuring）於時間流中，也「正在出現」於眾多行動過程中的一部分（確實是部分）過程。我們可以想像有個人在圖書館閱讀，她／他可能在準備寫報告，而閱讀是其中一部分，或是準備上網查詢和報告相關的資料。她／他參與一道行動過程（course of action），而閱讀文本是其中的一部分；她／他閱讀的文本則進入她／他正在書寫的文本之中。我們可以想像在報告的文本中，放入讀書筆記（另一份文本），而這份報告被寫成課堂報告，或投稿至期刊以便審查出版的文章。書寫報告的行動過程發生在某個時間和具體的在地場所。文本作為一份物質的實體（也許是一本書或一份期刊出版品），都在書寫者身邊，也存在於於書寫者完成工作的特地場所裡，而且書寫文本也耗費時間（她／他在看錶，確保她／他能在她／他必須離開的時間之前，完成這件事）。

在民族誌模式中融合文本群的關鍵，在於能夠辨識出人們閱讀文本群時，身處真實的時空；閱讀文本群是人們行動過程中，不可或缺的一部分；文本－讀者對話會持續進行，並牽涉真實的人（也許更多人）。舉例來說，我開始發想怎麼指認文本群為行動的一環時，我身處伊利諾州的埃文斯頓，等待朋友從機場抵達。我在休息室坐的地方附近，有四到五個人坐在我的咖

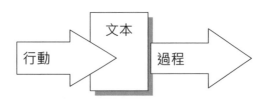

圖 8.1　概念化行動中的文本群

啡桌附近。我聽不到他們在說什麼，但我能看到他們在說話，能看到咖啡桌上有份文本，攤開在其中一位人士面前，他似乎主導團體的互動。他比其他人還常發言，來回看著其他人，像在蒐集他們的注意力一樣。他時不時停下來；他會低頭看他面前的文本。其他人會等他開口──彷彿輪到（我用對話分析的說法）那份文本來代替其他人講話。接著他會抬頭再發言，彷彿他在報告或回應那份文本對他說的話。[2]

　　在民族誌模式中融入文本的第一步，乃是指認一名讀者於在地場域啟動文本時，這份文本即是一份物質存在。我在英屬哥倫比亞省維多利亞大學的社會系研究所課堂上教導文本分析時，我要求學生帶到課堂上的文本複印本，必須足夠發給每一位同學。這件事比我的預期更有啟發意義。課堂成員因文本類型不同，而採取迥異的文本閱讀方式。當他們閱讀一份為加拿大東岸一間大學所做的精美文宣時，他們並未從頭開始閱讀，把文宣讀完。他們來回翻閱、選擇欲瀏覽的區塊、看看照片，接著繼續閱讀或回到其他部分。學生以不同方式，閱讀一份推薦學生申請研究所的推薦人表格；同學瀏覽過這份表單，而非從頭到尾仔細閱讀。上述兩種閱讀過程，迥異於一本小說的閱讀過程，或是跟閱讀一本電話黃頁不同──如果這稱得上閱讀。文本－讀者對話顯然各異，且看來視讀者所涉入的文本類型而定。

　　上述的課堂觀察，不足以帶領我們用民族誌的方式探索文本，因為正是文本－讀者對話的文本，才把讀者帶進文本協作工作的核心。我在此處導入課堂觀察的用意，在於強調文本群的成型（texts happen）[3]；文本－讀者對話成型於實際的時間裡、在讀者閱讀文本的真實在地環境中成型：「文本（本身）再現特定種類的人類舉止」（McGann 1993, 4）。意識到人們怎麼

169

---

[3]　譯者在此取 happen 的動態意涵，強調文本群並非靜態的客體，而是透過讀者啟動閱讀，方能逐漸「成型」。

啟動文本，能幫助我們跳脫自身經驗，不再把文本視為被動之物，也幫助我們視文本為行動中的物品。研究者若在人們於日常工作啟動文本群之際，指認文本群的作用，也就是在文本群成型時指認出文本群，研究者便有可能把民族誌延伸到超在地的環境，探索和闡述建制次序，如此便能在常民生活的日常之中，清楚看見建制關係的存在。如果我們能夠聚焦於人們不間斷進行活動的真實世界，在我們翻開報紙或一本書、寫一封電子郵件信件、看食譜做菜、打開電視、叫出一份電腦檔案、填寫表格等等的時候，我們便能看見人們／我們自己。我們在閱讀文本群時，或是我們和我們所閱讀的文本無聲對話時，我們都在主動參與文本的交流（D. E. Smith 1990a）。在書架上的文本材料、檔案夾（電腦資料夾或檔案櫃的文本材料）、或是作廢的文本材料，上述文本材料的存在都具有**潛在力量**（*in potentia*），但文本需存在於時間和行動之中（不管是存在於持續進行的文本－讀者對話裡，或是「已閱讀」的文本怎麼編派即將發生的行動），方能發揮力量。即便茱莉亞・克莉絲蒂娃（Julia Kristeva 1986）的論證，主張文本是讀者的產物，她的主張仍假設一份文本雖有眾多閱讀方式，仍能將文本視為相同的物品。文本於眾多在地環境中，再製同一的管理和責信流程，會把在地的工作編派將扣連到「中心化」的規制流程、決策過程，而上述過程則座落於特定的在地環境。若缺少一套標準化的文本再製過程，上述的社會關係將不可能存在。標準化的文本再製，讓文本在文本出現的諸多在地脈絡中，得以被視為「同一物」（McGann 1993）。

170　　　我在上一章描述民族誌研究者在研究過程中，怎麼借鑒建制流程參與者的工作知識。分析常民工作的協作序列或迴路時，導入文本群，讓看來只是在地工作編派的民族誌描寫，浮現建制面向。文本的協作既發生於在地的工作流程中，**也**與其他時空完成的工作有關。在上述的流程中，找出參與其中的文本群，並在民族誌流程中納入文本群切入行動過程的描寫，將為民族

誌研究者找出在地以外的組織維度，也開啟研究者得以進一步探索的研究之門，特別是探索治理在地工作的跨地方式。

文本協作常民工作的方式

建制民族誌的文本維度在建制環境中，難以脫離研究者的常民工作描寫，而此一描寫奠基於訪談者與報導人共同創造的報導人工作知識。然而，文本群本身並未成為研究焦點，關於文本群的主題亦非研究的焦點。儘管論述分析和修辭學領域，能讓我們學習到許多寶貴的事情，建制民族誌並不把文本視為獨立的研究主題，相反地，建制民族誌指認出文本進入建制行動、協作常民活動的情況。確實，如同在文本－讀者對話中啟動文本的方式一樣，文本**就是**常民活動。

文本協作一項工作流程時，建制環境下的文本，便讓身處其中的工作者所做的工作，具有建制的可觀測性（institutional observability）；也就是說，這是一項雙向協作的過程，一方在建制的行動過程中，涵蓋多人來協作工作序列，另一方則負責照看整個流程，確保所做之事符合規制要求。這種雙重協作有不同的形式，我在接下來的段落所使用的實例，可看到這些不同形式，這些例子也說明研究者能用哪些民族誌方法，指認文本協作工作流程時所扮演的角色。

線性序列的案例

彭斯研究家暴案件中的司法流程（Pence 1996, 2001），她指出編派行動序列的要素是「案件」，此一行動序列始於夫妻之間，因暴力衝突而致的報警電話。從那通電話開始，文本媒介建制步驟的每一步，文本也賦予建制步

171 驟責信度。911 的接線人員在電腦螢幕設定的欄位上，記錄來電細節。一旦接線人員啟動這套流程，便會啟動表單上的欄位。警方在介入處理該事件的過程中，依循一套準則，好產出主管能接受的報告。這份報告包含當事人是否決定採取進一步行動，也包含移送起訴的可能性。司法流程的文本程序符合更普遍的文本編派文類：「案件」、或是在司法脈絡下的「檔案」。案件以文本形式編派，成為個體的紀錄；這類紀錄接著送入一系列的建制階段。

彭斯（Pence 2001）引介一個「流程遞換」的概念，標誌出一種獨特的工作編派。每個流程遞換的階段都有一份文本進入建制流程，工作者則依序處理這份文本。工作者會在修正或查核該文本後傳送下去，或是工作者在此原始資料上，產出新的文本傳送下去。此一流程編派的案件中，全由文本勾勒涉案人的樣貌。建制期程（institutional schedule）編派該案件中丈夫和妻子的生活。他們是誰、建制怎麼指認他們、他們可能被要求該怎麼表現，全都建立在構成本案紀錄的文本裡。

彭斯其中一位報導人是警探，他製作以下的描寫，說明一道典型的行動序列，一份警方報告的文本經歷多次流程遞換，文本在行動序列傳送的過程中，工作者會修正文本或是補強文本內容。

1993 年 1 月 1 日星期五：市區一對同居伴侶發生家（暴）。受害者一隻眼睛瘀青、流鼻血，向警方報案。有一支小隊採取行動，發現施暴者[4] 已經離開，該小隊無法在四小時內找到他。他們回到工作崗位上。

1 月 2 日：該小隊進行口頭報告。

---

[4] 原文為 offender，意即在原文所指的家暴系統中，相對人已在司法訴訟前被標籤為犯罪者。台灣的家暴系統過去亦以「加害人」稱呼家暴事件的施暴者，現已使用「相對人」一詞。譯者在此尊重原文，故譯為「施暴者」。

1月4日：謄打口頭報告後，交回巡邏隊。

1月7日：主管在該份報告上簽名，該報告送交至交通隊，登錄請求逮捕令。

1月8日：這份文件被送到檢察官的籃子裡。今天是禮拜五。

1月11日：檢察官辦公室登錄該案，並發派給一位檢察官。接下來幾週的某個時間點，一位檢察官會審閱那份報告，決定要製發逮捕令、指導一名書記人員填寫所需表格。

1月25日：該檔案回到德盧斯警局偵查局的書記人員，附上一張傳票。

1月27日：書記人員謄打傳票資訊，寄出內含所有報告、被害者和目擊者資訊、證詞的包裹。

172

1月28日：被害人和施暴者繼續住在一起，共度那起雙方意料之外或爭執的事件之後的第一天。

1月29日：施暴者打開他的郵件，發現他的開庭日期是2月22日。

2月22日：他未出庭。下班時，開庭檔案被帶回法院書記官的辦公室。

2月23日：檔案被放到一個籃子裡，靜待至少兩週的寬恕期。

3月10日：檔案被移出籃子，放進一個「回到檢察官聲請逮捕令的籃子」。那檔案會在那裡躺到一堆「值得」被挑選或寄回的檔案堆積起來，但我們寬容點來說，幾天內就會消化完畢。

3月12日：檢察官辦公室收到這份檔案，將檔案寄到製發逮捕令的檢察官那裡。

3月17日：該檔案被寫成一份逮捕令，歸還至德盧斯警局。

3月18日：尼可拉斯警官把檔案帶到庭上，宣誓其真實性，並讓一名法官簽署該檔案。接著他把檔案帶回法院書記官的辦公室。該檔案被放到一個籃子裡，裡頭是書記官有時間就會建檔的申訴表格。這過程大概耗時一週。

3月24日：檔案被放到逮捕令的籃子，等著被行政司法官的逮捕令辦公室取走。

3月26日：逮捕令辦公室收到該檔案、登錄、鍵入電腦系統，然後把檔案放到籃子等候行動。

3月27日和28日：這對伴侶自男方未出庭以來度過首個週末，他們不擔心或爭執接下來會發生什麼或應該發生什麼事情。

3月30日：他致電，同意在隔天現身。

3月31日：他現身且主張無罪。審前陪審團的時間訂在5月第一週（審前

陪審團總是訂在 5 月第一週，他已錯過 4 月那場）。（Pence 1996, 67-68）

　　法律已制定此一行動序列的期程安排：行動序列中的每一步，標誌著該份報告文本的一個「動作」，而每一個步驟都被記錄下來（雖未在此描述警探怎麼紀錄每個步驟，我們應該假設有個時間戳記，或是類似的東西，登錄檔案抵達每個主要場址的時間）。這份警探的描寫為我們揭露建制行動的過程中，由文本開展的步驟之序列，以安排被告出庭作結。首先，警方得生出一份報告；接著，這份報告從一個場址傳送到另一個場址，成為一份夾帶傳票和其他附件的「檔案」。施暴者無法前來應訊時，一份新的文本──逮捕令──就會進入此一流程，這份文本繼續前往下一階段的流程遞換，以利工作者採取下一步行動。文本及其變形協作工作者之間的行動；每當文本抵達某一位工作者的工作場址，便會開展一項新的行動；接著不管工作者有沒有更動文本，產出的文本都會被傳送到下一個場址，讓這份文本在下個場址，再一次開展一項行動。

　　這位警官描述的流程，確立文本的產製、認證、積累、閱讀和傳遞，作為工作者工作的一部分，以及法律規制的工作模式之間的相互協作。因此，文本群不只媒介每一階段工作與下一階段工作之間相互協作的流程，在工作流程和流程中的每個階段，與（在這個案件上）明尼蘇達州的法律之間，文本群也進行協作。把常民的在地工作挪移為建制的歷程中，此一獨特的協作實作（coordinative practices）至為關鍵（下一章將對此進行更多討論）。研究者組裝參與者的工作知識，以揭露文本怎麼協作工作者的工作，這項民族誌實作讓研究者能夠發掘（或是開始發掘），工作者身處其中參與生產的建制體制。以參與者的身分來說，受暴妻子和家暴丈夫在此一過程中，參與建制體制的程度並不少，他們都活躍其中，即使此一流程中，他們未被建制肯認為能動者。

173

流程遞換的序列創造出一道建制行動的過程，此一行動過程與常民生活的真實性扯不上邊，卻能在常民生活套上建制次序。當然，如前所述，整個序列未明說但實際上參考的基礎是法律，特別是參照將家暴建立在刑法之上的法律，以及其他規制在地實作的文本。藉由能夠跨越地域限制的文本次序來協作在地工作者的活動，在地事件的建制性質因此而完整。

責信迴路（Accountability circuits）

在文本編派的工作中，「案件」做為其中一種文類，呈現的是一個圍繞不同個體所編派的序列。但線性序列不是民族誌研究者發現文本「主動參與」協作工作者工作的唯一形式。麥可依（McCoy 1999）探索關於責信的工作編派。[3] 麥可依描寫的工作編派，並未依循彭斯描述家暴案件司法流程時的序列次序。麥可依描寫的工作編派，揭露一間社區大學行政流程的階序，怎麼透過文本媒介其階序的社會關係。麥可依的民族誌捕捉到安大略省，政策轉變時期的社區大學樣貌。政府政策的驅使所致，麥可依進行研究時，社區大學接受經費補助的方式開始改變，原本社區大學的經費補助只看註冊率，後來的補助制度要求學校，必須開設能回應在地企業需求的職訓課程，並使用會計的成本收益系統來決定各校補助經費。各省的基本補助因省而異，但加拿大聯邦政府當時正提倡發展一個與私人職訓學校競爭的市場。這意味著大學必須競標勞務採購案，並執行短期的職訓計畫。為了在競爭激烈的市場裡有效運作，大學必須更精準了解訓練課程的單位成本，他們必須重新建構行政體系，以回應和服務客戶的需求。

組織再造的方式包括創造文本、重新設計文本或調整文本，好讓文本呈現出工作者的工作，能在新框架下具備責信度。麥可依分析某一間社區大學的其中一個部門在學程支出上的文本，以揭露文本編派的社會關係：精算

的某種特性和類型，讓主管能夠考核不同位置上的人之工作表現；用成本效益觀點的精算方式考核學程的狀態，讓主管得以在比較不同學程的成本效益後，決定要保留或移除哪些學程。[4] 行政管理者、財務長、系主任、授課教師以及工會代表之間的關係都會因此而重組。富爾頓大學的成本會計師描述了這項改變：

> 報導人：嗯！在舊制時，校長掌控所有事情。我們現在試著讓院長負責執行。
>
> 麥可依：負責他們的部門？
>
> 我：對，沒錯，所以我們能讓他們負責的唯一方式是告訴他們，這些是你們帶來的收入，這些是你們的成本，了解嗎？所以，我們能這麼做的唯一方式就是在會議上檢視成本計算，接著，好的──「短期學程不賺錢，後中學（post-secondary）學程會賺錢，這個部門整體看起來很好，但是你有某些學程的收支，得靠其他學程來平衡。」這就是在這個階段做這類計算的原因。（McCoy 1999, 196）

麥可依下了這樣的評論：

> 我們在這裡看到文件展現出強而有力的編派潛能。會計師描述他和行政主管怎麼使用學程成本的文件，「讓院長承擔執行工作的責任」。（196）

麥可依與另一名行政主管的對話中顯示，從該行政主管的觀點來看，大學裡的學術工作者現在將會附屬於責信關係所帶來的重大轉變。若看過去政

175

府補助學程的方式，學術工作者具有相當高的自主性，可以分配自己的教學工作和其他工作。這套新的成本效益制度改變學術工作者和行政管理者之間的關係，這位行政主管在以下段落中，把成本效益系統衍生出的現象，描述成在職員之間肆虐的「心理浩劫」。

> 麥可依：實施那項〔學程成本〕計畫會涉及哪些事？

> 報導人：首先，你得讓學術工作那邊的人，了解這項計劃的重要性。嗯，學術工作者是一群猛獸。他們的世界是這樣，讓我做完我的工作，不要拿錢來煩我。不幸的是，現行的制度讓我們得把自己視為一項商業行為。我們從事商業行為，好嗎？我們得非常謹慎，平衡我們觀點裡的人性面跟底線。我們經不起虧損。福特汽車可以賠掉九百萬美元，他們可以向銀行借貸，明年或下個世紀再還款。我們不行，我們不允許在短絀的情況下營運。我們得維持我們的預算項目，這意味著一夕之間我們得檢視我們做為商業行為所做的事情。我現在可以告訴你，這衍生出我們職員之間很大的心理浩劫。（McCoy 1999, 198）

為了讓學術工作者在新的責信結構下工作，行政主管利用一種由工會－管理者的協議中所建立的表格，這項協議源自 1980 年代的教師罷工行動，那時在爭取教師教學時數的上限。當時在集體協議下，訂定教學時數上限，但是行政主管時常無視這項協議——他們「試著增加註冊率，但維持教職員薪資不變」。這項罷工協議的其中一項成果，便是建立一條計算教師「工作量」的標準公式（McCoy 1999, 211），這條工時計算公式具現化為一張表格：標準工作負擔量表（Standard Workload Form, SWF）。在責信架構重組之前，這份表格對授課教師來說幾乎沒有直接意義，除非他們認為有人違反

這份集體協議，那這份表格就能讓她們提出申訴；新的成本效益體制下，這份表格能用來評量一名院長和系主任，檢視商業模式做為辦學重心的情況下，院長和系主任分配教學資源的效率。

> 教師「工作量」作為例行的鐘點核算，並非由教師計算出他們做了多少工作，而是取決於教師執行工作的經驗以外的因素。填寫標準工作負擔量表（或填寫的原因）是系主任的工作，並由系主任核定系上所有教師的量表。量表上的數字並非再現已發生的事實。填寫量表的過程，系主任正在決定一名教師在新學期會教多少課、她／他將需要做多少工作（例如研發課綱或是到高中演講）。填寫量表的過程，適用的是針對一名教師被要求做哪些工作的集體協議，透過該公式作為計算工作量的方式，也能看見這套提出的工作量是否符合或違反協議的條件。（McCoy 1999, 212）

麥可依再度將標準工作負擔量表這份文本，導入**她的**文本中，且為讀者詳細說明授課教師的工作怎麼被翻譯成時間跟成本。緊接著她說明在大學組織裡不同位置的人，怎麼啟動（閱讀）這份表格。其中一名教師認為，這份表格是她在第一階段需要完成的事情，幾乎像是一份用來跟系主任討論工作的提案。如果主任能夠接受這項提案，她／他會在這份由教師填寫完成的表格上簽名。麥可依與這名教師的談話中顯示，教師工作量的再現形式與教師實際上做的事情之間產生斷裂。麥可依也跟系主任談過，系主任也意識到這份工作負擔量表，再現的狀況並未完全反應真實。麥可依也有機會跟系裡面的教師，一起規劃他們在新學期打算接下哪些工作。然而，導入新的責信編派方式後，顯而易見的是標準工作負擔量表漸漸扮演新的角色；這些文本不再像過去那樣徒具形式。行政體系開始認真看待教師的整體時間和分配到不同類型教學及相關活動的時間，以形成為一種管理手段，管理授課教師工作

的方式，管理依據則是教師的工作對學程整體成本效益的狀態有哪些貢獻：

> 標準工作負擔量表的填寫流程被導入學程的成本計算之中，此一文件來源
> 讓行政體系得以把教師的薪水，拆解成更小的成本單位，好配置為不同學
> 程和課程的成本。（McCoy 1999, 227）

在這些文本所協調的責信迴路裡，也存在著彭斯描述為流程遞換的東
西。責信迴路並未關注於文本，以序列形式從一個位置到下一個位置的處理
過程，麥可依從文本（特別是其中兩份文本）出發來解釋，在不同位置的工
作者啟動文本時，文本怎麼協作行政主管和授課教師的工作，使兩者的工作
能符合新的成本效益體制的規範。

民族誌運用文本的其他方式

本章提供的例子，並未窮盡建制民族誌研究者繪製的地圖類型，建制民
族誌研究者使用文本群來鞏固工作流程的序列。我在這一小節將比較建制民
族誌辨認文本的兩種不同方式。[5] 第一種方式是探索跟繪製建制流程的地圖，
文本協作的工作主要發生在文本之中；第二種方式是身體工作的民族誌描
寫，而文本群出現在獨特的工作序列中，使得肉身化的工作得以在行政流程
中具備責信度。

蘇珊・透納（Turner 2001, 2003）研究地方政府土地開發的決策過程，
她繪製一道複雜的文本和工作序列，此一序列的基礎為產製或修正其他文
本。她形容她的研究是指出

> 關於土地利用規劃的某個公共的文本媒介論述，人們於其中閱讀和發生的

實作，具有建制性質。一個公共治理的建制，在人們活動的對話編派中誕生；一項公共知識於焉誕生，從而產生對土地的具體影響。（2001, 300）

她繪製的行動序列地圖，始於建商和都市計畫辦公室之間產生流程遞換的初始階段，該行動序列的下一階段是公告提案開發的位址，而在地居民透過市政會議收到通知，他們收到的通知裡詳述土地開發的步驟，機構和公部門查證推土機會從哪裡開始剷除樹木，並延伸到開發計劃最終的拍板定案。她對此一流程的描寫強而有力，不只是因為她生動清晰地解說工作－文本－工作序列的複雜性，還因為她特別成功地揭露以下兩者之間的連結：一邊是主要以文本模式進行的工作，一邊則是文本怎麼媒介在某一場址、某一階段完成的工作，與一份文本怎麼在公部門眾多場址分別完成的工作之間，建立的諸多連結。

透納的研究問題意識來自於她身為居民的經驗，她住家附近有一座未被開發的峽谷，這區域的居民很珍惜此處作為散步和野餐的場所。住在被開發區域附近的居民會收到開會通知；市政會議召開的日期和時間也提供給居民，好讓他們能來參加。透納繪製的序列地圖，顯示居民的介入已經是在決策制定序列的相當晚期，此時居民抗爭帶來的影響非常小，市政府早已拍板定案這項開發計畫，居民僅能促成相當小的改變，像是開發峽谷的位置選擇，或是開發案址的房屋型態。

透納的民族誌謹慎檢視文本怎麼進入人們的工作及編派工作。她詳列從文本到對話、再從對話到文本的互換過程，清楚呈現那些主要以文本模式執行的工作－文本模式意指，文本導向的工作、以文本為基礎的工作、生產文本的工作。儘管從長遠來看，推土機開始改變峽谷的樣貌。但建商原初的計畫和該計畫進入「真實世界」即無法逆轉的時刻之間，透納揭露另一個真實世界的存在，這個真實世界存在於時間裡、人們的活動中和由人們工作產製

的文本裡、編派他們工作的文本裡。

提姆・戴門的研究（1992）來自他在芝加哥一間老人養護機構擔任護佐的工作經驗。[6] 透納的研究繪製出多個存在於某個工作序列中的文本－工作－文本序列，這些文本－工作－文本序列也編派該工作序列，使工作序列指向（或也許更好的說法）工作序列是能繼續在未開發的峽谷進行房產開發計畫的決定。相較之下，戴門的重點在於日復一日的照顧工作實作和機構住民日復一日的工作實作。這份研究從頭到尾都浸泡在上述工作的日常感官世界裡，而且這份研究充斥人們的談話。但是，文本群就在那裡；文本群現身為上述工作的一部分，同時文本群的存在，得以協作護佐和機構住民的在地工作，使其連結到養護之家行政管理的建制體制、進而連結到主管老人之家照護標準的社福體系和地方政府部門等等。文本群出現在日常工作生活裡，也編派日常工作生活。以下舉一個例子來說明，在老人養護之家的環境下，要求責信度的文本，怎麼成為護佐工作的其中一個面向：

> 多數老人上床睡覺後，晚班交接前，我們忙著完成填表工作，記錄整理床鋪、沐浴時間、通便和利尿工作、約束和固定護板、測量體重和生命跡象。如此一來，主管就會認為護佐已經完成他們的任務。但是從人際往來的角度來看，這類文件要求鮮少記載這個夜晚如何結束，或是白天發生的多數事情。夜幕降臨意味著哄騙這些易碎的老骨頭換上睡衣、跟那些穿著睡衣的人討價還價著爬上床鋪、讓他們安靜下來和試著睡覺。接著這意味著護佐員悄悄溜出房門，然後盡可能不發出聲音地熄燈。（Diamond 1992, 156）

戴門描述的填表工作幾乎與機構住民無關，反而和行政監控（administrative surveillance）的運作有較深的關連，行政監控在機構的督導組織裡運作，這間（民營但透過社福系統補助的）機構的地方主管機關裡也

有行政監控。護佐員交班時紀錄和填寫表格，這些行動即是工作。護佐員透過打記錄和填寫表單，讓他們的工作能對主管機關問責。照護工作和其中的人際交流，在每項文本任務中也消失無蹤。從另一個角度來看，我們發現建制論述含納和取代工作者所做的工作真實。

我在上述兩個例子裡，較不強調以文本為媒介的編派樣態，較強調這兩份研究描述和分析的工作類型之間的差異。透納的研究呈現文本中的工作和文本媒介的工作，她的研究讓建制民族誌的一種可能樣貌浮現出來，也就是說，建制民族誌從經驗出發構建問題意識，且結合文本的治理關係；相比之下，戴門描述一個特定的肉身化世界裡的工作環境，怎麼以文本的形式附屬於建制體制之下。這兩份研究的民族誌策略截然不同。在透納的研究中，民族誌研究者必須向閱讀和書寫文本作為日常工作的人學習怎麼閱讀文本；她必須習得建制文類和論述；她必須能夠把工作者用文本做了哪些事、說了些什麼來完成這個工作序列，指認為工作者的工作。在這份研究裡，這個工作序列的結尾是決定繼續進行峽谷開發。相較之下，民族誌研究者的處境若與戴門在養護機構的處境較為接近的話，她／他必須能夠——不管是透過參與觀察或技巧純熟、長時間、細緻地與報導人進行訪談——描述每日工作和活動的細節、例行庶務、和文本，而且要在某種程度上，能夠察覺那些未能參與訪談的對象，也在建制中工作。透納的社運人士身分，構成她的民族誌描寫的核心，但是跟工作者討論他們的工作、文本在工作者做的事裡扮演什麼角色，也都是民族誌研究的核心。戴門的研究則仰賴他身為護佐的親身經驗，據此描述他的工作，而我們很難想像一項關於工作次序的建制民族誌裡，參與觀察不是要角。

180

結論

　　我在本章明確描述文本群，好讓民族誌研究能整合文本群。我強調以下兩點：首先，研究者必須辨識出文本於真實的在地環境和特定時間中，「發生」和「啟動」（McCoy 1995）的過程；第二點，研究者實際探究文本群怎麼協作建制的行動過程。彭斯的研究是家暴案件司法流程的民族誌（2001），她的民族誌讓文本的關鍵角色清晰可見，揭露文本協作建制行動過程中，經手此一案件的工作者的工作。她導入流程遞換的概念，指認協作行動過程時，扮演關鍵角色的工作位址——文本進入工作流程、有人使用文本、且把新的文本形式傳送給下一位負責的工作者。彭斯研究中，「案件」的編派方式可以拿來跟麥可依的研究（1999）做比較，我把麥可依的調查稱為「責信迴路」。麥可依的民族誌提及她進行研究時，位於安大略省的社區大學，導入新的責信體制時使用的文本。她以文本當作切入點，進入行政主管、教師等人的工作，而讓我們看到，前一套體制下在地實作的社會關係經歷重新編派。

181　　　透納（2003）和戴門（1992）的研究中，文本把建制置入常民活動之中；不過，這兩份研究的差異甚大。透納的地圖描繪出土地開發規劃和決策的過程，讓我們有可能循跡找出參與開發規劃的人做的工作，這當中也包含聚集起來抗爭的居民。居民、地方政府官員、地方議員、開發商等人的工作，皆為文本形式的工作——產製文本、閱讀文本、且由文本指引他們的工作。文本群是這個流程的要素：參與其中的人生產文本群；眾多人傳閱文本群；其他從文本開始接手工作的人也閱讀文本群。在這串文本本位的活動序列中，鄰里間熱愛的峽谷已永久改變其地貌。儘管在地居民試圖保留峽谷樣貌的幾項特色，那座未經開發的峽谷就是不見了。戴門關注的焦點則深植於工作者執行工作的世界裡，展現的即時性（Schutz 1962b）。戴門為我們呈現

建制編派的生活，以及建制怎麼出現在前述的生活之中。然而，這兩份迥異
的研究卻能互補。透納的故事裡有一座峽谷；有敵佯於峽谷的鄰里居民；當
峽谷地貌遭受威脅，居民試著保護這座峽谷，但他們失敗了。透納探究的重
點並非居民的日常世界，她的研究問題意識，卻來自居民的日常世界。在戴
門的故事裡，研究者能在工作者的日常工作裡，檢視建制的存在，但在提供
老人安養照護的服務裡，建制的存在卻能進一步連結到公部門與私人機構的
交會處。建制民族誌的存有論建立起不同研究之間的連貫性，使研究與研究
之間保留著互連的點，讓任何研究都能與建制民族誌未來的發現和探索產生
連結，或者是產生與其他研究相關的連結。建制民族誌研究不會有獨立存在
的研究；不管該研究的民族誌，主要聚焦於哪個層次，每項建制民族誌研究
都會打通與治理關係的互連點。

　　一旦我們開始覺察到怎麼用民族誌方法找到文本群和分析文本群，將
文本群視為建制編派不可或缺的一部分，我們就開始有可能循跡找出難以觸
及的治理關係連結。我們可以在這類例子裡，開始想像一種民族誌調查的可
能性，研究者運用社會學民族誌研究者的傳統技巧，但是（一）融合「行動
中」的文本來補足傳統技巧，「行動中」的文本出現在常民工作的在地環境，
研究者補足傳統研究技巧的方式，也包含（二）辨識文本和文本系統，怎麼
用遠距、非實時的方式協作常民工作。正是上述兩者的結合（而非其中一
種），讓建制民族誌的主張，能夠跳脫人們活動的在地日常世界，深入探究
積累於治理關係中的權力編派——此為下一章的主題。

註釋

1 理恩・華倫（Leanne Warren 2001）做的建制民族誌研究，聚焦於研究樂譜。

2 在我看來，對話分析法分析對話的方式，文本相當「主動參與」（用本章的觀點來看），但對話分析並未將文本融入分析的一環。

3 非常感謝莉莎・麥可依的協助，讓我關於社區大學責信迴路的概念，能夠恰如其分，衷於她細膩的描述和分析。

4 麥可依的論文裡再製這份分析文本的精簡版本。若可行的話，比較好的作法是讓主要文本（若只有精簡版本）**成為主要故事的一部分**，保留在民族誌裡。重要文本的完整版本能放在附錄，但是如果可行的話，研究者用來分析的某些版本的文本，最好能讓讀者直接取得，並將文本導入論文中，好讓讀者清楚知道這份文本是民族誌的一部分。

5 透納和戴門都為這本書的指引《建制民族誌的實作》（2006）有所貢獻，他們闡述他們怎麼進行獨特且迥異的建制民族誌研究。

6 非常感謝提姆・戴門核對我的描寫，內容是他所書寫他擔任護佐的工作和機構住民的工作。

第 9 章
權力、語言與建制

截至目前為止，本書展現建制民族誌的探究方法仍未臻完善。從常民活動的經驗出發、串接人們不同的觀點和位置、以及探索文本本位的編派形式，讓研究者有不同的方法再現事情的運作方式。但是，對那些想要改變上述運作方式的人來說，不管建制民族誌的探究方法多麼有用，或此方法在延伸常民的日常知識上，有多麼成功，目前為止關於建制民族誌的討論仍有一塊缺失，那即是權力的面向。

治理關係龐大而複雜地協作常民的工作。治理關係中浮現意圖、慾望、機會、阻礙、障礙、和無力感。組成和規制（regulate）建制的文本群（D. E. Smith 2001a）建立起文本的能動性，也就是說建制以文本形式的能力，控制和動員工作者的工作。建制裡以文本形式受到認可的能動性，產製一種協作和動員常民工作而生成的權力。這種權力很特殊明確，也有其限制，若認為這種權力僅在單一的正式組織裡（例如一間商業公司）流轉，將是一項錯誤。公司存在於治理關係和治理關係的相互連結之中——財金市場、銀行、法律體系、大眾媒體、政府部門和各層級的代理人等等。透納（2003）在地方土地開發計畫的決策過程之研究中，詳述一項建制行動的過程，而治理關係的相互連結於此一行動過程中清晰可見。儘管她未直接參與土地開發的商業模式和地方政府流程之間的相互連結，她顯然在描述一種編派，透納

描述的編派方式，實為圖利建商的工作編派，而非為鄰近居民和（也許更廣泛來說是）鄰近社區謀福利。若我們進一步說明上述的社會關係，以及這些關係怎麼編派那些讓土地利用規劃的決策能夠推進的政治歷程，我們的說明將產出，與透納採用的民族誌實作一樣的產物。

　　一般來說，文本群和語言在這個探究階段中，至關重要。文本群和語言不該被納為任何實際研究的唯一焦點。製作一份司法案件（Pence 2001）或是責信迴路（McCoy 1999）的行動序列，都是把工作和文本相互捆綁在一起的序列。我們一方面謹記在心，文本總是發生在、且作為某個人工作的一部分，我們在制定民族誌實作的方向時，可以簡便地來思考，文本－工作－文本或是工作－文本－工作的序列。上述公式能幫助我們提醒自己，不要單單專注在文本上進行研究，特別是我們在本章僅探討文本。

　　強調文本和文本中的語言也許暗示著建制民族誌轉移的方向，馬克思主義者將之視為唯心主義，意即一項主張社會取決於思想與信念（意即意識）的理論。我不會因為人們如此解讀建制民族誌而感到沮喪，我比較關心的是人們很容易落入一種幻覺，我們身為知識分子的一員（D. E. Smith 2004），我們也許都握有意識和意圖的權力，也在某種程度上把這些權力視為治理社會秩序和歷史過程的權力。本書的第 1 章已明確指出，治理關係普遍被視為意識和能動性的一種客體化形式。治理關係的概念化既**存在**（in）又**不同於**（at odds）馬克思和馬克思流派的傳統。我會主張馬克思的方法需要一種概念，才能把當代的社會真實，看成文本協作的常民活動中的物質性存在。馬克思並未活著見證意識和編派遭到客體化的歷史轉變，在論述、大型組織、建制等等的多樣形式裡，意識和編派經歷客體化，治理關係一詞則概括描述此一客體化的歷程。建制民族誌的民族誌方法，處理常民工作中成型的**治理關係**（ruling relations），僅限於由文本－讀者對話所啟動的文本物質性協作的工作。

建制民族誌藉由把文本、語言和權力串連在一起，也許能用來處理皮耶・布迪厄（1992）在探索語言和象徵權力（symbolic power）的研究中所提出的問題。但是，建制民族誌和布迪厄的理論有多處歧異，布迪厄的理論追求用經濟的隱喻，展現語言中的權力維度。布迪厄提供的圖像富有衝突意味，在風格上特別陽剛。說者和聽者共同參與一段互換的關係：

185

> 傳送者和接收者之間的溝通關係，建立在編碼和譯碼的過程之上，也因此雙方的關係建立在執行一組符碼或生產符碼的能力之上。傳送者和接收者的溝通關係也是一種經濟交換，建立在一套特有的象徵權力關係之上，其中一方是被賦予某些語言資本的生產者，另一方則是一名消費者（或市場），而消費者有能力獲得部分材料或象徵利益。（66）

上述的語言和權力模型，顯然跟本書提出來的模型相距甚遠。布迪厄認為與象徵權力相關的是人與人之間的權威和宰制。象徵權力不只關注個體與個體之間，來回傳遞訊息的過程，象徵權力也關注「涉及訊息交換的能動者所擁有的能力，怎麼為他們的象徵商品套上審美的標準」（67）。這個語言和溝通的概念，跟我在第4章中提到的概念不一樣，我在第四章構思的概念裡，語言作為協作常民主體性之用。把語言視為協作過程，我們便開啟一道門，得以探索工作編派的維度（在布迪厄勾勒的溝通交會中，早已假定這種編派的維度為必要條件）。

一般來說，研究者的探問觸及治理關係區域的階段時，文本和語言扮演關鍵的角色。治理關係的區域，有能力設計和推行文本、文本語言、（甚至更廣泛來說）建制論述。建制文本的互文性，多半以階層的方式編派而成，而文本的概念設計和詞彙的變動，皆為強制推行的方式。吉羅德・蒙地尼（Gerald de Montigny）描寫（1995b）加拿大某一省的兒童保護業務，其文

本群的編派即具有階層性質，他的研究循線找出互文性中獨樹一格的階層型態：

> 文本讓這些平凡的活動看起來像是社會工作，或成為恰當的社會工作，於是平凡的活動成為紀錄的題材。訪視案家成為訪視紀錄的其中一項、一次逮補成為一份法庭報告、請求孩子監護權的決定則成為聽證要點。[1] 透過不同的組織流程，包含檔案存放、審計文件、從地方至中央辦公室的強制報告和預算編列、社工例行的個案紀錄活動，全都成為辦公室的數據，最後成為部門的數據。[1]（209-10）

186　　　互文性的階層編派像是一條雙向道：蒙地尼說明位於第一線的工作，怎麼在階層組織的「部門」裡具備責信度；於此同時，法律和行政單位的行政規則，管控文本的概念和類屬，好讓第一線的工作具備責信度。

　　本章聚焦於這兩種獨特卻相互關聯的協作功能，第一種是文本協作的工作流程，產製出建制現實，好讓工作者能對真實採取建制行動；第二種是互文性獨特的階層型態，文本在某個層級上建立框架、概念等等，以此運作也產製建制現實。

　　第一項協作功能是塑造建制再現（institutional representations）。常民真實成為建制再現的來源，工作者摘錄常民的真實，呈現正式的、高度受限的建制再現。[2] 摘錄程序可能由一位非受雇者來完成一份表格；也可能由一位建制代表來問一連串的問題，好讓她／他填答電腦螢幕裡的欄位，或者產製一份由她／他負責的報告。在任何情況下，建制論述的概念編派，設計出建

---

[1] 原文用大寫表示社工使用的不同文本，強調社工的第一線行動怎麼成為建制中的文本。

制再現的樣貌，其再現的真實必需塞進建制論述的框架裡。

　　不管用什麼方法，建制再現都是關鍵的流程。建制再現相當普遍。建制再現至關重要的原因有三：第一，建制再現讓在地性和特殊性轉化為普同形式，如此一來，不同環境的建制工作才能辨識出再現的普同形式，並讓建制再現具有責信度；第二，建制現實的客體化凌駕於個別視角之上（請參照第二章裡引用寇德的段落）；第三，把真實轉譯為建制實屬必要，如此方能讓真實世界發生的事，成為建制中可採取行動的項目。

　　儘管我們在本章並不關注科學知識的社會編派，林奇（Lynch）針對科學論述脈絡下的知覺分析（1983）相當有用，他的分析呈現文本在標準化科學觀察的過程，扮演的媒介角色。他描述科學觀察的在地真實怎麼被幾何學化，成為論文裡一系列的圖表抽象之物。這一系列圖像的每一步，都把流程帶往下一個階段，好讓觀察的物品可供量測。林奇主張，這份圖像作品從物品原始或粗胚形式的真實性裡，建構出可供量測的抽象事物，成為科學論述的通用貨幣。儘管林奇描述這過程的技術或論述層面，乃他觀察到的科學專屬現象，把在地真實轉換為一項物品的通用特性和步驟，皆為建構治理關係文本現實的關鍵特性。

　　這類流程在建制環境中，把常民經驗附屬於建制之下；透過此一轉換過程，在地真實成為建制中可採取行動的項目。讓個別主體從屬於建制生成的現實，其關鍵是真實成為建制中可採取行動的項目時，揀選和組裝真實的框架、概念和類屬（以及科技）。因此，本章節的第一項主題，便是建制現實的製造過程。

　　第二項主題是互文關係的階層編派。請注意，**階層**在這裡應限縮為文本與概念的關係；這並不必然或僅與位階有關。建制論述的規制框架（regulatory frames）構成互文關係的相關性，也選擇編派再現的類屬、概念和方法。規制框架也提供準則，引導建制行動序列內的文本－讀者對

187

話，該怎麼閱讀文本。本章主要關注規制框架，意即規制「腳本」（scripts; Campbell 2002）的較高位階文本群，它們較直接參與從常民生活的真實中，生產的建制現實。

製造建制現實

建制的人為現實和常民生活的真實之間，出現斷裂（disjunctures）是無可避免的事情；這些斷裂關乎轉換的過程，意即把真實轉換成言詞或圖像來代表真實的過程。這些斷裂也並非全然不好。當緊急應變中心的接線員，成功讓打電話求救的人描述一場緊急情況，好讓這通電話轉接到能回應需求的服務項目下，這位求助者的參與，能讓建制流程運作，或應該使流程能運作，好回報給打電話求救的人，或是她／他打電話進來欲幫忙救助的人。然而，上述流程中，打電話求救的人，他的能動性就被轉移，成為建制的能動性，而這項能動性的轉移是建制能夠具備行動能力的要素。從真實轉移至建制現實的節點上，必然出現斷裂，這些斷裂捨棄或扭曲常民的經驗，而建制形式的行動束縛著這些常民，或讓他們受限於建制形式的行動。在這本書的指引《建制民族誌的實作》（D. E. Smith 2006）一書中，許多建制民族誌研究者書寫他們進行建制民族誌研究和研究經驗的不同面向，艾力士‧威爾森（Alex Wilson）和艾倫‧彭斯（Ellen Pence）（即將出版）描述〈修補聖環〉（Mending the Sacred Hoop）的調查計畫，該計畫探查美國家暴案件的司法體系，這群原住民女性藉由原住民知識論，形成該項調查計畫的架構，她們提出建制類屬化（institutional categorization）的議題：

> 我們觀察到美國司法體系中的建制執行者，他們的工作受制於規則、規範、準則、官方核可的定義、模型、表格、原則、和宣告等文本裝置（textual

188

devices），標準化的文本裝置橫跨特定司法機構和工作環境。文本裝置確保在不同地點、機構和時間框架下，執行工作的人能相互協調他們的行動。這是西方世界特有的做法，把高度個人化的情況或事件置入清楚描述的類屬裡，編派工作者看待、討論和處理建制事務的方式。類屬運作的方式具有選擇性，類屬不必然再現發生的事，反倒是再現建制關注的事情。工作者揀選建制與人們日常生活交會之處的資訊，工作者把這些資訊放到一個類屬，以此傳達一項既定的規則或流程。因此，美國司法體系的建制秩序拼湊出來的事件圖像，迥異於實際發生的事件圖像。沒有人會在打電話給911時，向接線人員報告，「我是一項輕微罪行的現行犯**受害者，有肢體傷害，無武器攻擊，違反保護令。**」[2] 不管是建制類屬或循此展開的建制行動，在多數時候對人們的生活方式毫無意義。身處第一線的工作者，不需接合建制類屬和人們生活真實之間的斷裂。

威爾森和彭斯道出了一種觸及日常世界之外的斷裂，與其必然產生的問題，沒有任何形式的再現能夠再製或能夠產製最初的那項真實。他們指出，在常民身上推行的建制類屬，對「常民怎麼生活」的真實相當漠然，更有甚者，可能造成嚴重斷裂。於此同時，第一線工作者揀選常民真實的部分片段，塞進正式且經授權的類屬之中，這是唯一能讓常民真實成為建制行動的手段。

常民經驗的真實置換為建制現實的工作，通常包含某種形式的調查。因兒童疏忽照顧的通報案件而進行家訪的社工，在她／他前往個案家之前，心中便帶著必須找到答案的調查問題；這些問題多半不需透過口語提問，但是社工透過這些問題，訪查這間公寓、這名孩子、雙親等等。祕而不宣的

189

---

[2]　譯文粗體的部分是作者以斜體字表示建制中使用的類屬和建制語言。

問題便構成社工建檔的那份報告（de Montigny 1995a）。作為調查的文本形式，問卷和表單列出「服務對象」或「案主」或「患者」必須回答的問題欄位，相同的問題欄位把他們日常世界的面向，置換為符合調查主題欄位的樣貌；或者，像麥可林恩和霍斯金（1998）檢視的需求評估時程（Needs Assessment Schedule），表單設計的問題皆與病患**有關**，回答問題者卻非病患本人：

> 個案研討時，社區工作者聚集起來討論病患的進度和安置情形，那份表單（尤其是摘要表上的分數），被認為能提供有用的參考基礎，以決定是否把患者轉移到不同層級的照護單位。社區工作者被分成三組，而普遍來說安置病患的決定，取決於案主的需求程度，跟⋯⋯高度需求的案主交由工作者處理、個管社工處理中度需求的患者，以及被認為僅有簡單照護需求的患者被派給社區精神護理師（Community Psychiatric Nurses, CPNs）。（534-35）

因此，「需求」被以「客觀形式」來決定；病患並未參與決策過程；我們不該混淆病患的渴望、需求與「摘要表」上形式化、標準化的調查。社區工作者在回應需求評估時程的調查結構時所做的工作，決定了患者的需求。[3]

病患經驗和再現他們經驗的需求評估之間出現潛在的斷裂，但麥可林恩和霍斯金並未將研究導向此斷裂之處。然而，坎貝爾（2001）為我們揭露這道流程，她描寫一位個管社工訪談申請居住補助服務的申請人時的訪談過程。她揭露個管社工使用評估表格，當作訪談申請人的腳本，以此決定申請人是否符合申請居住補助服務的資格。原則上，該服務的宗旨以案主為中心；該服務的首要原則，是辨識案主的需求和選擇，而個管社工向案主介紹流程時也這麼說。個管社工在與案主對話的過程中填寫表格；這段對話受表

格的調查結構影響甚鉅，迴異於案主湯姆試圖表達的需求：

> 隨著調查展開，這位……個管社工的旨趣是蒐集特定類型的資料，這意味著她沒有「傾聽」湯姆的經驗，包括他的用藥情形導致近來的情緒混亂，以及他為疼痛所苦。下列片段可以一瞥這個情況怎麼發生：

> 個管社工：我能看一下那個瓶子嗎？我想寫下正確的拼音和瓶子上標明的正確用藥劑量……你什麼時候吃這些藥……晚上？

> 湯姆：每晚一顆，對。我昨天才開始吃那罐藥，我每週拿一罐。……我在晚上也吃布洛芬（Ibuprofen）。[3]
> 個管：湯姆，這能幫你紓解疼痛嗎？
> 湯姆：並沒有，我覺得——。我就停藥了。

> 個管：你停藥了，好，我不會紀錄這件事。你不再吃那罐藥了。

> 湯姆：我不知道，我覺得雅維止痛片（Advil）[4] 比這些東西有效，但我不知道。你看我在半夜得因為膝痛吃這些，我的手肘、膝蓋和屁股都痛。我全身上下都痛，只要有關節的地方……（聲音逐漸變弱）

> 個管：湯姆，你抽煙嗎？（Campbell 2001, 239）

---

[3]　此為非固醇類的止痛及抗發炎藥物，為常見的消炎止痛藥物。

[4]　此為輝瑞藥廠出產的止痛藥物，其主要成分為布洛芬。

個管社工主要關心的是完成正式評估，才能讓湯姆的案例以社工的評估為基礎，成為可採取行動的案件，把他丟進一連串名為「服務計畫」的建制行動過程。個管社工承擔的責任是完成這份預先寫好腳本的調查，因而影響個管社工**聆聽**的能力，她沒聽見湯姆告訴她，湯姆停止使用處方藥物的原因，完成調查的責任反而破壞這間機構以案主為中心的承諾。

蒙地尼（1995b）寫道，專業工作者維持自身專業性的權力。他用來論證此事的故事，乃是他反思自己當社工去訪視案家的經驗，他訪視的家庭疑似有兒童疏忽照顧或虐待的情事，而他撰寫報告的方式，將讓這個家庭非自願進入該省的兒童保護司法體制。但是，即使他在講述他的故事、談論他身為專業工作者掌握能左右該家庭命運的權力，他也在展示層層的權力，超出他的專業權責、他的訓練、他知道要找尋什麼和怎麼撰寫報告等等的事情。他向政府問責；他受制於法律；他的故事並未完全展露全部的事情。把人們經驗的世界置換為建制的文本現實，這項第一線工作串接到規制文本（regulatory texts）——法律、行政規則、責信體系、政策等等，一個規制文本群構框和授權採取建制行動的能力。這類第一線案例的背後，都有一個文本界定的框架，該框架具體化的方式，便是以不同方式把經驗置換為建制的訊問裝置（interrogatory devices）。

規制框架

我在本節使用**框架**一詞，泛指相當多樣的概念化過程、理論、政策、法規、計畫等等，廣泛地運作以構築建制行動和建制現實，並協作在地層級的常民工作。[4] 本章節的重點，主要放在沿著建制行動所編派的建制現實。採取建制詞彙建構一項事實描寫的過程中，生活真實的某些面向被揀選出來，組合成一樁事件、一個人的狀態再現、或諸如此類的事情。事實、新聞、資

訊、案例和其他知識形式的塑造過程，在這層意義上循環不止：規制框架支配著工作者會記錄、觀察、描述哪些事情的揀選過程。在某些建制環境下，規制框架被設定為第一線調查工作時，工作者應使用的類屬；技藝精良的幾套問題或量測項目中內建規制框架，例如麥可林恩和霍斯金描寫（1988）社區工作者所使用的那些工具。接著，用這種方式組裝的常民真實，便能用構成這套揀選流程的規制框架來進行詮釋。組裝完成的常民真實，能以建制論述特有的樣態，來符合框架（請參照第5章）。[5] 在建制體制裡掌握權力的社會位置，建立起規制框架、掌控實是性（facticity）[5]；規制框架掌控類屬和概念，也被明訂為類屬和概念，而在構築建制現實的第一線工作上發揮作用。

　　在一份電話交談的逐字稿中，馬禮里・萊默（Marilee Reimer 1988）揭露，記者訪談一名正在老人之家罷工的在地工會代表時，記者的問題怎麼依循一套準則，好讓記者蒐集到的資訊，能吻合該份報紙預先設立的框架。那名記者描述的準則如下：知道哪些人在進行罷工和是否投票通過罷工的資訊之後，下一項議題便是罷工對大眾和產業帶來的影響；接著是，罷工的規模、談判的進度，最後則是薪資要求和協議。報導罷工事件的重要順序依次是：越靠近這一串序列尾端的項目，記者越有可能在篇幅有限的壓力下捨棄報導那些項目。萊默錄下的這名記者與工會代表的電話交談中，記者那一方的發言揭露的便是該記者所依循的這套準則，儘管這段錄音並未告訴我們最終的談判進度，或薪資要求和協議。以下是她的逐字稿：

192

　　記者：嗨。

　　記者：這場罷工也有工程師參與嗎？

---

[5] 海德格構思人類存在時，指出「此有」的三種特性之一為「實是性」。

記者：醫院有針對你們的要求採取任何行動嗎？

記者：若聲請仲裁的話，醫院沒有損失。

記者：你們開始罷工時，醫院滿床嗎？

記者：24 小時連續不斷的學習課程？

記者：現在有多少名患者？但是他們仍試著用管理職來維持醫院運作？

記者：輿論反應有哪些？

記者：這是你們第一次發生撤離工作現場的情況嗎？

記者：政府單位沒有聯繫你們嗎？

記者：醫院有申請勞動爭議仲裁了嗎？

記者：醫院也是一種溫床，不是嗎？

記者：你不認為醫院能夠再運作太久？

記者：理事如何看待這整件事情？

記者：誰準備餐點？（Reimer 1988, 43）

　　如同我們所見，記者提問的方向，除了關心罷工和協商進度之外，他強調罷工為病患帶來的問題。導致員工罷工的那些議題和問題，完全不是雙方談話的主題；記者所描述的準則裡未包括上述問題；這些問題消失了。從這通電話訪談撰寫而成的新聞報導，第一句話寫著，「基洛納綜合醫院因員工罷工，而縮減服務，今天將有 20 名病患被送回家。」（Reimer 1988, 44）顯然，「罷工帶給公眾的影響」引導上段引用的問題序列的編碼。建制裝置（institutional devices）內建這份報紙的政治性，本案例中的政治性是該名記者關於準則的工作知識，他據此工作知識產製這類報導。若記者詢問此一爭議的兩造說詞便能避免偏誤（Bagdikian 1983）。

　　民族誌研究若探究那些把真實轉換成「資訊」、「數據」、「新聞」等的文類，其中內建的規制維度，便能進一步把民族誌帶到我們稱為「權力」的當

代編派形式。在前一章已描述麥可依 (1999) 針對社區大學裡責信迴路的描寫，授課教師必須完成的表格和在大學的財務管理流程中代表她／他工作量的表格，幾乎與下列事項扯不上邊：教師怎麼完成工作的真實、每位授課教師因學科領域不同而產生的工作差異、執行課程教學的差異、教師的個別教學風格，或是針對不同的學生群體，教師所需的備課方式或課外指導時間的差異等等。社區大學導入成本效益系統之前，在填寫表格這件事情上，授課教師和他們的系所有相當大的自主權力，該表格讓授課教師的時間分配具備責信能力。但是，舊有的表格接軌到新的財務責信體系時，便讓大學的財務行政系統和該系統嶄新的成本效益導向，凌駕於授課教師、系所和系所主管之上。因此，研究者可以在第一線的文本裝置和執行文本裝置的第一線工作者的工作之中，探索那些既存在又相當隱晦的規制維度，研究者藉此開始闡述建制作為一種權力形式。研究者可在語言或論述之中尋得這種權力形式，而語言或論述在建制編派的不同層級上，協作常民的工作。

　　喬治·史密斯（1988）展開一項探究調查，從而揭開規制流程（regulatory process）及其與警方報告產製之間的關聯，警方報告把多倫多市內一間澡堂裡，男同志的性愉悅扭曲變形[6]成為犯罪行為，而當時在場的所有人（澡堂業者在內）都可能因此遭到起訴。進行這項調查的警官產製一份報告，內容刻意援引刑事犯罪行為的法律構成要件。以下為警方的報告：

　　警官庫利斯（Coulis）和博洛克特（Proctor）出現於該建物前，他們分開入場，他們先在入口處經過收銀區。警官先看到被告，他後來被指認為〔化名〕。當晚警官只有看到〔化名〕這位員工。警官付完房間或置物櫃的錢之後，〔化名〕就讓警官進入該建物。警官一進入建築物後便開始四處巡查，警官注意到建物的空間配置，和任何在當時發生的妨害風俗行為。此時，兩名警官看到若干男子一絲不掛，躺在門戶大開的個人房間裡。有些男人

194

在自慰，有些人只是躺在床墊上，看著其他經過走廊的男人。警官在建物裡定期巡走，他們每次都會看到相同型態的妨害風俗行徑。

　　兩名警官的初次到訪過程中，他們向〔化名〕購買一些東西，〔化名〕在辦公區域工作。該區域充滿各種雜物，供顧客選購：汽水、咖啡、香菸、凡士林和種類繁多的吸入劑。警官有兩次看到〔化名〕離開辦公區域，去清掃剛空出來的房間。這兩次，〔化名〕都經過無數的房間，那裡面全是在自慰的男人。〔化名〕未曾嘗試去阻止這些男人，或者是建議這些人關上房門，好讓俱樂部裡的其他顧客不會看到這些行徑。(168-69)

　　我們可能想像他們的流程，跟彭斯訪談過的一位警官所描述的流程相去不遠。彭斯訪談的警官，描述他怎麼寫家暴案件的報告時，他告訴彭斯，「我在找能夠構成犯罪的要件……被害者身上有被施加傷害嗎？或是她害怕身體受傷嗎？……加害人有這項企圖嗎？……那個人是刻意犯下這項罪行嗎？」(2001, 212)。報告裡呈現的觀察被設計來符合明尼蘇達州的家暴構成要件之類屬，正如同那份澡堂的警方報告裡，警方附上的觀察將導向安大略省的「妓院」禁令。史密斯採取的立足點來自該建物裡的男同志，他指出這些人在那裡是為了他們自身的性愉悅。從報告上看來這一點顯然不見了；於此同時存在著一道斷裂，一邊是被這種流程給困住的人所經驗的真實，另一邊是那些建制再現的語言形式所指認出來的事情，這道斷裂是建制權力的重要維度。規制框架和流程預先排除被指控罪名的人能被允許的經驗、興趣和關懷。該份報告的細節，精準接軌刑法的段落。該法如下所述：

179.(1) 在這部分……「公共妓院」意指一個場所，

　　　　(a) 被經營或使用，或者

　　　　(b) 成為一名以上的人士，性交易或行使妨害風俗行為之場所。

193. (1) 任何經營公共妓院者，得依相關罪刑起訴，處兩年有期徒刑。

　　(2) 任何人

　　　　(a) 是公共妓院的一員，

　　　　(b) 無正當法源依據而身處公共妓院，或

　　　　(c) 作為經營者、房東、出租人、房客、所有權人、仲介或其他有權或控制該場所權力的人，明知該場所或建物的任一部分被用作公共妓院，仍允許其繼續使用，有上述情事者當視為犯罪，依簡易程序行之。（引述自 G. W. Smith 1988, 174）

　　這份報告的細節，精心設計把真實轉換成為建制，使真實能符合建制類屬，如此一來便能起訴違反 193 條的那些人。第 5 章描述建制論述獨樹一格的流程，把真實含括其中是產製建制的其中一環。我們在這裡看到一道逆轉的流程：我們不是在找尋建制怎麼把早已存在的經驗描寫含括其中，我們看到一個**設計**來讓建制論述能含括經驗描寫的流程。為了讓報告的內容能夠被**涵蓋**（subsumable）在「妓院」的類屬之下，這份報告必須建立一項事實，亦即澡堂能被視為一項事證，證明這個場所「成為一名以上的人士……行使妨害風俗行為之場所」。在加拿大，男同志間的性行為並非妨害風俗的行徑；自慰也不是。警方為了讓澡堂發生的事能詮釋成妨害風俗的行為，它必得被窺視且被他人窺探到；它必須是一項公共行為。所以，警方報告必須顯示，男人們不只是在自慰，他們這麼做，好讓其他人能看見他們，不管是特意窺視的人或是路過的人。圖 9.1 顯示警方報告和刑事要件相符的段落。

　　警方操縱類似的流程來確保不只是澡堂的所有人，還有那些實際參與妨害風俗行為的人，都能被納入相關的類屬裡面。無正當法源依據「而身處」於任何公共妓院的人，都會遭到起訴。因此，那些沒有進行自慰行為，也沒有以任何形式參與直接性行為的人，也被納入這份報告裡，如圖 9.2 所述。

196

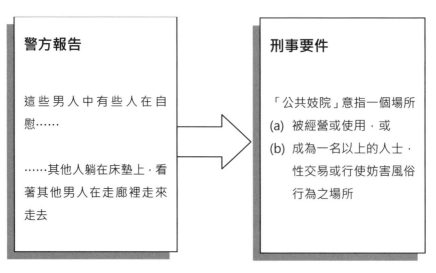

圖 9.1　使觀察符合規制文本

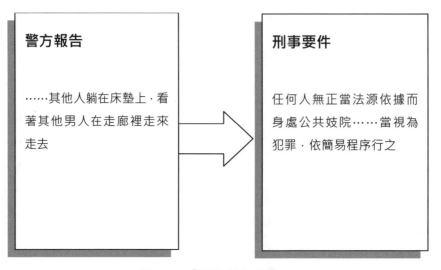

圖 9.2　「被發現的人們」

有一項工作流程在此處進行。從事調查工作的警官，不能只是單純以他們訪視澡堂來作為撰寫報告的基礎。他們必須能夠描述他們自身在澡堂裡所目擊的事情，何時所目擊，以及假設這案件進入審理程序的話，他們會怎麼描述親眼所見之事。他們必得親自見到男人在無遮蔽的情況下自慰。起訴這名業主顯然不是問題，但是要能夠起訴他的員工的話，警官必須四處遊蕩，觀察這名澡堂經理參與的活動，且這些活動必須能夠暗示，他可以看到警官所看到的一切，亦即「妨害風俗的行為」（請參照圖 9.3）。

警方的調查——當警官檢視建物時進行的工作，以及身處其中享受的男人所進行的活動——旨在產製一份符合刑事要件的觀察報告，並據此把這案件含括在刑法定義的「妓院」段落之下。

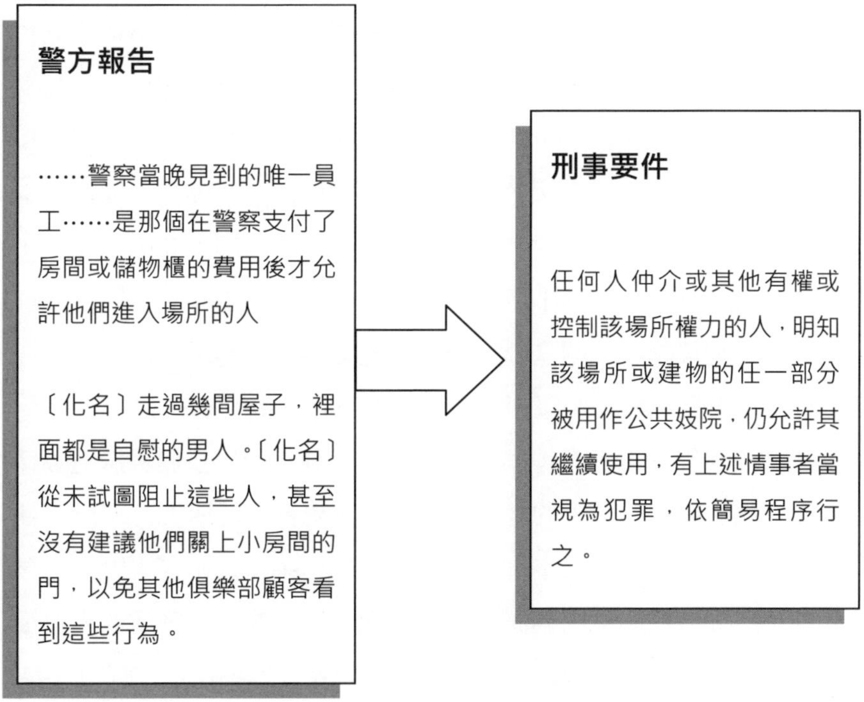

警方報告

……警察當晚見到的唯一員工……是那個在警察支付了房間或儲物櫃的費用後才允許他們進入場所的人

〔化名〕走過幾間屋子，裡面都是自慰的男人。〔化名〕從未試圖阻止這些人，甚至沒有建議他們關上小房間的門，以免其他俱樂部顧客看到這些行為。

刑事要件

任何人仲介或其他有權或控制該場所權力的人，明知該場所或建物的任一部分被用作公共妓院，仍允許其繼續使用，有上述情事者當視為犯罪，依簡易程序行之。

圖 9.3　誰該負責

　　因此，史密斯的調查為我們找到規制文本的運作，把真實轉換成為建制的第一階段。刑事要件規制在地工作，好讓工作者產製一種能啟動建制行動的再現形式。法律的文本是一個空殼，近似於舒密特所說的概念空殼（2000；請參照第 5 章），其內涵必得在他處覓得。工作者賦予這空殼內涵，會把真實導入建制可採取行動的能力。調查警官的工作是產製事件經過的描述，填滿由刑事要件建立起來的空殼──妓院、妨害風俗的行為、「被發現的人們」等等。先前提過的例證──打電話的人跟接線員之間的互換、坎貝爾的案例中個管社工與湯姆的對話、麥可林恩和霍斯金的例子裡為病患填寫需求評估時程的社區工作者，都能用這種方式扣連到規制文本，這方式類似於史密斯所揭露的警方報告的編派方式。在蒙地尼的研究（1995a）中，他描述他訪視一個疑似兒童疏忽照顧或虐待的家庭的經驗。他描述他把訪視重點放在房屋的狀態、在場的父母和孩童，他關注的焦點將引導他撰寫符合法律框架的訪視報告。他在這套法律框架下行動，他的報告也必須如此構框。例如，他看到孩子躺在床上，他便抬起孩子的頭，確認後腦勺是否出現扁平的現象，通常後腦勺扁平意味著孩子長時間處於仰臥的姿勢。從他針對自己觀察的狀況所撰寫的描寫來看，我們可以看到他們的觀察怎麼被編派，好符合法律的類屬，也符合他當時服務的省份，法律定義的兒童疏忽照顧或虐待。他並未探究規制文本的具體細節，但他提供的描寫啟發我們，讓我們看到第一線工作者撰寫報告，隱而未顯的訊問特性怎麼引導工作者。

　　上述的描寫都呈現真實轉換成為建制的片刻。如果我們透過這類轉換的片刻，從深陷建制流程之人的經驗出發研究，史密斯的研究（1988）便帶領我們到研究的下一步，讓文本群內隸屬的規制框架進入研究視野，也讓超脫在地和特定層級的建制流程編派，進入研究視野。儘管史密斯並未追溯「妓院」立法的源頭，該法存在的時間遠超過**妓女**（bawdy）一詞所標誌的時間，在當代北美社會早已不合時宜。史密斯的研究挖掘出銘刻的瞬間（the moment of inscription）（Latour and Woolgar 1986）怎麼扣連到規制編派，規制編派的**設計**在於達成某些目標，但這些目標並非在建制轉換過程中，被捲入的人，日常生活所欲企及的目標，他們的生活反倒成為建制轉換過程的附屬品。〈修補聖環〉的原住民女性表達的斷裂經驗（Wilson and Pence 即將出版），在基層的層級找出一項政治議題，而這項議題出現在治理關係的不同層級，研究者只能在探問治理關係的過程中，探索治理關係怎麼編派這項政治議題，研究者才能發現存在於建制，卻在常民日常參與中不復見的文本連結。民族誌能夠觸及斷裂的片刻之外，進入編派這道斷裂的規制流程。

結論

199

　　研究者探索在文本協調的建制工作裡浮現的權力，並不意味著拒斥以其他社會形式存在的權力。這只意味著，要讓研究者用民族誌的方法，觀察文本本位或文本媒介的社會關係和編派方式。本章特別關注的流程，乃藉由剪裁常民的日常經驗，使其貼合建制類屬，進而讓建制行動凌駕於常民日常經驗之上。然而，這些類屬並非單獨存在。建制類屬是規制文本群的詳細說明書，也對規制文本群負責任，而規制文本群授權與含納由轉譯工作而來的在地具體細節。

　　規制框架迫使常民經驗的真實與能夠採取行動的建制現實之間出現斷裂，規制框架包含法律、法典、政策、論述或其他規制語料庫，規制框架支配文本裝置的組成或編派，也支配文本裝置的類屬及內建的提問——第一線工作者使用的表格、文稿或電腦欄位，例如決定居家照顧資格的個管師（Campbell 2002）、訪視疑似兒童疏忽照顧的家庭的社工（de Montigny 1995a, 1995b）、由社區工作者執行的需求評估時程（McLean and Hoskin 1988），以及其他例子。這些表格跟其他文本類型的設計，用來從真實世界

揀選符合建制框架的事物。記者的問題未對應到工會代表可能想說的事情，以及工會代表想告知大眾的老人之家的狀況。診所裡的個管師，顯然沒有回應湯姆試著陳述他的狀況跟感受。明尼蘇達州的警官描述他怎麼聚焦於家暴定義類屬的具體細節，漠視一名女性身處的環境可能帶來的風險。第一線工作者的工作，便是讓人們生活的真實符合建制類屬，好採取建制的下一步行動。更為普同的層級上所制定的框架，支配類屬、問題或其他明確的具體細節，類屬、問題或其他細節也對應到普同的框架。

　　上一章介紹一種民族誌實作的可能性，讓研究者能從眼前可見之物，觸及更廣大的社會關係。本章則更推進一步。喬治・史密斯的研究與分析，揭露一連串相當簡單的序列：從製作一份文本開始，接著是產品（也就是文本本身），最後是閱讀這份文本，而這份文本暗示著澡堂業者、管理者和那些「被發現身處其中的人」，將面臨遭起訴的命運。他揭露那份報告的項目怎麼被設計來接軌刑法，好讓業主、經理和那些在那個特定場合出現於澡堂的人，可能面臨遭起訴的命運。他這麼做的同時，也為我們展示另一件事情，也就是說文本會導向更高次序的規制框架。「妓院」禁令對警方報告的「掌控」，展現在警方進行觀察和紀錄的工作上，如此便能讓他們所寫之事、他們製作的文本能夠符合（或能被包含在）規制框架和法律的空殼裡。建制民族誌所做的探究工作接合社會關係，肯認社會關係在常民工作的諸多在地位址裡，應用標準化規制形式。當一份建制民族誌從特定的在地環境開展其研究方向，其所揭露的便不只是特定的建制形式，也揭露那些鑲嵌於建制內的治理關係。研究者得以經由編派權力區域的文本，探索其他權力區域，其模型來自於民族誌的位移，從常民經驗的真實，轉換到形式化、文本本位的再現，而此一轉換的片刻，也構框且授權形式化的再現。

　　我無意將建制流程化約為文本群。我也無意暗示，本章描述的諸多例證已窮盡文本媒介建制體制的各種方式。我的目的是凸顯文本作為常民工作的

協作者，其民族誌的重要性，以及著重在用民族誌方法，探索其常民工作的在地環境之外的社會關係和編派。文本群的普同化能力是治理關係存在的基石，治理關係包含建制、各種大型組織、論述等等。一旦民族誌研究指認文本為治理關係的關鍵協作者，研究者便能用民族誌方法，探索經濟關係、更高層級的治理關係編派、和兩者之間的相互連結。隨著建制民族誌推進，建制民族誌的實作者找尋指認文本材料的方法，把文本材料融入民族誌研究之中。因此，工作、其他形式的行動與文本之間的交互作用，把當代社會裡的權力編派，帶進民族誌的觸角可及之處，至少在原則上是如此（當然，民族誌研究者可能會遭到拒絕，無法進入權力的關鍵區域）。指認出文本進入行動的時刻，和指認出文本作為建制編派流程的協作者，便能創造一種可能性，讓研究者用民族誌方法探究鉅觀社會。

註釋

1　蒙地尼的民族誌，寫於問責形式電腦化之前。

2　理查・達爾維爾（1995）稱這個歷程為「文本化過程」。

3　巴克厚德和古布理恩（1983）描述類似的流程，但他們較少著墨於文本的角色，也不闡述類屬系統所扣連的社會關係和規制文本的社會關係。

4　我曾用**基模**（schema）作為替代用詞，但基模的複數型 schemata 很奇怪。而且，既然我使用**框架**一詞，指涉一個普遍存在且非特別指定的現象，我便偏好取這個詞的隱喻特質，就像舒密特（Schmid 2000）選擇**空殼**（shell）這個詞，描述那些需要填充內在，方能賦予其意義的詞彙。框架有形體，內在卻空無一物；內在的填充物，必得符合框架的形狀。這是我在隱喻上採取的側面意涵。

　　值得注意的是，我的用法不應與高夫曼（1974）在框架分析取徑的用法混淆。他寫道，「我假設一個處境的定義，乃建立在支配各類事件的組織所具有的原則之上——至少在社會事件上如此——組織的原則也包含我們的主觀參與；我使用框架一詞，指涉我能辨認出來的這些基本要素。這是我對框架的定義。我用『框架分析』一詞，指涉研究者去檢視這些詞彙裡，經驗的組織方式。」（10-11）

　　我依循高夫曼的定義，但是在他的書寫中，他在研究探問的過程，指出的概念是存在於經驗的組織方式之中，而我的概念裡，研究探問所欲指出的是社會的建制形式。

5　同時請參照我對意識形態循環（ideological circles）的說明（D. E. Smith 1990a）。

6　這個詞很罕見，它指的是將某件事變成怪誕的形式。

第四部分
結語

第 10 章
已走過的路和未來可走的路

　　我在結論的章節想做三件事。首先是總結本書，為了提供建制民族誌研究的基礎，我們所走過的路。第二點，在前述基礎之上，擘畫未來的可能性，我已在這一路上提供許多例證。我不是要否定這些例子。每一項建制民族誌研究，都能對我們建立治理關係的知識有所貢獻。然而，我在本章節希望能提供一些想法，探索既有的民族誌研究，尚未觸及的可能性。最後，我希望能簡短談談建制民族誌的運用。

我們已走過的路

　　婦女運動歷程中指認出女性立足點的概念，我透過採納這些智識上的發現，描述自身經驗中兩種主體性的形式，其一處於我身為母親和家庭主婦的日常世界中的在地瑣碎細節，另一種形式則身處於文本本位的學術世界，超脫鑲嵌於在地世界的肉身。為了解決這道斷裂，我開始尋找一種社會學，從我和他人生活的在地真實出發，進行研究，由在地真實開始探索，闡述跨越眾多在地場址而編派日常世界的社會關係。

　　從日常世界中的立足點出發所見，治理關係（請見第 1 章）以獨特的編派方式，組織跨地的社會關係，而這些關係皆以文本為基礎，或藉由文

206

本媒介。具備複製能力的文本，能讓不同時空的人看見相同的字詞和影像，因而能在常民活動中，導入相同的編派（不見得具有決定性）成分。我命名為建制的概念，正是編派特殊功能的關係叢結和階序編派（hierarchical organisation），例如醫院或更廣泛的健康照護體系、大學、社福體系、公司等等。建制的特殊性在於，建制以特殊化的行動形式出現於眾多在地場址，於此同時，建制涉及的社會關係，則把運作流程標準化，且普同化眾多在地案例。然而，建制鑲嵌於治理關係中，且仰賴治理關係。沒有任何建制、或大規模的組織，能夠自外於法律、政府、財務組織、專業和學術論述、自然科學論述、管理論述等治理關係。

　　建制民族誌自身必然涉及治理關係；只要民族誌研究者在大學或其他研究單位工作，也在教導和發表研究成果，或是讓人們可取得他們的研究成果，建制民族誌研究者就免不了必須以直接或間接的形式，成為我們探究的一部分。然而，建制民族誌提出要重新建構對社會的知識，其中社會編派的方式，讓知識不再客體化社會、彷彿我們能從外頭觀看的方式來再現社會。在這樣的脈絡下，立足點的概念成為一種方法論裝置。立足點能從人們日常生活中的位置，開啟一項研究，也能從人們真實的經驗中展開研究，旨在探索日常的尋常知識範疇之外的社會關係。這些社會關係延伸至我們的日常經驗之外，並將我們困在無法從自身處境看見的社會編派和決斷之中。建制民族誌的目的是製作像地圖一般的東西，描繪我們日常知識範疇之外的事務運作方式。

問題意識

　　我在第 2 章引介問題意識的概念，作為一種方式，好把日常世界中立足點的概念，當作研究探問的計畫。建制民族誌不像主流社會學，建制民族誌不會從理論出發來形塑研究問題。主流社會學的作法多半相當形式化

（formalized）。從理論可能推導出研究假說，好讓研究測試該假說，或至少使其置於實證檢驗之下。有時這道程序高度形式化，有時則關乎確保一項研究的理論相關性。建制民族誌不管怎樣都不走上述的路徑。建制民族誌不從理論開始進行研究，而是座落於人們生活的真實性，聚焦探究人們參與建制關係，或與之牽連的方式。此即為一項研究的問題意識。[1] 建制民族誌把日常生活的概括慨念轉譯成為問題意識（Smith, 1987），使其成為特定研究獨有的研究導向。

　　一份建制民族誌研究的問題意識，並非自理論發展而來。也可能從研究者已知的建制流程之日常經驗中，發展出研究的問題意識。有時研究者透過前導訪談來發展問題意識，或是研究者仰賴她／他的經驗，如同艾莉森和我（Griffith and D. E. Smith 2004）對母職與學校工作的研究一樣。或是像吉羅德‧蒙地尼對社會「工作」的研究（1995a），民族誌研究完全仰賴他身為參與者的經驗，而他同時也是民族誌研究者，或是像喬治‧史密斯（1995）把身為愛滋社運人士的經驗，挪作民族誌使用。艾倫‧彭斯（2001）有數年的倡議工作經驗，她的經驗來自於明尼蘇達州家暴法律下，經歷司法流程的受暴婦女之配偶。彭斯清楚知道受暴女性的經驗，司法流程與其結果，幾乎無關於提供受暴婦女安全環境，使婦女免受施暴者侵害。彭斯的研究站在受暴婦女的立足點，探索警方和司法流程中，受暴婦女人身安全的議題。如同艾莉森和我（2004）所做的研究，有時民族誌研究者推進研究的方式是找許多人談話，他們幾乎同樣參與被問題化的建制流程關係。這並非人口群的取樣。民族誌研究者並不研究那些與她／他談話的人。[2] 她／他樹立一個立足點，作為探究建制流程的起點。她／他不見得會訪談很多人。訪談人數多寡，取決於該研究所需的不同經驗範圍，以避免過度狹隘的研究焦點。研究者進行訪談的對象，其日常經驗建立出立足點和研究導向，由此形塑研究者探究的方向。

一項研究的問題意識可能始於研究者的政治關懷，但是這些關懷必須轉譯為研究探問的焦點，而不僅僅是批判的焦點。研究者務必要用人們所體驗到的日常生活真實，來討論研究的問題意識。研究者形成問題意識時，某種程度上需要超脫其政治關懷，或將之擱置一旁。建制民族誌本質上是探究與探索的工作；建制民族誌必須超脫民族誌研究者已知、或認為她／他所知的事物，而且民族誌研究者必須準備迎接和開放地尋找她／他也許未曾預想的事物。建制民族誌的研究成果將與批判相關，批判能讓建制民族誌更為具體；建制民族誌研究能找出參與建制流程的人，能夠觸及的潛在改變場址，建制民族誌研究能提出大幅重塑的建議；或是告知社運人士在他／她的經驗和推動改變的力量之外，建制流程的運作方式。建制民族誌在上述脈絡下的用途，端賴於民族誌的信度、精確度和分析能力。

社會的存有論

我在第 3 章與第 4 章撰寫社會的存有論，提供一套理論，界定建制民族誌研究的客體。建制民族誌展開研究的真實，以及在研究的各階段該導向何方，並非成型於民族誌再現的前導敘述中。我清楚記得，我在加州大學社會學系從事研究所的研究時，從它安全的走廊和辦公室，前往加州中央山谷的斯托克頓公立醫院的病房去做田野研究，當時我有多麼不知所措。除了進行觀察之外，沒人給我進一步的指示。我一開始進行單純的觀察，便感到不知所措。這項指示毫無章法。我該觀察什麼？畢竟，真實並非為了讓人觀察而設。雖然我確實在某個場合裡發現，有些場合是專為人們觀察而設置，那場合是病患出庭，法官的判決將決定暫時留院的患者應否繼續收治住院。然而，對日間病房的患者來說並非如此，他們多數時候做的事情是戴門（1992）所說的等待工作。建制民族誌則會讓我知道，我不只該關注人們在

護理站和日間病房所做的事情，但也該找尋他們的活動怎麼協作，而我現在將之思考為建制民族誌研究時，便連結到建制次序的協作形式來思考，我們都在此一次序中坐著和等待。我將能找到這類協作形式。回看當時的研究，我甚至能看見這些協作形式，例如，有個片段是所有人都去吃午餐，工作者、民族誌研究者和一位呆坐著的女性除外。一名工作者有禮貌地靠近她，提醒她午餐時間到了；她動也不動，毫無反應；工作者接著試圖架起她的手肘，引導她走向通往餐廳的門；她聞風不動；最後，護理站來了第二名工作者架起女人另一邊的手肘，他們抬起她，推著她向前。我當時滿腹疑惑，為什麼他們不讓她單純地靜靜坐著。但我後來了解到，確保病患進食是醫院的戒護責任。工作人員施加不至於被稱為暴力的肢體壓力，他們在執行他們的工作，同時也是這間醫院的工作。

209

　　日常世界的真實並未告訴你該觀察和記錄些什麼。除了問題意識外，仍須理論規範（theoretical specification）來引導研究者凝視的方向。我將這種理論規範稱為**存有論**（ontology），因為我想強調，我們意圖探索的事物，真實地發生或正在發生。正是這項特點，支撐一份研究探問的計畫與其探索的可能性。第 3 章與第 4 章闡釋的存有論，源自馬克思與恩格斯對於社會科學的存有論，把概念、學說和想像力置於一旁，傾向於參與真實常民的真實活動。我在這套存有論上，增添另一項對我來說關鍵的面向：這些活動持續不斷的協作方式。這便是這套存有論，規範社會學特定探究面向的方式。

　　就此觀點而言，社會作為社會學探究的焦點，便是把常民的活動視為協作的過程，以及常民活動協作的方式。在這層意義下，社會不會形成自外於常民的獨立現象或理論實體，甚至是在常民活動中暗藏因果關係的現象或理論實體。社會（the social）不該等同於社會系統、社會結構、社會（society）或其他任何被社會學物化的社會（the social）。常民活動的協作確實發生；我們能夠探索和闡釋常民活動在特定環境協作的方式，但是我們不

該把常民活動的協作跟常民活動分開，仿若此一協作是獨立現象。我也強調，不管是什麼層級的編派，當我們檢視常民活動和常民活動協作的方式時，我們會發現協作常民活動的方式，總是預設常民經驗和視野具有差異。在任一工作流程下，常民都在做不同的事情；他們身處不同位置；這些差異的基礎，也生產常民經驗、視野、興趣等等的差異。

　　這套存有論的第四個面向於焉浮現。絕不能讓想法、概念、信念、意識形態等等，遁入人們在腦海中為它們設立的抽象空間（metaphysical space），而使它們自外於人們的活動。想法、概念、信念、意識形態等等皆是人們的所作所為，也就是常民活動。對建制民族誌研究者來說，想法、概念、信念、意識形態等都成為可供觀察的現象，研究者可於談話或書寫中觀察到。為此，第 3 章和第 4 章所構築的存有論裡，語言成為最為關鍵的一環。循著沃羅希諾夫（1973）、米德（1962）、巴赫汀（1981）和魯利亞（1961, 1976; Luria and Yudovich 1971）的思想，我將語言視為本質上具有社會性質，也是主體性的協作者。在探索字詞──物品關係怎麼塑造沃羅希諾夫（1973）所稱的**人際疆域**（interindividual territories）時，我們也能開始看見指稱物品的字詞所承載的社會編派。更進一步來說，米德主張字詞在言說者與傾聽者之間，編派一個回應的社群，於此之中能接軌對上持續發生的事情，並在一項社會動作中控制人們的下一步。沃羅希諾夫（1973）的人際疆域概念，也能有效區別出經驗形式和文本本位的形式，經驗形式根植於人們的經驗，文本本位的形式則根植於文本來源（第 4 章）。

資料與分析

　　敲開建制區域進行民族誌研究時，將先以下列方式延續語言的核心位置：導入建制論述，加上指認閱讀建制文本時的獨特方式，和建制文本發揮

作用的獨特方式。我採用文本－讀者對話的觀點，把閱讀闡釋為活躍的流程，預示其後於第 8 章和第 9 章中的詳細說明，進一步探究文本融入民族誌研究的方法。建制民族誌的研究者，主要資料來源是常民的工作經驗；研究者可透過參與觀察、與報導人進行訪談或上述兩種方式來取得這類經驗。建制民族誌研究者仰賴常民對自身活動的尋常純熟知識，與常民合作生產我命名為「工作知識」的產物，也就是描述和闡釋常民在做事時精熟的知識，而這些事情通常是未曾述說的事情。

我應在此強調，建制民族誌研究者使用「工作」這個概念時，我們不只談論人們在工作崗位上做的事情。就像發現家務勞動或母職都是工作一樣，建制民族誌研究者對於工作採取廣義的概念，應用到常民所做需花費時間、取決於特定條件、在某一真實場所完成，且有意圖的行為。我們在超市和銀行做的工作，過去曾由支薪職員來完成（Glazer 1993）。我從溫哥華前往維多莉亞大學去教授建制民族誌時，我上網到客運公司的網站，查詢 9 號公車何時停靠落葉松街，我並未把這個行為視為工作，但若我是在進行建制民族誌研究，我便會把這個行為視為工作。儘管這些行為也許看來微不足道，卻是艾莉森和我進行母職與教育的研究時的重要時刻，我們把早上接送小孩到校的行為視為工作。

民族誌研究者向建制流程中不同位置的人，學習他們的工作，推進研究，並聚焦於此一建制流程來形塑問題意識。建制民族誌不將她／他習得的事物，當成個別描寫的總合；而是將之組合成序列或是其他社會編派的形式。研究者採取必要措施，確保民族誌能奠基於多人的描寫，也確保民族誌能再現某些潛在差異的範圍（此處非指大規模取樣）。上述兩點之外，研究者也觀察不同位置的工作，或採用處於不同位置的報導人，並將之組合成為行動序列。上述方法讓民族誌研究者，得以查核她／他從他人那裡習得之事，以伴隨她／他發掘處於行動序列下一位置的人，怎麼銜接與拓展前一階

段已完成的任務。正是在這些連結之中，也就是在協作序列的模式或是建制
行動的迴圈之中，讓我們回到文本，視其為主要協作者。艾倫‧彭斯描述文
本媒介的序列，自受暴婦女與司法建制接觸的報案電話開始。彭斯循線找出
工作編派，一宗案件進行處理的不同階段或步驟中，文本（例如，警員初次
訪視的報告）進行協作的重要性最讓人詫異。莉莎‧麥可依（1999）的研究
則顯示出不同類型的序列，安大略省的社區大學，導入全新的會計成本振興
（cost-recovery）程序，麥可依檢視該程序怎麼重新編派財務主管、院長、系
所主管和授課教師之間的關係。責信迴路因而形成，好讓系所主管和授課教
師能負責（及責信）生產出讓財務主管得以控管他們的資訊。這兩個例子僅
是表面上呈現的這樣；他們並不互斥，而能夠闡述相對來說直白的分析，說
明建制流程怎麼協作工作者以文本為媒介的工作。

文本

建制民族誌的研究焦點總是放在社會，此處的社會應理解為常民真實活
動的協作，並以廣義的方式理解常民的工作。在建制環境下，常民工作的協
調方式，不能缺少文本，且文本無所不在。然而，把文本融入民族誌研究會
有個問題。這問題來自我稱為文本的慣性。我們體驗到的文本，未將其視為
動態；文本的物質性賦予文本一種難以克服的靜態平衡。儘管我們把人們的
談話，視為編派一系列行動的一部分，我們卻難用同樣的方式看待文本。因
此，第一步便是讓我們能看到文本處於動態，先是文本出現於文本－讀者對
話時（第5章），接著是文本在編派行動過程中所扮演的角色（第8章）。在
民族誌中融入文本，讓我們能夠拓展建制關係的探索，進入更高層級的編派
方式。

互文性在此一脈絡下具有階序結構。此一結構中的階序，並非位置的

次序，而是文本的次序，某一層級的文本奠定框架與概念，以控制較低階序的文本，相對來說，較低階序的文本，怎麼符合較高階序文本中的框架與概念。「權威」的次序是一項概念。文本把真實置換為能採取建制行動的再現形式，這些文本從真實中精挑細選合適的片段，好符合更高層級認證文本中的框架與概念。奠定框架的規制文本在編派第一線工作時特別重要，第一線工作把真實置換為建制文本，使真實成為能啟動建制行動的現實。舉例來說，我們在喬治·史密斯的研究（1988），看見在警方的觀察與最終報告中，在澡堂參與性活動的男同志，警察皆以符合法律類屬的方式進行構框。警方報告在協作司法流程的後續工作時，變得相當關鍵。這份報告由兩件事來進行編派，一是警方生產這份報告的觀察步驟，二是警方為了符合「妓院」法律的描述，而擇取和撰寫的那些項目。

拓展

正因為建制民族誌研究者探索的是治理關係，即便是從不同的角度、帶著不同的主要關懷展開研究，建制民族誌研究累加的方式一開始讓我吃了一驚。把文本、文本承載的框架與概念指認為協作者（確實是協調建制的關鍵），讓我們能夠（在即使是聚焦於不同建制區域的研究中）指認出社會編派和社會關係的面向。我們也能在我們進行探索的場址中，找到社會編派和社會關係的面向，或是與我們可能要檢視的部分有關的社會編派和社會關係的面向。研究者把文本融入行動序列，得以建立雙重目標（double reach）：第一個目標是文本作為協作者，協作在社會關係（視為行動序列）中，不同位置的人所做的工作；第二個目標則是文本帶著建制階序的規制互文性（regulatory intertextuality），促成橫跨眾多環境和不同時間的工作標準化，達成文本在具體在地環境、以文本形式協作特定個人或特定群體的工作。

213

我將在這一節進一步檢視不同的可能性，找尋探索文本媒介的關係，超越上述各面向的可能性。治理關係上不同焦點之間的交互關係和交互連結，並非偶然產生。我們不能把我們在探索的交互關係叢結，連結到某個既存的完整實體、能動性或甚至是一個建制叢結。一旦我們開始用民族誌方法辨識和分析文本，把文本視為建制編派的一環，我們就有可能追查那些無法以其他方式觸及的連結。我在這一小節提出拓展建制民族誌的兩個方向，延伸至經濟和治理關係延展而出的社會關係，以及兩者的交會點。我舉的兩個例子並非建制民族誌研究，確實也只有部分民族誌的性質。我的目的是呈現從具體的日常世界發想問題意識，能夠開啟一道門，讓我們揭露問題意識鑲嵌於哪些社會關係之中；其目標是把研究觸及到編派方式的鉅觀社會層次。我舉的第一個例子具有民族誌性質；這是史帝文・瓦勒斯和約翰・貝克（Steven Vallas and John Beck 1996）的研究，他們探討一間公司持有的四間美國造紙廠，處於變動中的工作關係和編派方式。我舉的第二個例子始於一名社福資源申請者的描寫，他在美國《1996 年個人責任與工作機會調解法》（*Personal Responsiblitiy and Work Opportunity Reconciliation Act of 1996*）的嶄新社福規則後，不再適用加州的方案（Lioncelli 2002）。

由於在第二個例子裡我能引用其他研究，比起造紙廠的案例，我更能深入探索第二個案例。但是這裡提出的程序都一樣，從人們生活的日常中發想的問題意識，提出研究者探究的軸線，闡釋編派日常真實的社會關係。

造紙廠

瓦勒斯和貝克（1996）訪談造紙廠的工人與經理，這些造紙廠的管理模式近來導入新科技，結合全自動連續製程與電腦化控制。造紙廠導入新技術之前，工人直接參與生產過程，並監督機械自動化過程。流程的某一階段出

現些微差距，便可能導致後續產線發生嚴重的問題。隨著工人的資歷漸深，工人在工作崗位上學習，獲得謹慎看管生產線的技能。藉由導入全新的自動控制技術和「完整品質管理」策略，該企業旨在達成「更高的操作流程穩定度和為數不少的員額裁減」（Vallas and Beck 1996, 346）。操作員現在透過電腦化控制，遠距監管和控制製程。製程工程師現場控制的主導權漸增，取代資深作業員經驗本位的知識，以降低產線對作業員的依賴，新的電腦「迴圈」（loops）取代作業員的經驗知識。

　　這種環境下的建制民族誌，帶我們進入探究的編派中兩個獨特的階段。第一階段將是把立足點定在主動參與社會編派的某些人的日常生活裡。瓦勒斯和貝克的研究，顯然聚焦於造紙廠工人的經驗。然而，採取工人的立足點，將會取代一項重大的研究限制。決定要研究一家公司持有的四間造紙廠，意味著採取這家公司的建制次序作為研究框架。從工人的立足點出發進行研究，意味著從工人工作的具體在地場址開始進行研究。這四間造紙廠分布於美國的不同地區，各區的經濟狀況亦不相同。舉例來說，位於太平洋西北地區的造紙廠所在區域，已因木材業和漁業衰退，造成勞工階級社群縮減。位於該區域的造紙廠工人，其日常將見證他們服務的廠區巨幅縮減的勞動力，進一步造成該區域岌岌可危的就業機會更加惡化。以路易斯安納州的造紙廠來說，該廠區位於早已貧困、高失業率的地區，使得企業可以占盡低薪資水平的便宜。若研究者像瓦勒斯和貝克一樣，從該企業的疆界內進行研究，即是類似於建制擷取。身處不同在地位址的工人，其觀點與經驗消失無蹤；不只如此，對建制民族誌研究者來說，企業導入的改變，後續形成的經驗和觀點，將取代工人的經驗和觀點，而民族誌可能奠基於這項改變後的經驗。

　　儘管瓦勒斯和貝克的民族誌大多與建制民族誌有關，一份建制民族誌研究的第二階段則有一個主要的面向，那即是追查文本的蛛絲馬跡。導入全

新的連續製程技術和後續的「員工規模」裁減，以及取代工人的技術與經驗，都與其他科技密不可分，亦即那些在國際財金市場的層次上，足以代表現場控制製程的管理與財務會計科技。麥可依（1999）指認出會計實作的改變，以及因聯邦政府的政策變動，進而改變財會經理、行政管理者和授課教師等人之間的編派關係，此項政策改變打算激起社區大學和私人機構的競爭，藉此回應企業的職訓需求。在造紙廠的案例中，財會文本與實作之間，存在類似但更加複雜的連結，把企業運作連結到股票市場。不同單位規範一間企業財務運作的公開報表，美國證券交易委員會（Securities and Exchange Commission）是美國企業的主要監管者。規制文本運作的方式，如同我們在「妓院」法的運作中所見的那樣，規制我們怎麼把真實轉換為財會文本的對應形式。建制民族誌探究的過程，不會把主導美國會計實務的政府單位，其治理的再現過程視為理所當然。比起其他國家，在計算收益時，美國的會計實務給予勞務成本較高的比重。因而激發美國企業經理人首重刪減勞力成本，以提升他們公司可見的利潤，鞏固公司在資本市場的地位。動態的市場（商品與資金）編派滲透到在地層面，例如在現場控制的層級上發生的事情、工人思考日常生活發生的事情（如同馬可漸漸把他的生活思考為既在現場之外，也在現場之中），工人則絲毫無法掌控市場，工人透過文本階序與市場產生連結，此一文本階序把工人在現場的工作和他們的薪資，轉譯為公司的財務狀況來再現。採取工人日常生活作為立足點的建制民族誌，能夠把探索的觸角伸到財務會計的文本編派過程，涵蓋在國內和國際上控制此一文本編派的單位。

福利體系的蛛絲馬跡

　　我舉的第二個例子將介紹相當不同的連結形式。與第一個例子裡追查直

接文本連結的方式不同（至少在原則上是如此；實作上，研究者當然有可能無法像麥可依追溯迴圈時那樣，取得她／他所需的民族誌細節），第二個例子連結到論述階序（hierarchy of discourses），此一階序提供建制文本中，規制且具現的編派框架和類屬，這些建制文本詮釋常民的活動，也賦予常民活動建制責信度。

　　美國的福利制度重組帶來劇烈變動，1980 年代美國開始著手福利政策重組，1990 年代共和黨於國會占多數席次時則快速推進這項變革。社福方案把經濟福祉視為個人責任，而非公共責任，這些方案為社福資源申請者訂下時程，申請者的首要之務是接受職訓和找工作，全然忽視在地經濟的現況，或是幼兒照顧帶來的個人就業限制。史蒂芬妮・里翁契禮（Stephanie Lioncelli 2002）撰寫的民族誌，研究一項由美國《1996 年個人責任與工作機會調解法》（*Personal Responsibility and Work Opportunity Reconciliation Act of 1996*）所補助的方案。該方案融合女性主義意識形態意涵的工作，以此做為女性獨立自主的核心，法案則為這方案套上嚴苛的規定和時程。該方案為某些婦女帶來益處，但對於帶著幼兒的母親來說，找工作且維持受雇狀態的壓力，不符合他們在地經濟的現況。以下是一名不再接受該方案補助婦女的經驗：

> 我有一份工作，我得坐公車通勤四小時（她用手指比四來強調此事）……我帶著孩子上公車去我媽家，之後去上班。我把薪水給了我媽，因為她幫我看小孩，所以我就辭職了。（頁 86）

　　從上述的立足點出發，能動性的在地實作，脫離不了建制論述的類屬與框架，而此建制論述則連結到聯邦補助的款項。社福工作者能夠回應常民真實景況之個別現實的方式（特別是回應那些住在經濟較為弱勢區域的人的方

式），嚴重受限於文本科技，社福工作者的工作需在聯邦法規的普遍框架監督下，具有責信度（Ridzi 2003）。[3]

此一全新社福體制的原則，其設計可上溯至 1987 到 1988 年的美國國會聽證會。南西・南波斯（Nancy Naples 1997）檢視聽證會的文本留下的蛛絲馬跡，揭示新的福利論述的**主宰框架**（master frames；她使用的詞）怎麼監控聽證會的流程與其產物。無疑地，像透納那種研究，應用到地方土地開發規劃流程時，能夠探索產製文本－工作－文本序列的主宰框架，以及在聽證會中建立的類屬（無需懷疑，這些類屬早已在聽證會前備妥）。

然而，我們還可以再往前推進一步。此一全新社福體系的建制論述，規範一個更廣泛的意識形態論述中的建制叢結。如同約翰・湯普森（John B. Thompson 1990）所說，意識形態一詞被以眾多方式理論化。湯普森達成的一致性，覆上一層我想避免的一片概念叢林[1]。我在此使用**意識形態**一詞，指認一個鉅觀論述，監控專屬特定脈絡的其他事物，例如建制。[4] 自 1980 年代初期開始，在北美逐漸主導公共討論經濟議題的意識形態論述，即是為人熟知的新自由主義。新自由主義作為一種意識形態論述，為其背書的經濟理論，強調自由市場的至高重要性，以追求普遍的繁榮；因而新自由主義認為政府所費不貲且毫無效率；公民權的概念強調經濟福祉的個人責任等等（Brodie 1996; Martinez and Garcia 1997; Naples 1997）。在新自由主義下更為專精與其附屬的論述，便逐漸發展起來，在廣泛層次上媒介意識形態論述，並媒介建制論述的細節。加拿大建制民族誌研究者注意到**新公共管理主義**（new public managerialism）作為論述，在一眾建制環境中媒介新自由主義和建制論述，例如健康照護（Rankin 2003）、教育（McCoy 1999）、與兒童保護（Parada 2002）。[5]

---

[1]　意指概念造成的混亂。

　　建制民族誌還能做出其他連結：傳統馬克思主義的描寫，把意識形態確立為一種表現，展現統治的資產階級之利益。然而馬克思主義未言明這類利益，怎麼連結到社會中主宰意識形態論述的轉化。我們能夠研究這類社會關係，而不只是把社會關係丟給理論。艾倫・梅瑟大衛朵（Ellen Messer-Davidow 1993, 2002）描述的建制叢結，乃由資產階級強而有力的一群人所創造，他們結合右翼領袖的勢力，美國右翼人士得以藉此一建制叢結的設計，取得公共論述的掌控權。這些組織包含智庫，也就是專門訓練記者的機構，以取代目前為數甚多的自由主義專業記者，這些組織在財務上支持大學中的右翼計畫，讓年輕人準備好在公部門發展與執行右翼政策。

218

　　　他們向贊助者簡報他們的計劃、於媒體上杜撰議題、動員支持者、向政府官員遞交計畫，並且透過集結受僱的遊說大軍，挾公民投書運動之意，達成其目的。儘管有些組織的議程關注眾多議題，有些組織則找到適合他們的方向，例如家庭政策或是放寬企業管制，這些組織都有辦法進行跨部門運作，因為他們從保守派在政府部門、企業單位、專業機構、教育場域和媒體等相互交錯的網絡中，吸引他們的盟友。（2002, 221）

　　梅瑟大衛朵的研究揭露 1992 年至 1994 年間，有高達 8000 萬美元的鉅額補助，挹注 18 間保守派的智庫（2002, 223）。路易斯・拉普罕（Lewis Lapham 2004）接續梅瑟大衛朵的研究，描繪 2001 年由保守派基金會挹注補助款項的路徑，最具影響力的 9 家基金會擁有 20 億美元的資產（32），投注 1 億美元於 12 間國家智庫（35）。此外，還有 3 億美元花在拉普罕稱為「保守派訊息機器」（conservative message machine）的機制上，此一機制涵蓋眾多保守派的電視頻道，例如福斯新聞網（37）。研究當然可以更進一步追溯中介階段，基金會的主要投資於此中介階段，轉譯成媒體上重塑的公共

論述[6]、新管理主義的普遍論述，也轉譯成麥可依（1999）或蘭金（2003）描述的特有論述和文本實作，其中責信度的嶄新文本科技，亦是前面段落所述的當代福利組織之特點。

　　本章所提的兩個例子，闡述建制民族誌的可能性，能夠超越先前已描述過的研究。建制民族誌為這些研究打開更多可能性，如同我在書寫這本書時引用的那些研究一樣。隨著建制民族誌研究者的探索，我們能看見建制民族誌怎麼拓展至尚未被研究者處理的區塊，以及拓展到目前為止尚未涵蓋的社會關係層級。當我們把研究實作轉譯為民族誌實作，建制民族誌研究實作，並未在根本上有別於前述的眾多不同方式。這些研究實作會帶領研究者進行更深入的探索。

　　本章的兩份研究草稿中，文本的重要性顯然是研究者探索社會關係的關鍵，這些社會關係連結在地環境與治理的社會關係之延伸（extended social relations of ruling）。採用造紙廠模型的研究，將會牽扯到麥可依的研究介紹的責信迴路。造紙廠的研究模型延伸的範圍，比麥可依的研究還廣，造紙廠的模型觸及國際金融市場中，文本媒介的編派過程，但是那份研究的存有論根基，基本上不會差太多。若追溯本節引用的社福資源申請者，他經歷的框架、概念和類屬編派，則會顯示多種模型。這類探究將服膺於喬治·史密斯的研究所建立的研究模型樣態，也就是關於互文性階序的研究。法律文本的規制框架在互文性階序中，塑造真實的再現，好讓真實在此一框架下啟動建制行動。上述的研究模型當然如你們所見，並非唯一的模型。

建制民族誌的集體研究

　　然而，建制民族誌不像本章所見，仰賴大規模的研究計畫。研究經費的尋常經濟體制，限縮個別計畫至不甚大的規模。然而，由於建制民族誌描述

和分析某一面向的運作，使得建制民族誌能進一步延伸、檢視和推進研究的深度。隨著建制民族誌演進，我們能看到狀似分散且零碎的眾多研究，聚焦於同一客體。沒有任何一份建制民族誌研究屬於個案研究；每份研究都揭示從某一特定觀點、在特定面向切入探究治理關係的探索發現，而研究者探索的治理關係，無異於常民日常工作的生活中浮現的治理關係。從某一份特定的研究中得出的普同化發現，非關人口群，或僅關乎建制自身生產與再生產的標準化和普同化形式；更為重要的是，此為治理關係本身的現象帶來的影響，治理關係相互連結的方式很多，也深受資本累積的動態所影響（Smith 1999b）。

　　文本形成治理關係特有的協作形式，而這項特性帶來獨特的脆弱性。早年，治理關係根植於（美國羅斯福新政時期大幅擴張的）公部門、大學（Veblen 1957）、教育體系和大眾媒體，讓知識分子（至少在某程度上）不受制於資本；近年來幾乎所有場域的發展，都融入資本主義的編派和社會關係。如同重新設計福利制度以符合新自由主義框架所示，設計與散佈意識形態論述、創造特殊的從屬論述，以及最後是特殊化、時而專項發展的建制論述，以極為有效且多半隱而不顯的規制轉變（regulatory transformations）之姿現身。赫伯特‧席勒（Herbert Schiller 1996）對於這種組裝不同的民族誌作品所揭示的問題，提出嚴正的聲明：

　　如今，一座關於隱形控制的雄偉大廈已矗立於此，允許觸及最遠之處的社會宰制手段，得以逃脫過多的公眾關注。(1)

　　敘勒主要聚焦探討大眾媒體，但他描述的現象，也能如同部分建制民族誌研究所揭示，適用於治理關係的其他區塊中的發展，（McCoy 1999; Mykhalovskiy 2001; Parada 2002; Rankin 2003）。[7]

　　後現代主義帶來對啟蒙信仰極深的不信任，對啟蒙信仰來說，知識能即刻擺脫幻覺、謬誤與無知。我學習到後現代主義批判啟蒙運動傲慢的知識宣稱，仿若人們能嫻熟知的全貌（totality of knowing），但我有信心，耐心考究社會的研究方法能夠探索發現、創造知識、讓隱而不顯的事物清晰可見。建制民族誌作為一套為人們所寫的社會學，旨在讓我們清楚看見，我們身處之境多半未能觀察到的治理形式。

　　建制民族誌根本上仰賴研究者加總個體的工作知識，並組裝這些工作知識，以展現工作知識的協作方式（特別是透過文本媒介的形式）。建制民族誌研究者發現，其他的建制民族誌，包含那些聚焦於其他建制的研究，皆與我們的研究有關，於我們亦有可用之處。有時是關乎其他建制民族誌在研究技巧上的創新，但更為重要的是，隨著個別的研究探問牽涉的治理關係不同，這些研究對於普遍的治理關係叢結，浮現的不同觀點似乎有所貢獻。我們開始學會該怎麼看待跨地的治理關係，以及怎麼讓治理關係清晰可見。在席勒指出的歷史脈絡中，這項任務更為重要。建制民族誌探索「觸及最遠之處的社會宰制手段」的其他面向，而我們參與的建制形式，正因此得以重塑。怎麼組裝這些宰制形式的知識，讓我們能在唾手可及之處，生出抵抗和進步的改變力量。

　　剩下的問題是，要怎麼做才能更容易取得建制民族誌研究者從研究中學習到的事物。學術出版有其限制，但我們不該低估學術出版品：學術出版不只能觸及其他社會學家，也能透過教學流傳下去，包含那些在職業學校的學生。建制民族誌已用來確立在地實務工作者可觸及的範圍內，建制改變的在地場址。艾倫‧彭斯是這方面的領頭羊。彭斯嚴謹的民族誌研究，探討司法工作的編派，怎麼從常民的日常生活中，產製家庭暴力案件。她的研究已找出數項可做改變之處，以提升遭受伴侶暴力的婦女之人身安全。法律流程協作的方式，有些面向能夠改變，也已經改變。舉例來說，如同彭斯所示，產

製建制現實時，警察的家暴案件報告扮演核心的角色，此一建制現實是案件能往下遞送的現實（請參照第 8 章和第 9 章）。彭斯說服明尼蘇達州的德盧斯市警局，重新設計撰寫報告的原則，讓報告指出婦女暴露於何種層級的暴力中。他們的實作成為其他警隊的範本，這些警隊關心在這種情況下做些什麼，更能保障婦女的安全。在研究環境以外的場域，建制民族誌的探究分析形式，也能成為一項技巧。彭斯發展一些方法，組織那些參與家暴和兒童保護案件的工作者（警察、律師、監護官、兒童保護社工等等），彭斯把他們集結起來，檢視他們的在地實作怎麼組合起來，檢視他們產出的非預期結果或「副作用」。如此一來，批評的重點便從個別工作者的工作能力，轉移到工作流程及其互文性。相同地，透納採用她繪製的工作－文本－工作製圖法，讓人們分析他們的工作場域。透納特別感興趣的部分，乃是延伸建制民族誌，成為倡議人士能用的技巧，而非做研究之用，好讓滲透進倡議者日常工作生活中，隱而未顯的事物變得清晰可見。

　　本章皆是建制民族誌小小的可能性與提案。建制民族誌的重點總是在於提問探究和探索發現，以及從常民所經驗的事情出發，好把跳脫他們經驗（beyond-their-experience）的事物，帶到日常知識的範疇之中。對建制民族誌研究者來說，建制民族誌也許是項技藝，有時是相當困難的重大計畫，但是建制民族誌完成後，便可轉譯為日常世界的語言，讓建制參與者能夠將研究發現，融入他們的日常工作知識。我們需謹記在心，建制參與者包含支薪與不支薪的人，諸如，被兒童保護機構調查和規訓的婦女、在診所嘗試找到發言機會說話的個案、由於托育費用吃掉薪水收入而放棄工作的女性。不管現在或未來，超越在地社會關係的建制民族誌探索，都能讓我們釐清事情真實運作的方式。

註釋

1　請參照坎貝爾和葛雷爾（2002）。

2　請參照一同出版的《建制民族誌的實作》一書中麥可依的章節。（2006）。

3　我們可以對照亨利‧帕拉達（Henry Parada 2002）的描寫，他描述兒童保護社工評估疑似兒虐案件風險時的程序，此一風險評估程序亦是對他們的督導及行政主管問責的實作。

4　與此相同的是莉莉‧喬利亞拉基和諾曼‧費爾克勞（Lillie Chouliaraki and Norman Fairclough 1999）書寫的意識形態，意識形態引用、挪用和「殖民」其他論述（27），只是我倒置這關係。我不挪用和殖民從屬論述（subordinate discourse），我主張，附屬於且受制於意識形態論述（ideological discourses）的建制論述即是規範，把意識形態論述的同一構框應用到較為專屬的領域。

5　史戴芬諾‧哈尼（Stefano Harney 2002）並非建制民族誌研究者，他的研究饒富趣味地描述了「國家工作」從公共行政轉移到公共管理的過程。

6　大衛‧博洛克（David Brock 2002）撰寫精彩的自傳描述，書寫他媒介新保守思想與公共論述的經驗。

7　1980 年代時，喬治‧史密斯和我在塑膠產業研究員工訓練的議題，我們注意到員工教育與訓練的概念，從注重人力資本轉移到人力資源的概念。人力資本的概念在教育或訓練時，結合個體的公共與個人興趣，生產收入的產線。然而，人力資源的焦點在於員工訓練與教育如何服務資本的勞動力需求。我曾擔任一項計畫的顧問，該計畫提議要研究執行新課綱的老師，他們認為工作的意涵是什麼，並且研究評估程序。安大略省教育部因這些評估程序，更能掌控老師教學的方式和必須施教的內容。擔任顧問的過程讓我學習到，這些改變伴隨著其他改變，在各層級上緊縮教師決定教育政策的角色。課綱及授課成效標準化的改變，伴隨著降低學校董事會的功能、擴大學校董事會的規模（以縮減教師在董事會政策上扮演的角色）、學校行政人員的位置（校長和副校長）從教師會改成管理職、導入教師社團，好在教師會之外於教師身上套上標準。整體來說，這項改變是從集體或個別的教師怎麼運用其專業判斷，轉移到管理教師，確保他們能夠回應政府的政策目標。

詞彙表

如果詞彙定義中使用的詞彙，在詞彙表的其他部分有其定義，該詞第一次出現時以大寫表示。

真實的（actual）、真實（actuality/ies）： 我不願意賦予「真實的」或「真實」等詞彙實質內涵，因為我期待這些詞彙總是能指引我們到文本外部（outside-the-text），回到我們居住的世界，和閱讀文本（TEXT）（意即這本書）的世界。「真實的」和「真實」指向文本外部，由民族誌研究者探索的世界，也是她／她進行探索工作的世界。研究者所能描述、命名或分類的事物，總是難以完全呈現真實。

能動者（agent）、能動性（agency）： 社會學使用能動性一詞來消除人們的疑慮，也就是說當社會學解釋人們的行為時，不會把他們視為社會系統的魁儡。既然建制民族誌（INSTITUTIONAL ETHNOGRAPHY）不試圖解釋人們的行為，而是從人們身處之境出發、從人們身上學習，以探索人們（知情或不知情的情況下）參與的跨地關係，我們也就不需要告訴人們，他們有能動性。因此，在建制民族誌中，能動性一詞類似於後結構流派所使用的主體（subject）一詞，我們把能動性視為論述（DISCOURSE）的屬性。論述創造主體的位置；論述也為能動者創造位置和展演（performances），這些能動者被指認為建制具體行動的主要人物。因此，能動者和能動性確立論述功能（discursive functions）。

協作（coordinate）、協作（coordination）：建制民族誌（INSTITUTIONAL ETHNOGRAPHY）不把社會（the SOCIAL）視為凌駕於個體之上，也不主張社會主宰個體的行為，而是把社會聚焦於真實的（ACTUAL）人協作他們活動的方式。建制民族誌對協作方式的注重，則進一步延伸到語言，把語言理解為協作個體的主體性，讓我們能避免使用遮蔽人們腦袋裡啟動想法、概念、念頭等的概念。

資料對話（data dialogues）：能喚起報導人經驗（EXPERIENCE）的訪談者與報導人之間的對話，或是觀察者與他／她自身經驗的對話，資料對話總是在民族誌研究者的身後藏有第三方，民族誌便是為這些人所寫。經驗對話（experiential dialogue）成為研究者對論述（DISCOURSE）的資料，研究者與她／他未來的讀者，在此一論述中參與進一步的對話。

差異（difference）：建制民族誌（INSTITUTIONAL ETHNOGRAPHY）把差異融入社會（the SOCIAL）的概念之中。除了生理學、經驗（EXPERIENCE）和生平上的差異，協作（COORDINATING）活動的社會流程，會產生個體之間在觀點和關懷上的差異。

論述（discourse）：這個詞在使用上有許多涵義：語言學家使用這個詞，表示持續進行的對話或文本（TEXT），傅柯（1981）使用這個詞，指認語言使用的慣常規制實作，這些實作以獨特的方式制定與辨識出知識客體。本書使用的論述概念，奠基於傅柯的使用方式之上。論述指涉協作（COORDINATING）明確的個人談話、寫作、閱讀、觀看等等的實作時，涉及的跨地關係，而這些行動發生在特定的時間點和特定在地場所。人們參與（participate）論述，而他們的參與也再製論述。論述限制人們能言說或書寫的事物，而他們所言說或書寫之事，再製且修正論述。儘管論述受到規制的方式各有不同，論述成為行動的每個片刻皆再製且再塑論述。

經驗（experience）：經驗一詞用來指涉人們逐漸知曉，那些源於人們的肉身存在

與行動的事情。唯有經驗者（the experiencer）能述說她／他的經驗。對民族誌研究者來說，不管是口說或是書寫形式的對話，都可能浮現經驗，對話發生在特定的時空下、特定的人們之間，也包含自我反思。建制民族誌研究者有時參照既存的經驗（lived experience），找出持續不斷在肉身與世界之間流轉的意識、辨識、感受、覺察和學習等等的交會處，當對話喚起經驗時，這些交會處先行，為經驗提供資源。

意識形態論述（ideological discourse）：意識形態論述（DISCOURSES）是普同化（generalized）的論述，也是普同化其他事物的論述。意識形態論述在鉅觀層次運作，藉此控制其他論述，其中包含建制論述（INSTITUTIONAL DISCOURSES）。

指代性質（indexicality）：不管哪種類型的真實（ACTUALITIES）之任何描寫（account），端賴研究者回頭參照真實，來為真實的描寫賦予意義。此即為描寫的指代性質。建制民族誌（INSTITUTIONAL ETHNOGRAPHY）並未宣稱能夠超克指示性。其民族誌仰賴真實，也回頭參照真實，由此淬煉出民族誌的研究發現。

建制擷取（institutional capture）：建制論述（INSTITUTIONAL DISCOURSE）的能力是含納或取代經驗（EXPERIENCE）本位的描述。報導人與研究者雙方都熟悉建制論述、知道怎麼講述建制論述時，就會發生建制擷取，從而容易錯漏了報導人經驗本位的知識。

建制論述（institutional discourse）：建制論述擇取常民所做之事的面向，僅揀選在建制論述中具備責信度的面向，建制論述含納真實（ACTUALITIES），使其成為產製建制時不可或缺的一環。建制論述的文本－讀者對話（TEXT-READER CONVERSATIONS）牽涉的程序，把真實視為建制論述框架、概念和類屬的例證或表達方式。典型的情況是，無觀點差異的再現誕生於建制論述中，而身為主體與能動者的人們則消失其中。

225

建制民族誌（institutional ethnography）：建制民族誌在常民參與建制（INSTITUTIONS）時，從常民的觀點來探索編派建制的社會關係（SOCIAL RELATIONS）。常民是他們自己生活的實務專家，民族誌研究者的工作是從常民身上學習，組裝研究者在常民的不同觀點中學習到的事物，探究這些活動協作（COORDINATED）的方式。建制民族誌旨在跳脫常民所知，找尋他們在做的事情與他人所做的事情之間，用他們看不見的方式產生何種關聯。建制民族誌的想法是描繪治理關係（RULING RELATIONS）的建制面向，形成一幅地圖（MAP），藉由讓常民看見他們所做的事情，怎麼在其他時空協作他人的活動，讓常民能拓展他們對日常世界的知識。

建制（institutions）：我使用建制的（institutional）和建制（institutions）這兩個詞彙，辨別治理關係（RULING RELATIONS）中鑲嵌的叢結，治理關係圍繞著獨特的功能進行編派，例如教育、健康照護等等。這些詞彙指認出多個相對模式的治理之間的交會處及協作方式（COORDINATION）。國家機關與專業形式的編派緊密相連，論述（DISCOURSE）的關係交互滲透這兩者，其中包含系統性建立的建制論述（INSTITUTIONAL DISCOURSES），提供類屬和概念來為建制功能，傳達在地行動過程的關係。這是建制特殊的能力，建制普同化的同時也被普同化。因此，在建制環境下，常民主動從具體事物（the particular）中產製普同的事物（the general）。我們需於動態中探索建制，其普同化協作的獨特模式，則成型於常民之間、於特定時間、場址的在地活動中。

人際疆域（interindividual territories）：沃羅希洛夫關於語言的概念（1973）指出字詞是「雙面行動（two-sided act），是言說者與聽者間的雙向關係之產物。」字詞或表述的雙面行動所形構的主體之間的關係，是他們之間的關係；這是人際的關係。我們需要區別經驗本位（EXPERIENCE-based）與文本本位（TEXT-based）的人際疆域。儘管經驗從未被取代，從經驗疆域轉移至文

本本位的疆域時，人際疆域的基礎或根基也截然不同。

訊問裝置（interrogatory devices）：從常民經驗的真實（ACTUALITIES）移轉到建制現實（institutional realities）的過程，通常包含某種形式的訊問。問卷和表單作為訊問的文本類型，羅列諸多欄位，把常民日常世界的層面轉換成按主題指派的欄位，再由「主體」、「個案」、「患者」回應與欄位等量的問題。

互文性（intertextuality）：文學理論大量使用互文性一詞。其闡述的觀點是文本（TEXTS）並非孤立存在；文本的意涵未獨立於其他文本之外；文本在本質上具有互文性。建制民族誌（INSTITUTIONAL ETHNOGRAPHY）借用互文性的說法，藉此肯認建制文本之間相互依存的關係。特別是本書使用這個詞，指涉在階序（hierarchy）中相互依存的文本：較高階的文本樹立框架與概念，控制且形塑較低階的文本。

地圖繪製（mapping）：地圖總是具有指標性，而與真實的疆界產生關聯。與此類似的是，建制民族誌繪製建制地圖的計畫，總是指向回到真實（ACTUALITY），積極參與其中的人知曉這項真實（就像是地圖上「你在這裡」一詞運作的方式）。這幅地圖組裝不同位置的工作知識（WORK KNOWLEDGES），且應包含在建制環境下（相關的）文本（TEXTS）協作工作流程的描寫。

存有論（ontology）：存有論是關於存在的理論。本書使用這個詞，說明社會（the SOCIAL）存在的方式。建制民族誌（INSTITUTIONAL ETHNOGRAPHY）的存有論提供概念框架，讓研究者選擇性關注真實（ACTUALITIES）。建制民族誌存有論的方向是提問探究，於民族誌研究者正在探索的世界中進行民族誌探究；而不是一種為概念提供能動性的存有論。

權力（power）：在建制民族誌（INSTITUTIONAL ETHNOGRAPHY）中，建制（INSTITUTIONS）藉由語言和文本（TEXTS）的協作（COORDINATING）功能來生產權力。即使是使用肢體力量去控制他者（例如警方或軍隊採取的

227

手段），都是互文（INTERTEXTUALLY）協作。構成和規制建制的文本樹立起能動性，意即文本賦予建制控制與動員他人工作（WORK）的能力。文本認可的能動性，產製建制階序中具有責信的行動，這些行動創造出來的權力，來自文本協作與常民工作的動員。

問題意識（problematic）：建制民族誌（INSTITUTIONAL ETHNOGRAPHY）始於常民生活的真實（ACTUALITIES），聚焦於探究常民參與建制關係的方式，或是與建制關係的連結。問題意識建立一項研究與探索的計畫，其所安排的探究方向，來自作為研究起點的那些人所擁有的經驗（EXPERIENCE），以此作為研究立足點。

流程遞換（processing interchange）：這個詞彙用來指認建制中獨特的工作（WORK）流程，文本（TEXT）進入某個個體的工作環境，該文本處理之後或是結合一份新文本後，成為另一個人或其他人的工作重點。

規制框架（regulatory frames）（同時請參照建制論述）：框架是論述程序（discursive procedures）編派研究者詮釋事物的方式。框架把文本（TEXT）的生產，導向能詮釋該文本的框架，而在文本－讀者對話（TEXT-READER CONVERSATIONS）中提供詮釋文本的指引。在建制（INSTITUTIONS）的互文（INTERTEXTUAL）階序中，較高階的文本，其框架規制較低層級所生產的文本。在控制真實（ACTUALITIES）怎麼選擇性地併入文本現實時，這類規制框架具有特別的重要性。

治理關係（ruling relations）：各種形式的文本在過去兩百年間出現，且佔據主導地位，治理關係的概念把焦點導向文本（TEXTS），印刷、電影、電視、電腦等等文本所媒介的社會編派與社會關係之跨地形式。治理關係是意識（consciousness）與編派的客體化形式，形成於特定個人與場所之外，治理關係創造且仰賴文本本位的現實。

社會（social, the）：人們持續進行的活動，取其與他人活動協作（COORDINATION）

的面向來看。

社會編派（social organization）：當協作（COORDINATION）常民活動的獨特形式浮現且一再重製時，我們使用社會編派一詞。

社會關係（social relations）：這個詞並非指涉人際關係，諸如教師與學生、男女朋友、或親子關係。這個詞引導研究者把人們在具體在地環境的活動，連結到行動序列，扣連其他人在其他時空正在進行、或一直在進行的事情。研究者進行分析時，把社會關係思考為時間序列將會有所助益，於此序列中，先行事件鋪陳後繼事件，而後繼事件「達成」或完整了先行事件的社會特性。社會關係的概念提醒民族誌研究者，應當關注研究聚焦的對象，以何種方式鑲嵌於協作（COORDINATED）行動的序列之中。

文本（text）：不像某些「文本」的理論化用法，建制民族誌嚴格限縮這個詞的意涵，用以指認文本的物質形式，文本能夠複製（報紙／印刷、電影、電子等等）已寫下、繪製或再製的事物。我們在此強調文本的物質性，便能看見文本怎麼現身於我們的日常世界，同時連結我們與跨地的社會關係（SOCIAL RELATIONS）。文本（印刷、電子或其他複製形式）產製組織或建制（INSTITUTION）的穩定性和複製性。文本作為物質存在，才具備跨地協作（COORDINATE）常民活動的能力，不管讀者、聽者、觀賞者的肉身位於何處，文本能夠以相同形式出現。建制民族誌（INSTITUTIONAL ETHNOGRAPHY）並非將文本視為一個獨立的研究主題，而是肯認文本進入常民活動之中與協作常民的活動，並認可在文本－讀者對話（TEXT-READER CONVERSATION）中啟動的文本，文本即是常民活動。

文本－讀者對話（text-reader conversation）：文本－讀者對話的概念把閱讀文本（TEXT）視為以下兩者之間的真實（ACTUAL）交會：讀者啟動文本與她／他對文本的回應。文本－讀者對話實時發生、發生在閱讀者真實的在地環境、也成為行動序列中的時刻。注意到人們著手啟動文本的方式，有助於我們跳

228

脫我們把文本視為停滯的經驗（EXPERIENCE），讓我們能看待文本鑲嵌於社會關係（SOCIAL RELATIONS）之中的樣態，因此也把文本視為在行動中。

女性立足點（women's standpoint）：肉身存在的在地細節中的方法論起始點。此一概念的設計，樹立一個開啟研究的主體位置——對任何人皆敞開的位址——女性立足點提供一個迥異於社會科學論述中知識的客體化主體，以作為替代的研究起點。我們能夠從女性立足點，讓治理關係（RULING RELATIONS）不凡的叢結變得清晰可見，伴隨著女性立足點找出意識的能力，以及仿若我們不存在一樣地將我們設置成為主體的能力。

工作（work）：這個詞通常用來指涉人們支薪所做的事，家務勞動支薪（The Wages for Housework）團體擴充此一概念，他們不僅指涉家務勞動，也指涉人們所做、耗時費力、特意做的所有事情。建制民族誌（INSTITUTIONAL ETHNOGRAPHY）在探索建制真實（ACTUALITIES of INSTITUTIONS）時採用廣義的工作概念。這概念把研究者導向人們（以任何形式）參與建制流程時，人們實際上做的事情。

工作知識（work knowledges）：這個詞單純指涉人們所知關於他們工作的事、他們在工作上所知的事，以及他們的工作怎麼與其他人的工作相互協作（COORDINATED）。工作知識是建制民族誌研究者的主要來源。當訪談者－報導人的交流奠基於報導人的經驗（EXPERIENCE），或奠基於一特定環境下觀察者的經驗／常民活動的觀察，工作知識便在此一交流中，以對話方式召喚出來。研究者的對話生產不同的工作知識，拼湊之後，便可讓序列的編派、迴路的編派或其他編派形式，得以浮現出來。

參考文獻

Abercrombie, N., and B. S. Turner. 1982. The dominant ideology thesis. In *Classes, power, and conflict: Classical and contemporan; debates*, ed. A. Giddens and D. Held. Berkeley: University of California Press.

Adler, PaulS. 1993. "The learning bureaucracy": New United Motor Manufacturing, Inc. *Organizational Behavior* 15:111- 94.

Aglietta, M. 1979. *A theory of capitalist regulation: The U.S. experience.* New York: Verso.

Alexander, J. C. 1989. Sociology and discourse: On the centrality of the classics. In *Structure and meaning: Relinking classicol sociology*, ed. J. C. Alexander, 8- 67. New York: Columbia University Press.

——. 1995. *Fin de siecle social theory.* London: Verso.

Althusser, Louis. 1969. For Marx. London: Penguin Books.

——. 1970. *Reading "Capital."* New York: Pantheon Books.

——. 1971. Ideology and ideological state apparatuses. In *Lenin and philosophy and other essays.* New York: Monthly Review Press.

Andersen, E. 2003. Women do lion's share at home. *Globe and Mail*, February 12, A7.

Anderson, R. J., J. A Hughes, et al 1989. *Working for profit: The social organisation of calculation in an entrepreneurial firm.* Aldershot, Eng.: Avebmy.

Anyon, Jean. 1997. *Ghetto schooling: A political economy of urban educational reform.* New York: Teachers College Press, Columbia University.

Arnup, K. 1994. *Education for motherhood: Advice for mothers itt twentieth-century Canada.* Toronto, Ont.: University of Toronto Press.

Austin, L. 1962. *How lo do things with words.* Cambridge, Mass.: Harvard University Press.

Bacon, Francis. 11620] 1939. Novum organum. In *The English philosophers from*

Bacon to Mill, ed. Edwin A Burtt. New York: Random House.

Bagclikian, Ben H. 1983. *The media monopoly*. Boston: Beacon.

Bakhtin, M. M. 1981. *The dialogic imagination: Four essays*, ed. M. Holquist. Austin: University of Texas Press.

——. 1986. *Speech genres and other late essays*. Ed . C. Emerson et al Austin: University of Texas Press.

Bal, M. 1997. *Narratology: Introduction to the theory of narratives*. Toronto, Ont.: University of Toronto Press.

Bannerji, H. 1995. Beyond the ruling category to what actually happens: Notes on James Mill's historiography in *The history of British India*. In *Knowledge, experience, and ruling relations: Explorations in the social organization of knowledge*, ed. M. Campbell and A Manicom, 49- 64. Toronto Ont.: University of Toronto Press.

Barrow, C. W. 1990. *Universities and the wpitalist state: Corporate liberalism and thereconstruction of American higher education, 1894-1928*. Madison: University of Wisconsin Press.

Bazerman, Charles. 1988. *Shaping written knowledge: The genre and activity of the experimental article in science*. Madison: University of Wisconsin Press.

Beniger, J. R. 1986. *The control revolution: Technological and economic origins of the information society*. Cambridge, Mass.: Harvard University Press.

Berger, P., and T. Luckman. 1966. *The social construction of reality*. New York: Doubleday.

Bernstein, BasiL 1966. Elaborated and restricted codes: Their social origins and some consequences. In *Communication and culture: Reading in the codes of human interaction*, ed. A. G. Smith, 427-41. New York: Holt, Rinehart and Winston.

Blalock, H. M. 1969. *Theory construction: From verbal to mathematical formulations*. Englewood Cliffs, N.J.: Prentice Hall.

Blumenthal, Sidney. 1986. *The rise of the counterestablishmerzt: From conservative ideology to political power*. New York: Times Books.

Blumer, H. 1969. *Symbolic interactionism: Perspective and method*. Englewood Cliffs, N.J.: Prentice Hall.

——. 1997. Foreword to *Violent criminal acts and actors revisited*, by L. Athens. Urbana: University of Illinois Press.

Boden, D. 1994. *The business of talk: Organizations in action*. Cambridge: Polity Press.

Bourdieu, P. 1973. The three forms of theoretical knpwledge. *Social Science Information* 12 (1): 53-80.

——. 1990. *The logic of practice*. Stanford, Calif.: Stanford University Press.

——. 1992. *Language and symbolic power*. Cambridge: Polity Press.

Bradford, Richard. 1997. *Stylistics*. London: Routledge.

Briggs, Charles L. 2002. Interviewing, power / knowledge, and social inequality. In *Handbook of interview research: Context and method*, ed. J. F. Gubrium and J. A. Holstein, 911-22. Thousand Oaks, Calif.: Sage.

Brock, David. 2002. *Blinded by the right: The conscience of an ex-conservative*, New York: Three Rivers Press.

Brodie, Janine. 1996. *Women and Canadian public policy*. Toronto, Ont.: Harcourt Brace.

Brown, Deborah. 2004. Working the system: Re-thinking the role of parents and the reduction of "risk" in child protection work. MA thesis, Department of Sociology, University of Victoria.

Buckholdt, D. S., and J. F. Gubrium. 1983. Practicing accountability in human service institutions. Urban Life 12 (5): 249-68.

Burawoy, M.,]. A. Blum, et al. 2000. *Global ethnography: Forces, connections, and imaginations in a postmodem world*. Berkeley: University of California Press.

Burawoy, M., A. Burton, et al. 1991. *Ethnography unbound: Power and resistance in the modem metropolis*. Berkeley: University of California Press.

Burrows, G. 2004. Clean water, not education, is most effective tool in fight against poverty. *Guardian Weekly* (London), 23.

Butler, J ., and J. W. Scott. 1992. Introduction to *Feminist theorize the political*, ed. J. Butler and J. W. Scott. New York: Routledge.

Button, G., ed. 1991. *Ethnomethodology and the human sciences*. Cambridge: Ca.mbridge University Press.

Campbell, M. L 1984. Information systems and management of hospital nursing, a study in social organization of knowledge. PhD diss., University of Toronto, Ontario.

——. 2001. Textual accounts, ruling action: The intersection of knowledge and power in the routine conduct of community nursing work. S*tudies in Cultures, Organizations, and Societies* 7 (2): 231-50.

Campbell, M., and F. Gregor. 2002. *Mapping social relations: A primer in doing institutional ethnography*. Toronto, Ont.: Garamond.

Chandler, Alfred Dupont. 1962. *Strategy and structure: Chapters in the history of the industrial enterprise*. Cambridge, Mass.: MIT Press.

——. 1977. *The visible hand: The managerial revolution in American business*. Cambridge, Mass.: Harvard University Press.

——. 1979. *Managerial innovation at General Motors*. New York: Arno Press.

Charmaz, K., and R. G. Mitchell. 2001. Grounded theory in ethnography. In *Handbook of ethnography*, ed. A. Atkinson, S. Coffey, J. Delamont, and l. Lofland, 160-74. London: Sage.

Chomsky, N. 1968. *Language and mind*. New York: Harcourt Brace.

Chouliaraki, L., and N. Fairclough. 1999. *Discourse in late modernity: Rethinking critical discourse analysis*. Edinburgh: Edinburgh University Press.

Cicourel, A. V. 1964. *Method and measurement in sociology*. New York: Free Press.

Clark, H. H. 1996. *Using language*. Stanford, Calif.: Stanford University Press.

Code, L. 1995. How do we know? Questions of method in feminist practice. In *Changing methods: Feminist transforming practice*, ed. S. Burt and L. Code, 13-44. Peterborough, Ont.: Broadview Press.

Collins, R. 1979. *The credential society: An historical sociology of education and stratification*. New York: Academic Press.

Darville, Richard. 1995. Literacy, experience, power. In *Knowledge, experience, and ruling relations: Studies in the social organization of knowledge*, ed. M. L. Campbell and A. Manicom. Toronto: University of Toronto Press.

Davidoff, L., and C. Hall. 1987. *Family fortunes: Men and women of the English middle class, 1780-1850*. Chicago: University of Chicago Press.

Dehli, K. 1988. Women and class: The social organization of mothers' relations to schools in Toronto, 1915-1940. PhD diss., University of Toronto.

de Montigny, G. A. J. 1995a. *Social work(ing)*. Toronto, Ont.: University of Toronto Press.

——. 1995b. The power of being professional. In *Knowledge, experience, and ruling relations: Explorations in the social organization of knowledge*, ed. M. Campbell and A. Manicom, 209-20. Toronto, Ont.: University of Toronto Press.

De Vault, M. L. 1991. *Feeding the family: The social organization of caring as gendered work*. Chicago: University of Chicago Press.

DeVault, M. L. and L. McCoy. 2002. Institutional ethnography: Using interviews to investigate ruling relations. In *Handbook of interviewing research: Context and method*, ed. J. F. Gubrium and J. A. Holstein, 751-75. Thousand Oaks, Calif.: Sage.

——. Forthcoming. Institutional ethnography: Using interviews to investigate ruling relations. In *Institutional ethnography as practice*, ed. D. E. Smith. Walnut Creek, Calif.: AltaMira Press.

Diamond, T. 1992. *Making gray gold: Narratives of nursing home care*. Chicago: University of Chicago Press.

Diamond, Tim. Forthcoming. "Where did you get that fur coat, Fern?" Participant observation in institutional ethnography. In *Institutional ethnography as practice*, ed. D. E. Smith. Walnut Creek, Calif.: AltaMira Press.

Dobson, Stephan. 2001. Introduction: Institutional ethnography as method. *Studies in Cultures*, Organizations, and Societies 7 (2): 147-58.

Douglas, M. 1966. *Purity and danger*. New York: Penguin Books.

Dowling, William C. 1999. *The senses of the text: Intensional semantics and literary theory*. Omaha: University of Nebraska Press.

Duranti, A., and C. Goodwin. 1992. Rethinking context: An introduction. In *Rethinking context; Language as an interactive phenomenon*, ed. A. Duranti and C. Goodwin, 1-41. Cambridge: Cambridge University Press.

Durkheim, E. [1895] 1966. *The rules of sociological method*. New York: Free Press.

Emerson, R. M., R. I. Fretz, et al. 1995. *Writing ethrwgraphic field notes*. Chicago: University of Chicago Press.

Engeström, Y. 1987. *Learning by expanding: An activity-theoretical approach to developmental research*. Helsinki, Finland: Orienta-Konsultit.

Engeström, Y., R. Miettinen, et al. 1999. *Perspectives on activity theory*. Cambridge: Cambridge University Press.

Fauconnier, Gilles, and Mark Turner. 2002. *The way we think: Conceptual blending and the mind's hidden complexities*. New York: Basic Books.

Fine, M. 1993. [Ap]parent involvement: Reflections on parents, power, and urban public schools. *Teachers College Record* 94 (4): 682-710.

Foucault, M. 1970. *The order of things: An archaeology of the human sciences*. London: Tavistock.

——. 1972. *The discourse on language*, 213-37. New York: Pantheon Books.

——.1981. The order of discourse. In *Untying the text: A poststructuralist reader*, ed. R. Young, 51-78. London: Routledge.

Fox Piven, Frances. 2002. Welfare policy and American politics. In *Work, welfare, and politics: Confronting poverty in the wake of welfare reform*, ed. F. Fox Piven, J. Acker, M. Hallock, and S. Morgen, 19-23. Eugene: University of Oregon Press.

Friedan, B. 1963. *The feminine mystique*. New York: Dell.

Fuller, S. 1998. From content to context: A social epistemology of the structureagency craze. *What is social theory? The philosophical debates*, ed. A. Sica, 92-117. Malden, Mass.: Blackwell.

Gadamer, H. G. 1975. *Truth and method*. London: Sheed & Ward.

Gardiner, Michael. 1992. *The dialogics of critique: M. M. Bakhtin and the theory of ideology*. New York: Routledge.

Garfinkel, Harold. 1967. *Studies in ethnomethodology*. Englewood Cliffs, N.J.: Prentice Hall.

——. 2002. *Ethnomethodology's program: Working out Durkheim's aphorism*. Ed. and intro. Anne Warfield Rawls. Lanham, Md.: Rowman and Littlefield.

Giddens, A. 1984. *The constitution of society*. Berkeley: University of California Press.

Gilens, Martin. 1999. *Why Americans hate welfare: Race, media, and the politics of antipoverty policy*. Chicago: University of Chicago Press.

Giltrow, J. 1998. Modernizing authority, management studies, and the gramrnaticalization of controlling interests. *Technical Writing and Communication* 28(4): 337-58.

Glaser, B. G., and A. L. Strauss. 1967. *The discovery of grounded theory: Strategies for qualitative research*. Chicago: Aldine.

Glazer, N.Y. 1993. *Women's paid and unpaid labor: The work transfer in health care and retailing*. Philadelphia: Temple University Press.

Goffman, E. 1963. *Behavior in public places: Notes on the social organization of gatherings*. [New YorkJ: Free Press of Glencoe.

——. 1974. *Frame analysis: An essay on the organization of experience*. New York: Harper Colophon Books.

Goodwin, Marjorie Harness. 1990. *He-said-she-said: Talk as social organization among black children*. Bloomington: Indiana University Press.

Grahame, Kamini. 1998. Feminist organizing and the politics of inclusion. *Human Studies* 21:377-93.

——. 1999. State, community and Asian immigrant women's work: A study in labor market organization. PhD diss., University of Toronto.

Grahame, Peter R. 1998. Ethnography, institutions, and the problematic of the everyday world. *Human Studies* 21: 360-60.

Griffith, Alison. 1984. Ideology, education, and single parent families: The normative ordering of families through schooling. PhD diss., Department of Education, Universitv of Toronto.

——. 1986. Reporting the facts: Media accounts of single parent families. *Resources for Feminist Research* 15 (1): 32-43.

——. 1995. Mothering, schooling and children's development. In *Knowledge, experience, and ruling relations: Studies in the social organization of knowledge*, ed. M. Campbell and A. Manicom, 108-22. Toronto, Ont.: University of Toronto Press.

Griffith, A., and D. E. Smith. 1987. Constructing cultural knowledge: Mothering as discourse. *Women and education: A Canadian perspective*, ed. J. Gaskell and A. McLaren, 87-103. Calgary, Alberta: Detselig.

——. 1990a. Coordinating the uncoordinated: Mothering, schooling, and the family wage. In Perspectives on social problems, ed. G. Miller and J. Holstein, 2: 25-34. Greenwich, Conn.: J.AI Press.

——. 1990b. "What did you do in school today?" Mothering, schooling and social class. In *Perspectives on social problems*, ed. G. Miller and J. Holstein, 2: 3-24. Greenwich, Conn.: J.AI Press.

——. 2004. *Mothering for schooling*. New York: Routledge.

Grosz, Elizabeth A. 1995. *Space, time, perversion: Essays on the politics of bodies*. New York: Routledge.

Gurwitsch, A. 1964. *Field of consciousness*. Pittsburgh, Pa.: Duquesne University Press.

Habermas, Jiirgen 1992. *The structural transformation of the public sphere: An inquiry into a category of bourgeois society*. Trans. Thomas Burger with the assistance of Frederick Lawrence. Cambridge, Mass.: MIT Press.

Halliday, M. A. K. 1994. *Introduction to Junctional grammar*. London: E. Arnold.

Halliday, M. A. K., and R. Hasan. 1989. *Language, context, and text: Aspects of language in a social-semiotic perspective*. Oxford: Oxford University Press.

Halliday, M. A. K., and J. R. Martin. 1993. *Writing science: Literacy and discursive power*. Pittsburgh: University of Pittsburgh Press.

Hammersley, M., and P. Atkinson. 1995. *Ethnography: Principles in practice*. London: Routledge.

Harding, S. 1988. *The science question irz feminism*. Ithaca, N.Y.: Cornell University Press.

Harney, Stefano. 2002. *State work: Public administration and mass intellectuality*. Durham, N.C.: Duke University Press.

Hartsock, Nancy. 1998. *The feminist standpoint revisited and other essays*. Boulder, Colo.: Westview Press.

Hays, Sharon. 2003. *Flat broke with children: Women in the age of welfare reform*. Oxford: Oxford University Press.

Hempel, Carl G. 1966. *The philosophy of natural science*. Englewood Cliffs, N.J.: Prentice Hall.

Holquist, M. 1990. *Dialogisrn: Bakhtin and his world*. London: Routledge.

Horton, John, and Linda Shaw. 2002. Opportunity, control and resistance. In *Work, welfare, and politics: Confronting poverty in the wake of welfare reform*, ed. F. Fox Piven, J. Acker, M. Hallock, and S. Morgen, 197-212. Eugene: University of Oregon Press.

Ingram, J. 1993. *Talk talk talk: An investigation into the mysten of speech.* Harmondsworth, U.K.: Penguin Books.

Jackendoff, Ray. 2002. *Foundations of language: Brain, meaning, grammar, evolution.* Oxford: Oxford University Press.

Jackson, Nancy. 1974. Describing news: Toward an alternative account. Master's thesis, University of British Columbia.

Keller, Helen [Adams]. 1909. *The story of my life.* With her letters (1887-1901) and a supplementary account of her education, including passages from the reports and letters of her teacher, Anne Mansfield Sullivan [Anne Sullivan Macy], by John Albert Macy. New York: Grosset and Dunlap.

Keller, Helen Adams. 1955. *Teacher: Anne Sullivan Macy; A tribute by the fosterchild of her mind.* Garden City, N.Y.: Doubleday.

Kristeva, Julia. 1986. *The Kristeva reader.* ed. Toril Moi. New York: Columbia.

Kuhn, Thomas. 1970. *The structure of scientific revolutions.* Chicago: University of Chicago Press.

Labov, W., and J. Waletzky. 1967. Narrative analysis: Oral versions of personal experience. In *Essays on verbal and visual arts*, ed. J. Helm. Seattle: University of Washington Press.

Landes, Joan B. 1996. *Feminists read Habermas: Gendering the subject of discourse.* New York: Routledge.

Lapham, Lewis. 2004. Tentacles of rage: The Republican propaganda mill, a brief history. *Harper's* 309 (1882): 31-41.

Larson, M. S. 1977. *The rise of professionalism: A sociological analysis.* Berkeley: University of California Press.

Latour, Bruno, and Steve Woolgar. 1986. *Laboratory life: The construction of scientific facts.* Princeton, N.J.: Princeton University Press.

Leont'ev, A. N. 1978. *Activity, consciousness, and personality.* Englewood Cliffs, N.J.:

Prentice Hall.

——. 1981. *Problems of the development of the mind*. Moscow: Progress Publishers.

Leys, C. 2001. *Market-driven politics: Neoliberal democracy and the public interest*. London: Verso.

Lioncelli, Stephanie A. 2002. "Some of us are excellent at babies": Paid work, mothering, and the construction of "need" in a Welfare-to-Work. In *Work, welfare and politics: Confronting poverty in the wake of welfare reform*, ed. F. Fox Piven, J. Acker, M. Hallock, and S. Morgen, 81-94. Eugene: University of Oregon Press.

Lipietz, A. 1986. Behind the crisis: The exhaustion of a regime of accumulation. A regulation school perspective on some French empirical works. *Review of Radical Political Economics* 18 (1 /2): 13-32.

——. 1987. *Mirages and miracles: The crisis of global Fordism*. London: Verso.

Luria, A. R. 1961. *The role of speech in the regulation of normal and abnormal behaviour*. New York: Pergamon Press.

——. 1976. *Cognitive development: Its cultural and social foundations*. Cambridge, Mass.: Harvard University Press.

Luria. A. R., and R. Ia. Yudovich. 1971. *Speech and the development of mental processes in the child*. New York: Penguin Books.

Lynch, M. 1983. Discipline and the material forms of images: An analysis of scientific visibility. Paper presented at the Canadian Sociology and Anthropology Association annual meeting, Vancouver, British Columbia.

Lynch, M., and D. Bogen. 1996. *The spectacle of history: Speech, text, and memory at the Iran-Contra hearings*. Durham, N.C.: Duke University Press.

Lyotard, J.-F. 1984. *The post-modern condition*. Minneapolis: University of Minnesota Press.

Macdonnell, Diane. 1986. *Theories of discourse: An introduction*. Oxford: Basil Blackwell.

Manicom, A. 1988. Constituting class relations: The social organization of teachers' work. In *Sociology in education*. Toronto, Ont.: University of Toronto Press.

——. 1995. What's health got to do with it? Class, gender, and teachers' work. In *Knowledge, experience and ruling relations: Essays in the social organization of knowledge*, ed. M. Campbell and A. Manicom, 135-48. Toronto, Ont.: University of Toronto Press.

March, J. G., M. Schulz, and X. Zhou. 2000. *The dynamics of rules: Change in written organizational codes*. Stanford, Calif.: Stanford University Press.

Martinez, Elizabeth, and Arnoldo Garcia. 1997. What is neoliberalism? A brief definition for activists. From CorpWatch.org, www.corpwatch.org(article. php?id=376 (retrieved December 13, 2004).

Marx, K. 1973. *Grundrisse: Foundations of the critique of political economy*. Trans. Martin Nicolaus. New York: Vintage.

——. 1976. *Capital: A critique of political economy*. London: Penguin Books.

Marx, K., and F. Engels. 1976. *The German ideology*. Moscow: Progress Publishers.

Maurer, David W. 1981. The argot of pickpockets. In *Language of the underworld*, ed. Allan W. Futrell and Charles B. Wordell, 234-56. Lexington: University of Kentucky Press.

McCarthy, E. Doyle. 1993. George Herbert Mead and Wissenssoziologies: A reexamination. In *In search of community: Essays in memory of Werner Stark, 1909-1985*, ed. Eileen Leonard, Hermann Strasser, and Kenneth Westhues, 97-115. New York: Fordham University Press.

McCoy, L. 1995. Activating the photographic text. In *Knowledge, experience, and ruling relations: Essays in the social organization of knowledge*, ed. M. Campbell and A. Manicom, 181-92. Toronto, Ont.: University of Toronto Press.

——. 1999. Accounting discourse and textual practices of ruling: A study of institutional transformation and restructuring in higher education. PhD diss., University of Toronto.

——. 2002. Dealing with doctors. In *Making care visible: Antiretroviral therapy and the health work of people living with HIV/AIDS*, ed. M. Bresalier, L. Gillis, C. McClure, L. McCoy, E. Mykhalovskiy, D. Taylor, and M.Webber, 1-36. Toronto, Ont.: Making Care Visible Group.

McCoy, Liza. Forthcoming. Keeping social organization in view: A data analysis in institutional ethnography. In *Institutional ethnography as practice*, ed. D. E. Smith. Walnut Creek, Calif.: AltaMira Press.

McDermid, V. 2002. *The last temptation*. London: Harper Collins.

McGann, Jerome J. 1993. *The textual condition*. Princeton, N. J.: Princeton University Press.

McHoul, A. W. 1982. Rule, occasion, reading the news. In *Telling how texts talk: Essays on reading and ethnomethodology*, 110-37. London: Routledge & Kegan Paul.

McKeon, M. 1987. *The origins of the English novel, 1600-1740*. Baltimore: Johns Hop"' kins University Press.

McLean, C., and K. Hoskin. 1998. Organizing madness: Reflections on the forms of the form. *Organization: The Interdisciplinary Joumal of Organization, Theory, and Society* 5 (4): 519-41.

McRobbie, A. 1982. The politics of feminist research: Between talk, text, and action. *Feminist Review* 12: 46-57.

Mead, G. H. 1959. *The philosophy of the present*. La Salle III.: Open Court.

——. 1962. *Mind, self and society from the perspective of a social behaviorist*. Chicago: University of Chicago Press.

Mehan, Hugh. 1996. The construction of an LD student: A case study in the politics of representation. In *Natural histories of discourse*, ed. M. Silverstein and G. Urban, 253-76. Chicago: University of Chicago Press.

Merleau-Ponty, Maurice. 1966. *The phenomenology of perception*. London: Routledge & Kegan Paul.

Messer-Davidow, Ellen. 1993. Manufacturing the attack on liberalized higher education. *Social Text* 36: 40-79.

——. 2002. *Disciplining feminism: From social activism to academic discourse*. Durham, N.C.: Duke University Press.

Mills, C. Wright. 1951. *White collar: The American middle classes*. New York: Oxford University Press.

Moya, M. L. 2000. Postmodernism, "realism," and the politics of identity: Cherrie Moraga and Chicana feminism. In *Realist theory and the predicament of postmodernism*, ed. M. L. Moya, 67-101. Berkeley: University of California Press.

Mykhavlovskiy, Eric. 2001. On the uses of health services research: Troubled hearts, care pathways and hospital restructuring. *Studies in Cultures, Organizations, and Societies* 7 (1): 269-98.

——. 2002. Understanding the social character of treatment decision-making. In *Making care visible: Antiretroviral therapy and the health work of people living with HIV/AIDS*, ed. M. Bresalier, L. Gillis, C. McClure, L. McCoy, E. Mykhalovskiy, D. Taylor, and M. Webber, 37-63. Toronto, Ont.: Making Care Visible Group.

Mykhavlovskiy, Eric, and Liza McCoy. 2002. Troubling ruling discourses of health: Using institutional ethnography in community-based research. *Critical Public Health* 12 (1): 17-37.

Naples, N. A. 2003. *Feminism and method: Ethnography, discourse analysis, and activist research*. New York: Routledge.

Naples, Nancy A. 1997. The "new consensus" on the gendered "social contract": The 1987-1988 U.S. congressional hearings on welfare reform. *Signs: Journal of Women in Culture and Society* 22 (4): 907-43.

Neubeck, Kenneth L and Noel A. Cazenave. 2002. Welfare racisn1 and its consequences: The demise of AFDC and the return of the states' rights era. In *Work, welfare, and politics: Confronting poverty in the wake of welfare reform*, ed. F. Fox Piven, J. Acker, M. Hallock, and S. Morgen, 35-53. Eugene: University of Oregon Press.

New School of Social Research. n.d. History of economic thought. http/cepa .newschool.edu/het/profiles/jamesmill.htn1 (reviewed November 2003).

Ng, R 1995. Multiculturalism as ideology: A textual analysis. *Knowledge, experience, and ruling relations: Explorations in the social organization of knowledge*, ed. M. Cambell and A. Manicom, 35-38. Toronto, Ont.: University of Toronto Press.

Ng, Roxanna. 1986. *Politics of community services: Immigrant women, class, and state*. Toronto/ Ont.: Garan1ond Press.

Noble, David. 1977. *America by design: Science, technology, and the rise of corporate capitalism*. Oxford: Oxford University Press.

Ogden, C. K., and I. A. Richards. 1923. *The meaning of meaning: A study of the influence of language on thought and of the science of symbolism*. London:

Routledge & KeganPauL

Parada, H. 2002. The restructuring of the child welfare system in Ontario: A study in the social organization of knowledge. PhD diss., Ontario Institute for Studies in Education, University of Toronto.

Parsons, T. 1937. *The structure of social action*. New York: McGraw-HilL

Pence, E. 1996. Safety for battered women in a textually mediated legal system. PhD diss., University of Toronto.

———. 2001. Safety for battered women in a textually mediated legal system. *Studies in Cultures, Organizations, and Societies* 7(2): 199-229.

Perkin, Harold. 1989. *The rise of professional society: England since 1880*. London: Routledge.

Perrow, C. 1986. *Complex organizations: A critical essay*. New York: McGraw Hill.

Pinker, Steven. 2000. *Words and rules: The ingredients of language*. New York: Harper-Collins.

Prior, Lindsay. 2003. *Using documents in social research*. London: Sage Publications.

Rankin, J. 2003. How nurses practise health care reform: An institutional ethnography. PhD diss., University of Victoria.

Rankin, Janet M. 1998. Health care reform and restructuring of nursing in British Colun1bia. Paper presented at Exploring the Restructuring and Transformation of Institutional Processes: Applications of Institutional Ethnography, York University, Toronto, October.

———. 2001. Texts in action: How nurses are doing the fiscal work of health care reform. In *Institutional ethnography, special issue, Studies in Cultures, Organizations, and Societies* 7 (2): 251-67.

Reimer, M. 1988. The social organization of the labour process: A case study of the documentary management of clerical labour in the public service. PhD diss., University of Toronto.

Reynolds, Tracey. 2002. On relations betvveen black female researchers and participants. In *Qualitative research in action*, ed. Tim May, 300-309. London: Sage.

Ridzi, Frank. 2003. Processing private lives in public: An institutional ethnography of front-line welfare intake staff post welfare reform. PhD diss., Maxwell School of Citizenship and Public Affairs, Syracuse University, New York.

Rinehart, James, Christopher Huxley, and David Robertson. 1997. *Just another car factory: Lean production and its discontents*. Ithaca, N.Y.: Cornell University Press.

Rosdolsky, Roman. 1977. *The making of Marx's "Capital."* London: Pluto Press.

Rothman, S.M. 1978. *Woman's proper place: A history of changing ideals and practices, 1870 to the present*. New York: Basic Books.

Rousseau, J.-J. 1966. Emile. Trans. B. Foxley. New York: Dutton.

Rowbotham, Sheila. 1979. *Dutiful daughters: Women talk about their lives*. London: Allen Lane.

Roy, William G. 1997. *Socializing capital: The rise of the large industrial corporation in America*. Princeton, N.J.: Princeton University Press.

Rubin, I. I. 1975. *Essays on Marx's theory of value*. Montreal: Black Rose Books.

Ryan, Mary P. 1993. Gender and public access: Women's politics in nineteenthcentury America. In *Habermas and the public sphere*, ed. Craig Calhoun. Cambridge, Mass.: MIT Press.

Sacks, H., E. Schegloff, and G. Jefferson. 1974. A simplest systematics for the organization of turntaking for conversation. *Language* 50: 696-735.

Salzinger, Leslie. 1991. A maid by any other name: The transformation of "dirty work" by Central American immigrants. In *Ethnography unbound*, ed. Michael Burawoy, A. Burton, et al. Berkeley: University of California Press.

Saussure, Ferdinand de. 1966. *Course in general linguistics*. New York: McGraw-Hill.

Schatzmann, A., and A. L. Strauss. 1966. Social class and modes of communication. In *Communication and culture: Reading in the codes of human interaction*, ed. A. Smith, 442-55. New York: Holt, Rinehart and Winston.

Schegloff, Emmanuel A. 1987. Between micro and macro: Contexts and other connections. In *The micro-macro link*, ed. J. Alexander et al. Berkeley: University of California Press.

——. 1991. Reflections on talk and social structure. In *Talk and social structure: Studies in ethnomethodology and conversation analysis*, ed. D. Boden and D. H.

Zimmerman, 45-70. Berkeley: University of California Press.

Schiller, Herbert I. 1996. *Information inequality: The deepening social crisis in America*. New York: Routledge.

Schmid, H.-J. 2000. *English abstract nouns as conceptual shells: From corpus to cognition*. Berlin: Mouton de Gruyter.

Schutz, A. 1962a. *Collected papers*, vol. 1, *The problem of social reality*. The Hague: Martinus Nijhoff.

——. 1962b. On multiple realities. In *Collected Papers*, 1: 207-59. The Hague: Martinus Nijhoff.

Scott, J. W. 1992. Experience. In *Feminists theorize the political*, ed. J. Butler and J. W. Scott 22-40. New York: Routledge.

Searle, John R. 1969. Speech acts: An essay in the philosophy of language. London: Cambridge University Press.

Simmel, G. 1950. *The sociology of Georg Simmel*. Ed. K. H. Wolff. New York: Free Press.

Sloan, Afred. 1964. *My years with General Motors*. Garden City, N.Y.: Doubleday.

Smith, D. E. 1974a. Women's perspective as a radical critique of sociology. *Sociological Inquiry* 4 (1): 1-13.

——. 1974b. The ideological practice of sociology. *Catalyst*, no. 8 (Winter): 39-54.

——. 1987. *The everyday world as problematic: A feminist sociology*. Toronto, Ont.: University of Toronto Press.

——. 1990a. *The conceptual practices of power: A feminist sociology of knowledge*. Boston: Northeastern University Press.

——. 1990b. K is mentally ill: The anatomy of a factual account. In *Texts, facts, and femininity: Exploring the relations of ruling*, ed. Dorothy E. Smith, 12-51. London: Routledge.

——. 1990c. On sociological description: A method from Marx. In *Texts, facts, and femininity: Exploring the relations of ruling*, ed. Dorothy E. Smith, 86-119. London: Routledge.

——. 1990d. *Texts, facts, and femininity: Exploring the relations of ruling*. London: Routledge.

——. 1997. The underside of schooling: Restructuring, privatization, and women's unpaid work. *Journal for a Just and Caring Education* 4 (1): 11-29.

——. 1999a. Discourse as social relations: Sociological theory and the dialogic of sociology. In *Writing the social: Critique, theory, and investigations*, ed. Dorothy E. Smith, 133-56. Toronto, Ont.: University of Toronto Press.

——. 1999b. The ruling relations. In *Writing the social: Critique, theory, and investigations*, ed. D. E. Smith. Toronto, Ont.: University of Toronto Press.

——. 1999c.The Standard North American Family: SNAP as an ideological code. In *Writing the social: Critique, theory, and investigations*, ed. D. E. Smith. Toronto, Ont.: University of Toronto Press.

——. 1999d. TeUing the truth after postmodemism. In *Writing the social: Critique, theory, and investigations*, ed. D. E. Smith. Toronto, Ont.: University of Toronto Press.

——. 2001a. Institutional ethnography. In *Qualitative research in action*, ed. T. May, 17-52. London: Routledge.

——. 2001b. Texts and the ontology of institutions and organizations. *Studies in Cultures, Organizations, and Societies* 7 (2): 159-98.

——. 2003. Making sense of what people do: A sociological perspective. Journal of Occupational Science 10 (1): 64-67.

——. 2003. Resisting institutional capture: A research practice. In *Our studies, our selves*, ed. B. Glassner and R. Hertz. New York: Oxford University Press.

——. 2004. Ideology science, and social relations: A reinterpretation of Marx's epistemology. *European Journal of Social Theory* 7 (1): 445-62.

——, ed. Forthcoming. *Institutional ethnography as practice*. Walnut Creek, Calif.: AltaMira Press.

Smith, D. E., and S. Dobson. 2002. Storing and transmitting skills: The expropriation of working class control. New Approaches to Lifelong Learning (NALL), www.oise.utoronto.ca/depts/sese/csew /nail, 91 pages.

Smith, D. E., and J. Whalen. 1996. Texts in action. Unpublished paper, University of Victoria.

Smith, G. W. 1988. Policing the gay community: An inquiry into textually mediated relations. *International Journal of Sociology and the Law* 16: 163-83.

———. 1990. Political activist as ethnographer. *Social Problems* 37: 401-21.

———. 1995. Accessing treatments: Managing the AIDS epidemic in Toronto, in CampbelL M., and Manicom, A. eds. *Knowledge, experience and ruling relations: Essays in the social organization of knowledge*, Toronto, Ont.: University of Toronto Press, 18-34.

Smith, George W. 1998. The ideology of "fag": Barriers to education for gay students. *Sociological Quarterly* 39 (2): 309-35.

Spradley, J. 1979. *The ethnographic interview*. New York: Holt, Rinehart and Winston. Stock, Andree. 2002. An ethnography of assessment in elementary schools. EdD diss., University of Toronto.

Stoll, D. 1999. *Rigoberta Menchú and the story of all poor Guatemalans*. Boulder, Colo.: Westview Press.

Thompson, J. B. 1990. *Ideology and modern culture: Critical social theory in the era of mass communication*. Stanford, Calif.: Stanford Universitv Press.

Turner, J., ed. 1989. *Theory building in sociology: Assessing theoretical cumulation*. Newbury City, Calif.: Sage.

Turner, S. 2001. Texts and the institutions of municipal planning government: The power of texts in the public process of land development. *Studies in Cultures, Organizations, and Societies* 7 (2): 297-325.

———. 2003. The social organization of planning: A study of institutional action as texts and work processes. PhD diss., University of Toronto.

———. Forthcoming. Mapping institutions as work and text. In *Institutional ethnography as practice*, ed. D. E. Smith. Walnut Creek, Calif.: AltaMira Press.

Uchitelle, Louis. 1993. How Clinton's economic strategy ended up looking like Bush's: A theory of growth that has never worked is now the sacred text. *New York Times*, August 1, 1 and 4.

Vaitkus, Steven. 2000. Phenomenology and sociology. In *The Blackwell companion to social theory*, ed. Bryan S. Turner, 270-98. Oxford: Blackwell.

Vallas, S. P., and J. Beck. 1996. The transformation of work revisited: The limits of flexibility in American manufacturing. *Social Problems* 43 (3): 339-61.

Veblen, Thorstein. 1954. *Absentee ownership and business enterprise in recent times*. New York: Viking Press.

——. 1957. *The higher learning in America*. New York: Hill & Wang.

Vološinov, V. I. 1973. *Marxism and the philosophy of language*. Trans. I. R. Titunik. New York: Academic Press.

von Glasersfeld, Ernst. 1995. *Radical constructivism: A way of knowing and learning*. London: Falm.er Press.

Vygotsky, L. S. 1962. *Thought and language*. Cambridge, Mass.: MIT Press.

——. 1978. *Mind in society*. Cambridge, Mass.: Harvard University Press.

Walker, Gillian. 1990. *Family violence and the women's movement: The conceptual politics of struggle*. Toronto, Ont.: University of Toronto Press.

——. 1995. Violence and the relations of ruling: Lessons from the battered wom.en's movement. In *Knowledge, experience, and ruling relations: Studies in the social organization of knowledge*, ed. M. Campbell and A. Manicom, Toronto, Ont.: University of Toronto Press, 65-79.

Waring, Stephen. 1991. *Taylorism transformed: Scientific management theory since 1945*. Chapel Hill: University of North Carolina Press.

Warren, Leanne D. 2001. Organizing creation: The role of musical text. *Studies in Cultures*, Organizations, and Societies 7 (2): 327-52.

Watson, R. 1992. The understanding of language use in everyday life: Is there a common ground? In *Text in context: Contributions to ethnomethdology*, ed. G. Watson and R. Seifer, 1-19. Newbury Park, Cali£.: Sage.

——. 1997. Ethnomethodology and textual analysis. In *Qualitative research: Theory, method, and practice*, ed. David Silverman, 80-97. London: Sage.

Weber, Max. 1978. *Economy and society*. Ed. Guenther Roth and Claus Wittich. Trans. E. Fischoff et al. Berkeley: University of California Press.

Whalen, J. 1990. Processing "emergencies" in 9-1-1 communications. Unpublished paper, Department of Sociology, University of Oregon.

Whalen, M., and D. H. Zimmerman. 1987. Sequential and institutional contexts in calls for help. *Social Psychology Quarterly* 50 (2): 172-85.

Whyte, William H. 1956. *The organization man*. New York: Simon & Schuster.

Wieder, D. L. 1974. *Language and social reality: The case of telling the convict code*. The Hague, Neth.: Mouton.

Wilson, Alex, and Ellen Pence. Forthcoming. A Native community assesses U.S. legal interventions in the lives of battered women: Investigation, critique and vision. In *Institutional ethnography as practice*, ed. D. E. Smith. Walnut Creek, Calif.: AltaMira Press.

Wilson, T. P. 1991. Social structure and the sequential organization of interaction. In *Talk and social structure: Studies in ethnomethodology and conversation analysis*, ed. D. Boden and D. H. Zimn1erman, 23-43. Berkeley: University of California Press.

Winter, Eugene. 1992. The notion of unspecific versus specific as one way of analysing the information of a fund-raising letter. In *Discourse description: Diverse linguistic analysis of a fund-raising text*, ed. W. C. Mann and S. A. Thompson. Philadelphia: John Benjamins Publishing Co., 131-70.

Yates, J. 1989. *Control through communication: The rise of system in American management*. Baltimore: Johns Hopkins University Press.

Zimmerman, Don. 1969. Record-keeping and the intake process in a public welfare agency. In *On records: Files and dossiers in American life*, ed. S. Wheeler, 319-54. New York: Russell Sa e Foundation.

——. 1992. The interactional organization of calls for emergency assistance. In *Talk at work*, ed. Paul Drew and John Heritage, 418-69. Cambridge: Cambridge Universitv Press.

Zimmerman, D. H., and D. Boden. 1991. Structure-in-action: An introduction. In *Talk and social structure: Studies in ethnomethodology and conversation analysis*, ed. D. Boden and D. H. Zimmerman. Berkeley: University of California Press.

索引